カメラとペンで描く紀州熊野の百年

今昔《いまむかし》・熊野の百景

明治三三年［1900］
久保昌雄

平成十三年［2001］
久保広晃

［撮影］
和歌山県新宮市
（株）久保写真館

［編集］
熊野文化企画

和歌山県新宮市　疋田　眞臣（編集代表）
和歌山県串本町　矢倉甚兵衛
和歌山県那智勝浦町　中嶋　市郎
和歌山県本宮町　栗須　詳三
三重　県紀宝町　福　田　學
三重　県熊野市　三　石　学

はる書房

『今昔・熊野の百景』発刊に際して

新宮市立図書館の耐火金庫に、（明治二五年、新宮に写真館を開いた）故・久保昌雄氏が撮影、明治三三年（一九〇〇年）五月一〇日に発刊した『熊野百景寫眞帖』上・下二巻が大切に保管されている。一世紀前の一地方の風景写真が、百枚もきちんと揃って残っていることは全国的にも例がないと言われるほど珍しいもので、大変貴重な写真集である。私達はまず、この『寫眞帖』をそのまま復刊、そこに写し出されている熊野各地域の美しい風景を広く人々に鑑賞していただこうと考え、復刊の機会を窺っていた。しかしそのうち、折角出版するのであれば、この際各地域の風景が今はどのようになっているかを確かめておきたい、それにまた各地域の人々の暮らしや産業、歴史、文化などがどのように移り変わってきているのかもある程度盛り込んだ書物にしたいと考えるようになった。

周囲の人々に諮ったところ、何とかなりそうな気配が出てきた。かつての「百景」写真と同ポジションでの現在の風景は久保昌雄氏のひ孫に当たる久保広晃氏が新たに撮影に取り組むと約束してくれたし、また各景の写真に関するコメントはそれぞれの地域に在住する人々、或いは縁のある人々に協力してもらえばいいことが判ったからである。

本書は、新旧二葉の写真とそれぞれに付した説明文によって、熊野各地域の生きた姿をできる限り具体的、直截的に浮き彫りにし、人々のより深い地域理解に役立てることを目的としたものである。

各地の八〇余人の方々にお願いしご執筆いただいた。内容は限定せず、自由にお書きいただいたが、さすが地元の人々の手になる原稿だけに直接、間接に見聞きした情報、地域の言い伝えに基づく情報なども多く、それぞれの地域の本来の姿が相当程度明らかになってきたのではないか、という気がする。

本書が広く読まれ、人々に熊野の地をより身近に感じ、より深く理解していただくようになれば、私達にとってこれに過ぐる喜びはない。

平成一三年一二月一〇日

〔熊野文化企画 編集委員〕

（和歌山県新宮市） 疋田 眞臣
（和歌山県串本町） 矢倉 甚兵衛
（和歌山県那智勝浦町） 中嶋 市郎
（和歌山県本宮町） 栗須 詳三
（三重県 紀宝町） 福田 學
（三重県 熊野市） 三石 学

なお、本書の各景のタイトルには、明治三三年版『寫眞帖』のものをそのまま用いている。

また、各タイトルのすぐ後ろ、本文の前のところにやや太字で示した小文は、同『寫眞帖』に添えられていた文をそのまま再録したものである。

『今昔・熊野の百景』の発刊に寄せて

大阪芸術大学写真学科助教授／写真家
永坂嘉光

久保広晃さんは、大阪芸術大学写真学科在学中から故郷の熊野を撮影していた。それは多くの人々が好む、カラーで表現された美しい風景ではなく、白と黒のトーンにより現実をアート化した作品であった。普段の生活では眼をむけることのない被写体であろう物の内面を見つめ、そこにある熊野を切り取るのである。ボロボロの廃屋、開発によって削り取られた山肌、昔ながらの畜産業、それらの熊野独特の情景は、単なる記録を乗り越えて彼本来のシャープな感性で描写された作品群であった。

また故郷の変貌に対する作品群も制作していた。熊野にはいまだに高速道路はない。そのかわりに美しい自然を保ってきたことは、この地に住む私たちの自慢でもあったが、彼の作品を通じて熊野の移り変わりに気がついたのであった。

彼は自分で制作したポートフォリオ群を持って上京し、東京の有名スタジオに入社、写真家への修業の道に入った。しかし、彼の心には故郷熊野がいつも脳裏にあったのだろうか、度々帰省して熊野を撮り続けた。

昼も夜もない東京の仕事の辛さに悲鳴をあげていた彼を支えていたのは、故郷の熊野ではなかったのかと、今になって思うのである。

たまたま新宮市立図書館に、彼の曽祖父の久保昌雄氏が一〇〇年前撮影した、『熊野百景寫眞帖』が保管されていた。その歴史を画した、貴重な写真帖に深い感動を覚えた彼は決意し、一〇〇年前の熊野と同じ角度で、現代の熊野の撮影を開始したのであった。それは一〇〇年前に撮影した熊野百景の写真を通じて、現代の熊野を認識し、さらに人類の残した遺産の大切さ、自然の素晴らしさを現代に認識させ、次世紀の未来に記録として残すという、壮大な事業の重要な一部をなすものである。環境が変貌している現代、二一世紀に我々がなすべきことを多くの方々に伝えてくれるに違いない。

『熊野百景寫眞帖』撮影・製作者その他の事項に関して

◇久保昌雄（くぼまさお）

元治元年（一八六四年）、和歌山県東牟婁郡新宮町（現新宮市）の対岸、三重県南牟婁郡鮒田村（のちの高岡村鮒田、現紀宝町鮒田）で生まれた。高岡尋常高等小学校、十津川文武館中学（現十津川高校）に学び卒業。

その後大志を抱いて北海道に渡り開拓事業に従事したというが、やがて北海道を離れ東京、大阪、九州など各地を遍歴。その結果、故郷・熊野こそ最も風光明媚の地と確信するに至り、写真撮影により故郷の風景を広く紹介するを天職とせんと志し、まず和歌山市の義兄・柴田素雄のもとで写真術を修得。

明治二五年（一八九二年）ごろ、帰郷して新宮町の下本町に写真館を開き、暇をみては近隣各域の景勝地を探訪、ガラス写しのPOP（ゼラチンによる乾板写真）でその地勢や風物を撮り続けたという。

明治三三年（一九〇〇年）五月一〇日には、およそ一年間かけて奥熊野一帯を撮影、完成した『熊野百景寫眞帖』（上下二巻）を時の皇太子（大正天皇）の御成婚記念に献上。その中の十数葉の写真は雑誌「太陽」の懸賞にも入選。また明治三六年（一九〇三年）、大阪天王寺で開催された第五回内国博覧会に「雨中の瀞峡」を出品、特等となって展示されたが、これはこれまで一部の文人墨客に認められるに過ぎなかった瀞峡を広く天下に知らしめる契機になったともいわれる。

大正時代には、息子の久保嘉弘（のちの第二代館主）の協力も得て、観光ガイドブック『熊野百景』を製作・発行、さらに観光絵葉書の発行にも乗り出した。景勝観光地としての熊野のPRに尽くした人々の草分け的存在であった。昭和一三年（一九三八年）、七五歳で死去。（ガイドブック『熊野百景』や観光絵葉書の発行は、その後久保嘉弘に引き継がれ、発展させられたという。）

◇（株）久保写真館

久保昌雄氏が明治二五年（一八九二年）ごろ創業。約一一〇年の歴史をもつ。館主は（二代目）久保嘉弘氏を経て、現在は（三代目）久保拓男氏。初め、館は、新宮市下本町（現在の大橋通り・つたや食堂のところ）にあったが、昭和二一年（一九四六年）一二月の南海大地震の際の新宮大火で焼失。一時丹鶴町に移転したのち、現在は新宮市新町に移って営業している。

熊野百景寫眞帖外側表紙

熊野百景寫眞帖の扉

大正12年10月5日発行『熊野百景』

◇『熊野百景寫眞帖』（上下二巻）

久保昌雄撮影の『熊野百景寫眞帖』～屏風様折り畳み式・金地の布で表装～は、現在、新宮市立図書館のほか、和歌山県立図書館、旧チャプマン邸・沖浦氏宅、それに汐崎瓦屋宅に上下二巻または上下いずれかの一巻が所蔵されていることがわかっている。

伝えられるところでは、最初（明治三三年）製作されたのは、皇室献上本一部と久保氏自宅保存本一部、それにもう一部の三部だけだったという（ただしその話の出所は今のところはっきりせず、真偽のほどは判然としない）。

（初版三部というのがもし事実であるとすれば）現在新宮市立図書館に保管されているのは、状況から考えて、その初版本のうちの皇室献上本（これは庶民は目にすることができない）、自宅保存本（昭和二一年暮れの震災大火ですでに焼失したとみられる）を除いた最後の一部ではないかと思われる。

（新宮市立図書館ではその保存と劣化防止に大変気を配り、一般の閲覧には、久保写真館主・久保拓男氏が平成四年に製作、図書館に寄贈したその複製写真集で対応している。）

◇新宮市立図書館と『熊野百景寫眞帖』

昭和四〇年、（元・新宮市谷王子で古書店を営んでいた峯尾氏が経営する）東京・文泉堂から送られてきた古書目録により購入したという。当時、図書館職員だった青木眞幸氏が目録からこの書籍を見つけ、その頃図書館によく出入りしていた仲原ヒノキ氏や中村弥三次図書館長と相談、早速注文。古本としてごく普通の価格だったが、到着した品物を見て、立派な、貴重な本だったことが初めてわかり、関係者一同大喜びしたと言われている。

◇ガイドブック『熊野百景』

久保昌雄・撮影兼発行、久保嘉弘編纂の形で作られた、(縦一四センチ、横一八・五センチほどの)小型、携帯型の熊野観光ガイドブック。初版発行がいつかははっきりしないが、その最後のページに、新宮鉄道(新宮〜勝浦間をつなぐ軽便鉄道で、大正二年三月に全線開通)の時刻表を載せているところからすると、大正時代の初めではないかと思われる。大正九年版、同一二年版などが現存する。

なお、この本に収められている風景の大部分は、場所的に明治三三年の『熊野百景寫眞帖』のものと重なるが、さらに西牟婁の田辺・白浜・周参見方面、北牟婁の尾鷲・紀伊長島方面の景観も加えて一応熊野地域全体をカバー、全部で一二〇景に広げている。また(旧制新宮中学の国漢教師)小野芳彦がそれぞれの風景をかなり詳しく解説、写真と文章による本格的な熊野案内書になっている。

◇本書の《百景》配列順について

新宮市立図書館所蔵の『熊野百景寫眞帖』は、もともと屏風様折り畳み式になっていて、上巻・巻頭から下巻・巻末まで繋がり、写真はきちんと配列されていたらしい。しかし今はそれぞれの写真がバラバラになっていて、正式にはどういう順に配列されていたのか判らなくなっている。

本書では、後に作られたハンドブック『熊野百景』の配列を参考に、《第一景》から《第一〇〇景》までを串本・大島〜西向・古座〜古座川沿い〜浦神〜勝浦〜浜ノ宮〜那智山〜宇久井〜新宮〜本宮・瀞峡〜鵜殿〜熊野市の順に並べている。(『熊野百景』では、原則として海岸筋を西から東に進み、途中川筋を下流から上流に行って、また海岸筋に戻るやり方をとっている。)

◇本書のページ構成について

本書では、見開き二ページ上半分の右ページに明治三三年のセピア色の写真、左ページに現代のモノクロの写真を並べ、下半分二ページの冒頭に表題(これはすべて明治三三年の写真の題で統一)、小文(太い(横)罫線で示した部分。明治三三年の写真に添えられていたものを再録した。ない場合もある)を置いた上で、本文を掲載している。(一人で二景以上受け持ってもらった場合には、本文が大体三ページ以上にわたっている。)

[明治三三年の写真に添えられていた小文の内容には、現在から見ればいささか疑問の余地がある部分もないではないが、手を加えずにそのまま再録した。それぞれ史料としてお読みいただきたい。]

[熊野百景 各景所在地略図]

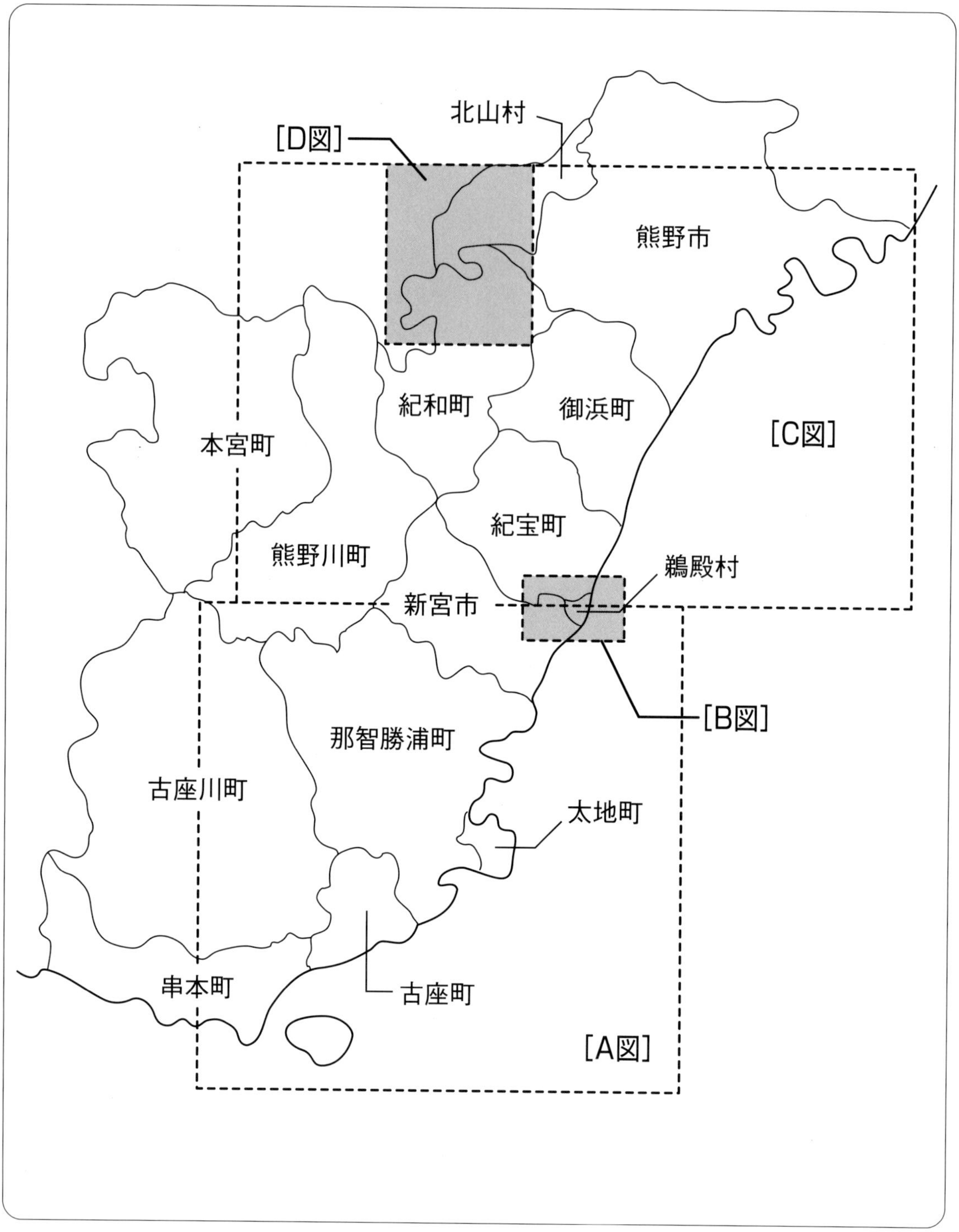

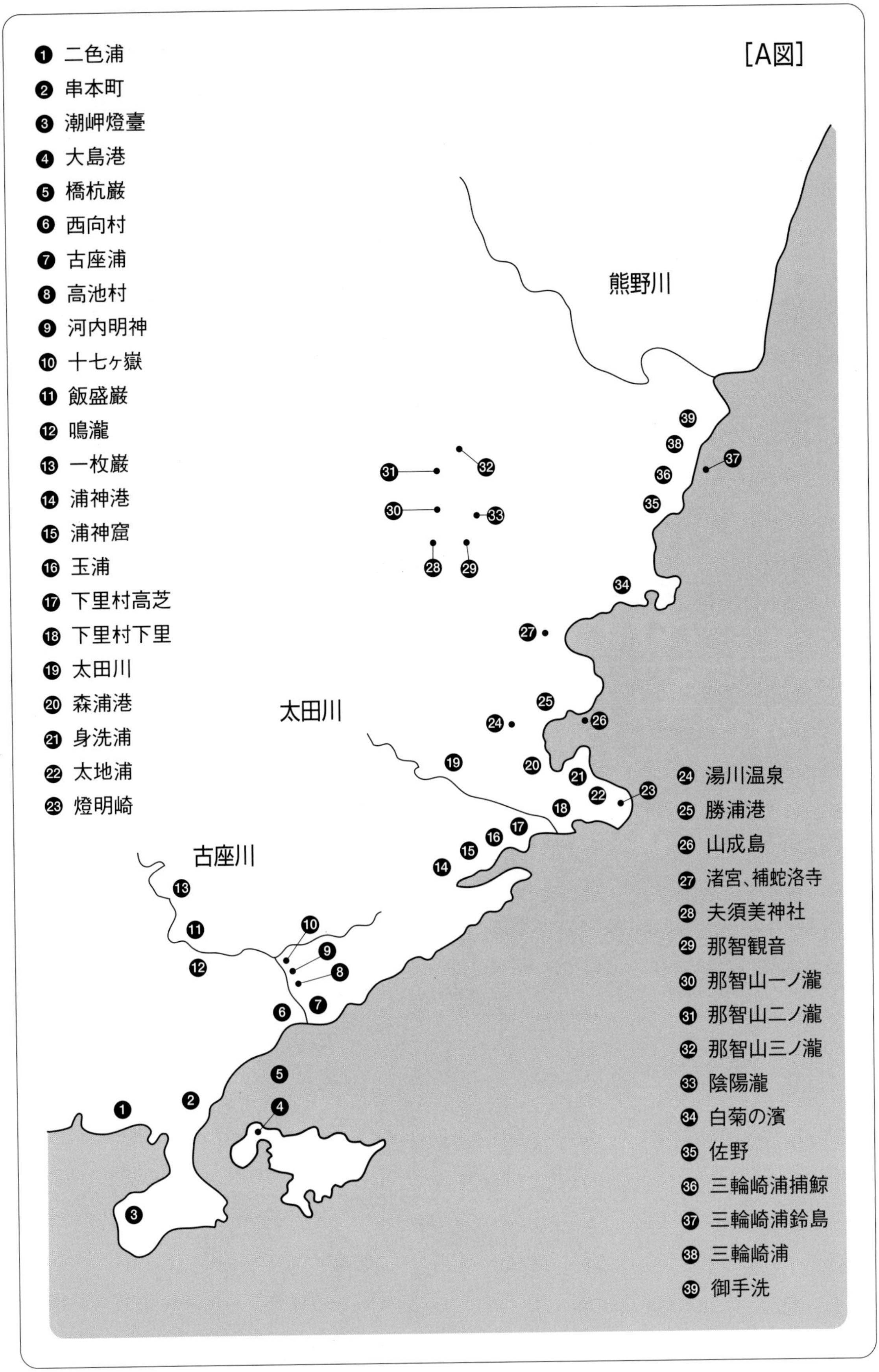
[A図]
1 二色浦
2 串本町
3 潮岬燈臺
4 大島港
5 橋杭巌
6 西向村
7 古座浦
8 高池村
9 河内明神
10 十七ヶ嶽
11 飯盛巌
12 鳴瀧
13 一枚巌
14 浦神港
15 浦神窟
16 玉浦
17 下里村高芝
18 下里村下里
19 太田川
20 森浦港
21 身洗浦
22 太地浦
23 燈明崎
24 湯川温泉
25 勝浦港
26 山成島
27 渚宮、補蛇洛寺
28 夫須美神社
29 那智観音
30 那智山一ノ瀧
31 那智山二ノ瀧
32 那智山三ノ瀧
33 陰陽瀧
34 白菊の濱
35 佐野
36 三輪崎浦捕鯨
37 三輪崎浦鈴島
38 三輪崎浦
39 御手洗
熊野川
太田川
古座川

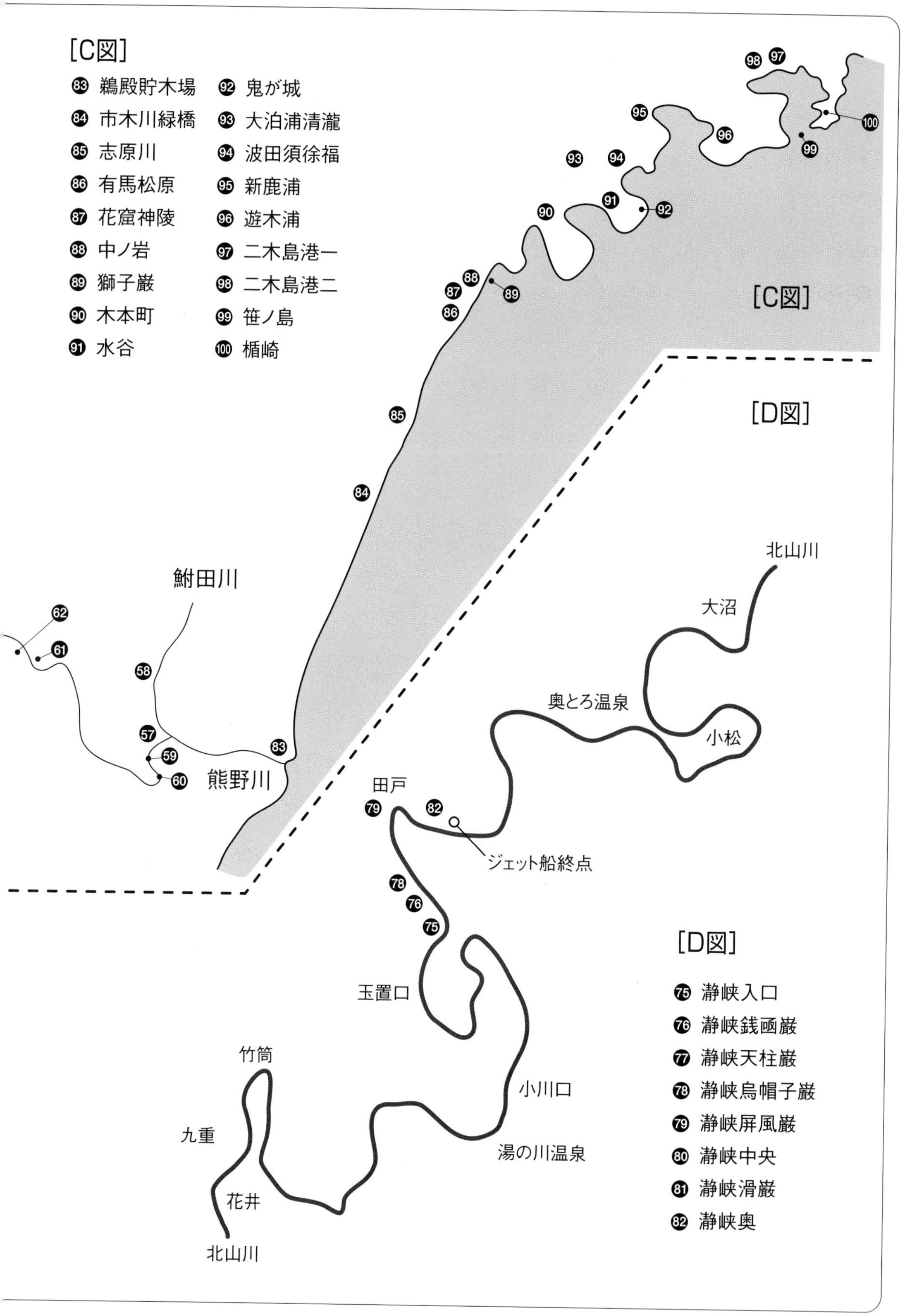

[C図]
83 鵜殿貯木場
84 市木川緑橋
85 志原川
86 有馬松原
87 花窟神陵
88 中ノ岩
89 獅子巌
90 木本町
91 水谷
92 鬼が城
93 大泊浦清瀧
94 波田須徐福
95 新鹿浦
96 遊木浦
97 二木島港一
98 二木島港二
99 笹ノ島
100 楯崎
[C図]
[D図]
鮒田川
熊野川
北山川
大沼
奥とろ温泉
小松
田戸
ジェット船終点
玉置口
竹筒
九重
花井
北山川
小川口
湯の川温泉
[D図]
75 瀞峡入口
76 瀞峡銭函巌
77 瀞峡天柱巌
78 瀞峡烏帽子巌
79 瀞峡屏風巌
80 瀞峡中央
81 瀞峡滑巌
82 瀞峡奥

[B図]

40 王子濱
41 新宮町市街一
42 新宮町市街二
43 新宮町市街三
44 熊野速玉神社表門
45 熊野速玉神社
46 神倉山
47 千穂峯
48 渡御前神社
49 阿須賀神社
50 新宮城址月夜
51 丹鶴山下
52 徐福の墓
53 新宮貯木場
54 熊野川
55 熊野川河口
56 熊野川より蓬莱山を望む

[C図]

57 牛鼻
58 鮒田 田植
59 御船島
60 乙基
61 飛雪の瀧
62 釣鐘巌
63 葵瀧
64 和気村
65 揚枝及び音川
66 宮井炭壙
67 出合曉景
68 撞木山
69 筌川
70 本宮村
71 音無川より熊野坐神社を望む
72 熊野坐神社
73 湯峰温泉
74 九重村

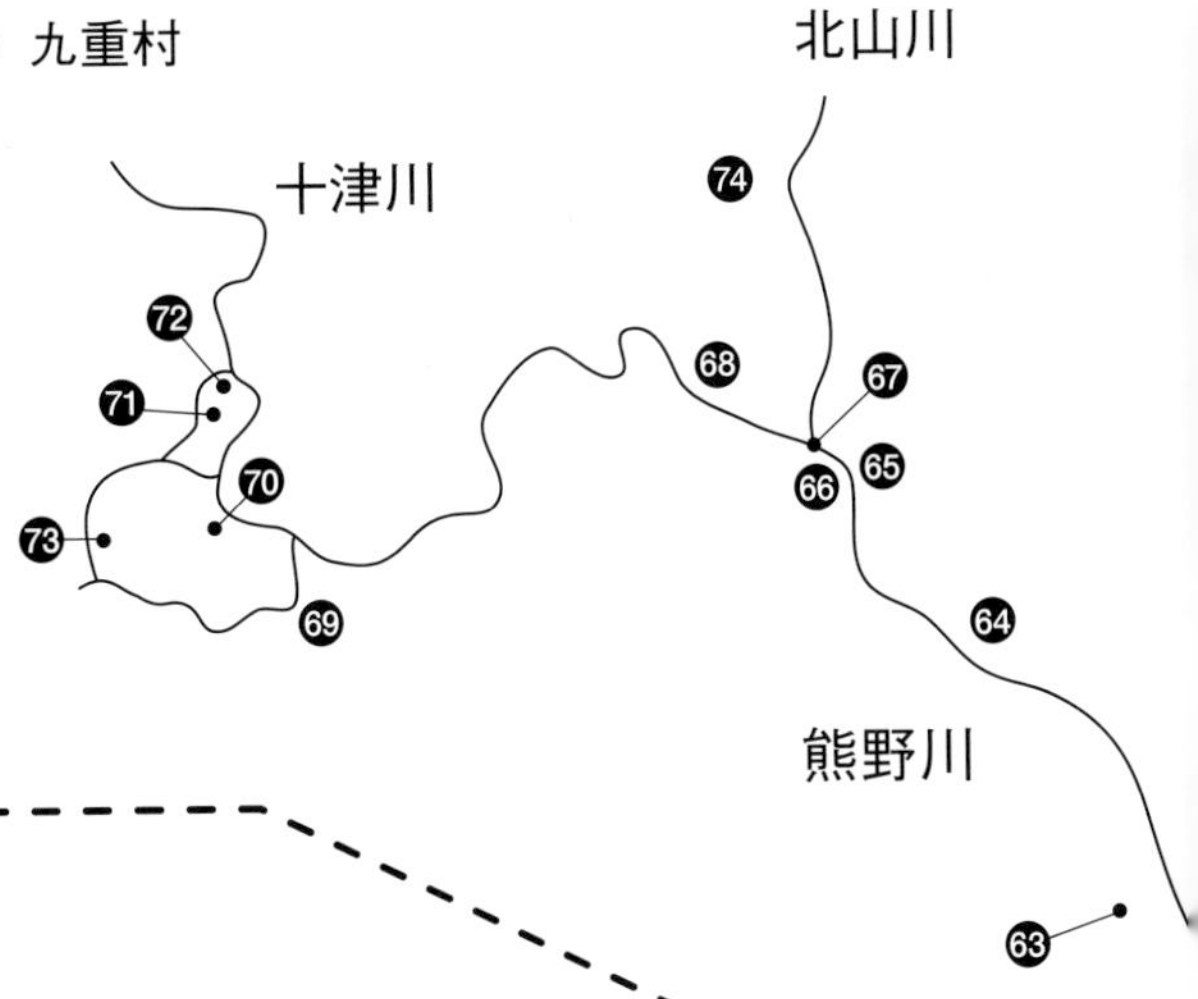

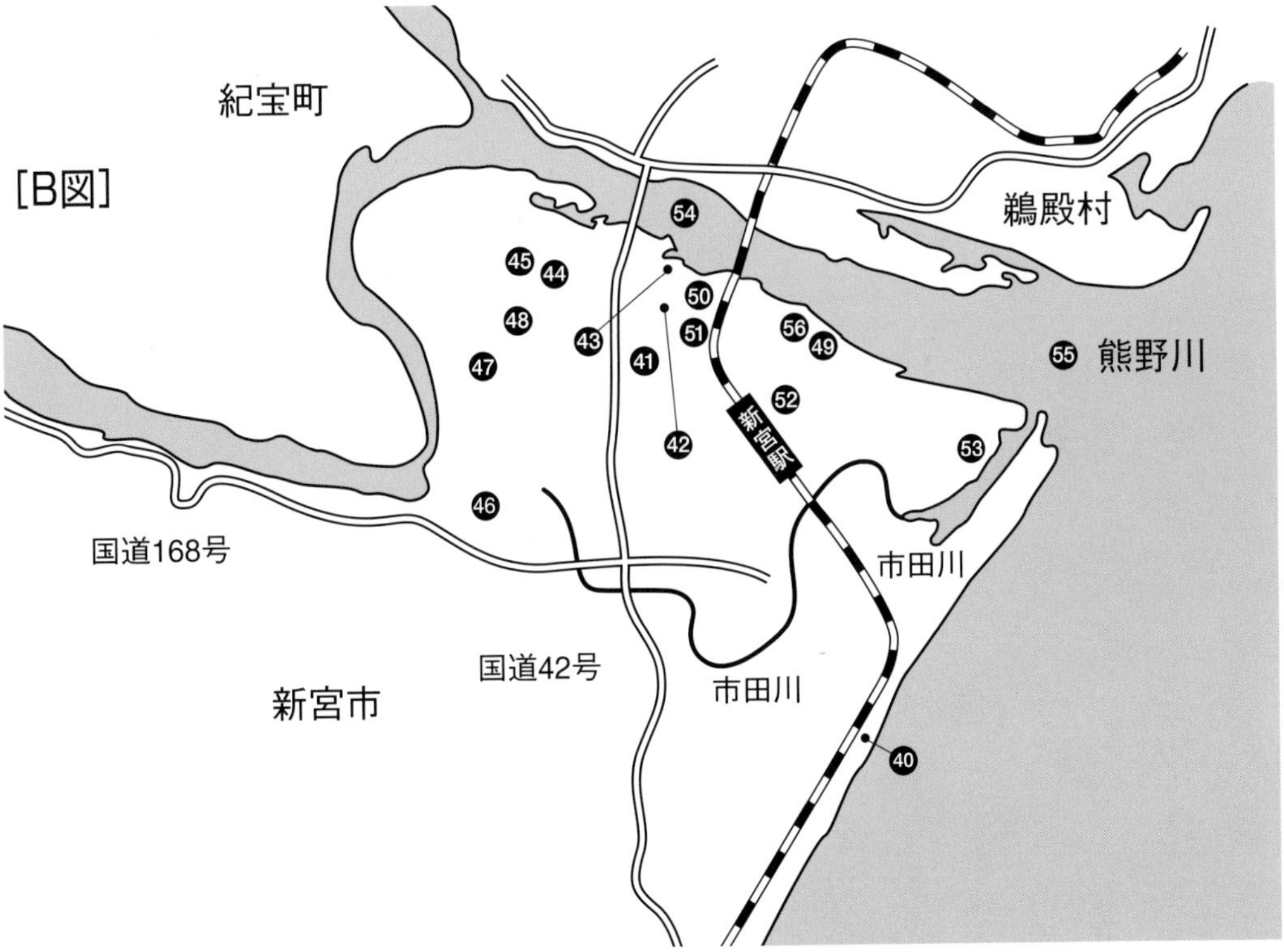

今昔・熊野の百景／目次

［熊野百景・各景撮影］
明治三三（一九〇〇）年　久保昌雄
平成一三（二〇〇一）年　久保広晃

今昔・熊野の百景／1900~2001

二色浦

【第一景】

二色浦

串本港の西にあり

二色浦《にしき》は通常「袋港《ふくろこう》」といわれている。地形的には袋のような入り江になっていて、袋の底にあたるところに鬮野川《くじのがわ》の河口がある。外海が高波の時でも、ここは平穏で、今は小型漁船の格好の係船場所になっている。

『串本町誌』の地勢の項には、「上浦《かみうら》海岸方面は、海岸近く一面の暗礁で船舶を停泊せしむべき便に乏しい。しかし上浦の北方は二色の東南二五町（約二、七〇〇メートル）に突出せる同村『砥崎《とざき》』との間に一小湾『袋港』を作っている。『袋港』は面積さまで大きくはないけれども、四囲の山がただちに港岸に迫り、したがって水深亦比較的深く大小幾多の船舶を容るるに足り、如何なる暴風怒涛に対しても極めて安全である」と記されている。

串本側の集落を「袋」といい、二色側の集落を「向かい袋」と呼んでいる。向かい袋から潮岬を望んで左手には「錦江山《きんこうざん》」が突き出ており、右手には「砥崎」という小さな半島が潮岬に向かって突き出ている。

写真は、袋より向かい袋を望むもので、前方にある山の連なりは砥崎である。写真の手前にある海に突き出た建築物は、潮位を測定する機器がある「検潮所」で、明治の中頃串本の「尾の浦」から移転してきたものである。現在は自動的に検潮記録送信されているという。

砥崎の根っこにあたるところが「戸畔《とべ》の森」といわれ、森の頂上付近には松の大木が聳えていたが、落雷で枯れてしまって今は無い。

その昔神武東征の砌《みぎり》、荒波を避けてこの袋港に入港した際、この地の豪族であった『丹敷戸畔《にしき》』が賊と考えこれを迎え撃ったという話が伝承されており、袋港の中程に少し突き出たところがあるが、ここへ神武帝の船を着けたので、この場所を今でも「オンバノハナ」（御場の端?）と呼んでいる。（これと全く同じ話が北牟婁郡紀伊長島町近くの錦にもあるようで、大正九年発行の『熊野百景』「錦

袋より向かい袋を望む

浦」の項に詳しく記載されている。）

昭和二一年（一九四六年）一二月二一日午前四時二〇分所謂「南海大地震」が起き、この時大津波が串本の上浦・下浦に押し寄せた。

大津波はこの袋港をも直撃して「向かい袋」の家々を全壊し、湾に沿って「袋」の方に押し寄せて「袋」の家々を襲い、家屋もろとも坂を駆け登ってエビスの浜へ出ていった。津波の高さは袋港海岸で約五、五メートルに達したと記録されている。

この津波の高さといい、あの「袋」の坂道を潮流が越していったことといい、今はとても信じられない。人間の想像を遥かに超えた自然の力には驚かされる。

この大地震と大津波による串本町の被害は、死者二・不明者一二・負傷者三四・倒壊家屋二七九・流失家屋九一などとなっている。

串本の街に通じる幹線道路は二色より戸畔の森の東側そばを通り袋湾に沿っていたが、現在の国道四二号線は前よりももっと東に寄ったところに造成されている。しかし、袋港に出てからの道は以前と変わっていないし地形的にはあまり差異はないが、前に錦江山の袋港側にあった造船所は跡を残すだけとなっており、港の入口付近には新しくスキューバダイビングの船の基地ができ、また所謂「御《おん》場《ば》の端《はな》」は、その後コンクリート造りの台場ができ土砂の荷揚げ場となっているほか、太公望が毎日四人五人と釣糸を垂れている。いきのよい鯵《あじ》がよく釣れるようで、中には釣った鯵を干物にして東京の親戚に送っている人もいるという話も聞く。

二色浦は、色々な歴史を秘めながらいまも穏やかなたたずまいを見せている。

南茂二郎

串本町

【第二景】

串本町

潮岬半島の地頸にある商業地なり

風に吹かれて帽子が飛んだ。その日母の従妹に負われて、わが家に近い東（下《しも》浦《うら》）海岸へ散歩に出ていた。昭和初めの数え年三つかせいぜい四つの頃で、子どもは成長が早いからと、少し大きめなのを買ってもらっていたのかも知れない。足元近くに落ちて転がるのを彼女が拾おうとしたとき、波が岸壁にぶつかって高いしぶきが上がり、ひるんだ一瞬の間に、引いて行く波がまだ新しいその帽子をさらった。古希を過ぎた今の私にとって、この出来事が人生最初の思い出である。

それから数年後、今度は父と一緒だった。大阪通いの汽船事業を扱う「回漕店」を訪ね、大人達が話し込んでいる傍ですっかり退屈している私に、その中の一人が突然声をかけてきた、「こら、お前のお父ったん嘘つきやど」―笑いながらだから多分冗談だっただろうに、大人の会話を子供が理解できる筈はなかった。彼が老いてからもずっと親しくしてくれたけれど、幼い頃聞いた何でもない一言がこちらの気持ちに長くひっかかっていて、いつまでも好きになれない人だった。

一方西の上浦《かみうら》海岸は少し遠かったがよく磯へ出かけた。漁師さんが捨てて行ったガス灯（カーバイト）の残りかすの中から、まだ使える小さな塊《かたまり》を探し出し、きっともぐり込んでいると狙いをつけた岩の穴へ入れて水をかけると、息苦しいのか熱いのか、タコの子が這い出して来た。尤も見方によっては残酷な遊びだったと言えなくはないだろう。いつも連れだった友達は若くして故郷を離れ、つい数年前にこの世を去った。

潮岬への坂から眺める串本は、東西に海を控えての地形そのものに大きな変化はなく、手前の鎮守の森も健在だが、さすがに高い建物が多くなったのに直ぐ気付く。北の隅に見える小学校の左手の山―西の岡は、私が小学生の頃には広い範囲で土が露出した急斜面だったのにすっかり緑におおわれ、春ともなれば地区の老人クラブの人達によって丹精込めて育てられた桜が咲く。更に遠く山上に聳《そび》

串本町市街

える白亜のホテルは、変貌のシンボルと言えるだろう。

　巨視的な俯瞰《ふかん》の風景を下ってふたたび下浦海岸に目を移せば、嘗《かつ》て散歩に出た岸壁の上は舗装されて自動車が行き交う。その外側は広く埋め立てられて駐車場や小公園ができ、漁業関係の施設が建つ。竿を含めて九銭で揃えた道具でアジやフグやシカロ（ネンブツダイ）を釣りながら、リールの付いた長い竿を自在に操る大人の姿に見とれた桟橋も今はない。毎日のように沖で碇《いかり》を下ろした大阪通いの汽船が、鉄道の延長と中国との戦争激化にともなって姿を消したのは、そんな釣り好き少年の頃だった。

　この町に生まれこの町で育ち、太平洋戦争末期の一年数ヶ月を除いてずっとこの町で暮らしている私にとって、帽子が飛んだあの日から、串本は玉石入り混じる思い出の詰まった「宝石箱」である。誰かが言ったように、喜びも悲しみも思い出は人とともにやがて消えて行き、未来は人とともに絶えず生まれて来るのだろう。そんな時の流れの中で生きている限り、私はこの箱を大切に持ち続けていたいのである。

後藤洋一

潮岬燈臺

【第三景】

潮岬燈臺

潮岬は日本本州の最南角にして燈臺は岬頭に設置せらる
石造にして第一等不動白色を顯し燈の高さ基礎上六十三呎
海面上百六十三呎にして晴天光達二十海里なり

本州の最南端、紀伊半島の最先端に位置する潮岬灯台（燈臺）は、大島の樫野崎灯台とともに、改税約書（江戸条約。慶応二年〈一八六六年〉調印）によって設置された八灯台の一つである。

灯台を建設したのは、「日本の灯台の父」といわれるイギリス人技師リチャード＝ヘンリー＝ブラントン（一八四一～一九〇一）で、明治元年（一八六八年）八月に来日した。その時日本は、戊辰《ぼしん》戦争の只中にあったが、ブラントンは早くも同年一一月、イギリス軍艦マニラ号で西日本沿岸の灯台設置場所を順次視察し、その途中、串本・大島にも立ち寄っている。

潮岬灯台は、明治二年（一八六九年）五月に起工し、翌三年（一八七〇年）六月に仮灯がともされた。仮灯となったのは、当初、装着予定の灯器や機器、ガラス類を積み込んだイギリス帆船エルレリー号が、明治二年一二月、東シナ海で沈没したからである。この不測の事態に、ブラントンは日本人細工師に石油ランプの火口をつくらせ、横浜と香港から航海灯レンズを急遽入手するなどして臨機応変に対処し、なんとか仮灯にこぎつけたのだった。

木造八角形の潮岬灯台が完成したのは、明治五年（一八七二年）のことで、その姿が日本の文明開化のシンボルとして、著名なイギリスの週刊絵入り新聞「イラストレイテッド・ロンドン・ニュース」に取り上げられた。

一八七二年（明治五年）一〇月一二日付の同ニュースには、次のように出ている。

「潮岬灯台は、東岸大島の港に近い陸地の突端にある。ここの灯台は高く立ち、

潮岬灯台

地上六五フィート（約二〇メートル）も聳えているが、海面上一五五フィート（約四八メートル）の高さに達している。それは、木材の梁《はり》で建てられた八角形の塔であるが、その梁は地階と最上階が四面板張りである以外は風が中を吹き抜けるような吹き抜けの枠組みとなっており、塔は二〇マイル（約三二キロ）先からも見える。」

明治初めの一〇年間に、ブラントンを首長とするイギリス人技師団によって、日本各地に洋式灯台が建設された。これらの灯台には、当初、熟練したイギリス人灯台守が配置され、その下で日本人助手が業務の習得にあたった。

外務省記録『外国人雇入取扱参考書』などによって、潮岬灯台に勤務したイギリス人灯台守としては、二等灯明番T・フォレスト（明治三年六月二七日～九年一〇月一七日）、三等灯明番A・F・フィギンス（明治五年二月一七日～明治八年七月三一日）とジェームス＝バッジ（明治六年九月一日～明治九年一二月）らがいたことがわかる。記録によると、彼らの給料は二等灯明番で月給一〇五円、三等灯明番で月給九五円と記されているが、当時の小学校校長の月給が二五円から三〇円であったことを考えると、かなりの高給取りであったと言える。そして、これらの灯台守のほとんどがスコットランド出身であったのは、スコットランド人が持つ厳しい自然や孤独に耐える強い精神力、冒険心、勇気、海外に雄飛する気質などと関係があるのかも知れない。

この日本最初の木造灯台は、耐久性に劣っていたため、明治一一年（一八七八年）に現在の石造灯台に建て替えられた。また、外国人灯台守も解雇され、代わって日本人灯台守が勤務するようになった。しかし、その灯台守も昭和四六年（一九七一年）以降はいなくなり、現在は串本航路標識事務所によって自動管理されている。時代は移り変わり灯台守はいなくなったが、フレネルレンズから発せられる灯光は、沖行く船の道しるべとして、また船乗りたちにとっては心の安らぎとなっている。

稲生　淳

【第四景】

大島港

大島港

古座浦の南串本浦の東に當れる海島中にあり
紀南極界の良港なり

大島浦には、太平洋にあっても比較的波の荒い熊野灘における天然の良港があり、江戸時代から昭和の初めに至るまで、団平船《だんぺ》や桧垣船《ひがき》、二本マストの帆前船《ほまえ》などが毎日のようにこの港を利用していた。大坂（大阪）から江戸へ、また江戸から大坂へ向かう千石船や菱垣廻船《ひがき》、樽廻船等、紀伊半島を回る船は、大小を問わずここを寄港地にしていた。そして天候が荒れ、波の高い時には、波がおさまって静かになるまで碇泊《ていはく》。帆船なので風のない時には風待ちのため碇泊。潮も上り潮、下り潮の速い時の違いがあるから潮待ちのためにも碇泊。動力ではなく、自然の力で航行していた時代、船舶はどうしてもこの大島港に寄港、碇泊するより仕方がなかったのであろう。

その碇泊も長い時には一週間から一ヶ月位に及ぶ。錨を下ろした船は港内で列をなして舫《もや》い船となり、二列、三列、四列と水谷の隅の方まで並んで出航の時期を待つ。大正初期のものと思われる港内の写真が一枚だけ残っているが、そこには七〜八〇隻の船が整然と四列に並んで碇泊している様子が写し出されている。

大島唄（「串本節」として広く流布しているが、その主要部分はもともと大島の俗謡であった）で古くから唄われているものに、『大島水谷かかりし船は／お雪みたさの潮がかり』『障子明ければ大島ひと目／何故に佐吉は山のかげ』などというのがある。ここにいう「障子」は船室の障子を指すらしいが、大島浦で長く天候待ち、風待ちをする当時の水夫《かこ》衆の気持ちを彷彿とさせるものがあって興味深い。

大島浦は岸まで深いので、岸辺に錨を懸けておいたり、岩礁に艫綱《ともづな》だけ繋いでおきさえすれば船から陸に自由に乗り降りできる便利さがあった。明治の初め頃使用されたものであろうか、百貫（約四〇〇キロ）余りもある四ツ目錨が百数十年たった今も残っているし、また当時よく利用されたらしい岩礁の跡が艫綱の切れ端が結わえられた状態で幾つか見つかっている。

はっきりした目処《めど》のないまま待機する水夫たちは相当退屈したに違いない。伝馬船を漕ぎ競争したり相撲をとったり、賭博をしたり。その賭博場の跡は浅間山

大島港

と呼ばれ、もう二〇年ほど前から町の無形文化財となっている。大島浦には吉田屋、あわ屋、富田屋、善兵衛屋などの船問屋があって、酒食を供し、よく賑わっていたという。とにかく大島浦は、機械船が登場してくる昭和の初期までは勿論大いに繁栄していたし、物資輸送がまだ主に船でなされていた昭和二〇年代まではある程度繁栄していた。このことは様々な記録に照らしてみても明らかであり、私達はこの事実をしっかりと把握し、後世にも正しく伝えていかなければならないと思う。

なお大島は、ペリー来航よりも六十数年前の寛政三年（一七九一年）、初めての日本との交易を目的とした米商船レディ・ワシントン号が寄港したところである。同号は大島で水、薪を積んで樫野の鳴神《なるかみ》浜に二日ほど碇泊して出発したと言われるが、これを記念して、昭和四九年（一九七四年）、日米修交記念館が置かれ、また平成三年（一九九一年）には、米国総領事夫妻を迎えて「日米修交弐百年式典」が催されている。

また大島は、明治二三年（一八九〇年）、トルコ軍艦エルトゥルル号が遭難したところでもある。任務であった使節団の明治天皇拝謁を済ませ、帰国途中横浜から神戸に向かっていた同号が、台風接近の大時化《しけ》で樫野崎の甲羅《こうら》島で座礁、沈没。樫野の人々の救助活動にもかかわらず、提督オスマン・パシャ以下六五六名の乗組員のうち、五八七名が溺死。その遭難記念碑（昭和一二〈一九三七〉年建立）とトルコ記念館（昭和四九〈一九七四〉年建設）が大島にある。現在、駐日トルコ大使館と串本町とが共催して、五年に一度ずつ慰霊祭が行われている。

一方、安政の不平等条約改正運動に拍車をかけた、イギリス貨客船ノルマントン号遭難事件が明治一九年（一八八六年）に紀州沖で発生。イギリス人乗組員全員は四隻のボートで脱出したが、その内の二隻を樫野の住民が救助したのである。

日米修交記念館及びトルコ記念館の開館を機縁とし、我が町とアメリカ・カリフォルニア州へメット市、トルコのメルシン市とヤカケント町との姉妹都市関係がスタート。近年これら両国の市・町と串本町との間で青少年交換他の交流事業が進められている。

大島港は国内船の寄港だけではなく、江戸から明治にかけては外国船の寄航も始まり、今日の国際化の先駆け基地ともなってきた。

濱　万亀雄

橋杭巌の景

【第五景】

橋杭巌の景

串本の東北数町にあり

本州再南端の地・串本には、奇岩、巨岩が六～七町（約六五〇～七五〇メートル）も縦に繋がる一大奇勝がある。大小様々な岩が合わせて二〇余り、いずれも海に向かって屹立《きつりつ》するさまは偉観で、その姿によって先人たちからずっと「橋杭《はしくい》岩《いわ》」（橋杭巌）と言い慣わされてきた。

橋杭岩の成り立ちについては、古くから弘法大師と天の邪鬼の話が人々の口の端にのぼっていたのであろう、今もなおユーモラスな伝説として語り継がれている。しかしもともと土地の人々は、橋杭岩をただ単に「立岩《たていわ》」と呼んで親しみ、日頃の暮らしの中で様々に関わってきた経緯がある。

陸地の付け根にある岩は「稲荷島」、通常《お稲荷さん》と呼ばれるもので、小さな祠が祭られている。土地の人々は還暦や厄年のときなど、お祓いを受け祈祷をしてもらった後、その頂上から道路へ向かって投餅をした。近年になってそれは交通の妨げになるとのクレームがつき、投餅のみ別の場所で実施されるようになっている。

中程の樹木の茂っている岩を「弁天島」と言い、この島の北側の芝生の台地は（干潮時における）子供の遊び場でもあった。ここで串本節踊りを観光客に見せたりしていたようで、船の座礁がよくあったのもこの近くだったらしい。

一番先の岩を「一の島」と呼ぶ。「この岩は三本足で立っている。津波で潮がずっと引いたときによく判った」と古老は話すが、真偽の程は不明である。ただ、その話の通りとすると、底はかなり大きな「ガバ」（洞穴）になっているみたいだ。

この島と大島との間を鯨の小さな群れが苗我《みょうが》島の方へ泳いでいくのを見た、とも古老は話してくれている。

櫓漕ぎの小舟にお客を乗せて立岩を一巡するようなこともあった由。

橋杭岩

昭和四年（一九二九年）六月二日、昭和天皇が串本へ行幸された。その前夜（一日の夜）、稲荷さんの北側、海が見渡せる所迄人々は提灯行列。丁度沖合に停泊中の御召艦「長門」から付近一帯を照らし出す探照灯の強い光線の眩《まぶ》しかったこと。立岩の裏側を初めて見て感動したのもこの時であった。

戦時中、串本港に水上飛行機（いわゆるゲタバキ）が常駐、その離着水に立岩が邪魔だと関係者の間で取り沙汰されているのを仄聞《そくぶん》したこともある。又一時、突堤から立岩を夜間ライトアップ、立岩は光に映えて独特の雰囲気を醸し出していたが、その後中止された。

この橋杭岩（立岩）は、大正一三年（一九二四年）一二月九日、内務省より天然記念物の指定を受け、昭和一三年（一九三八年）、吉野熊野国立公園の一つとして指定された。

人々は昔から立岩近辺で魚介類の恩恵を蒙ってきたが、今この付近で観光客相手に土産物を販売しているのも立岩のお陰と申すべきか。

この立岩を擁する橋杭地区は、（高富《たかとみ》・二色《にしき》・橋杭の）富二橋《ふじはし》村に属していて、大正一三年（一九二四年）六月三〇日、串本と合併し、串本町鬮野川《くじのかわ》として今日に至る。往時の住民は漁業が中心、小舟による一本釣り、時として遠洋漁業も盛んであった。

突堤から串本寄りは透明の海と白砂。どこまでも続く遠浅の海は海水浴場として最適、又細い砂浜で、鍬の柄を股間に入れ前後を両手で持ち後《あと》ずさりしながら蛤《はまぐり》を掻く様と、その鍬の長い軌跡は春先の一つの風物詩であった。

昭和二一年（一九四六年）一二月の南海大震災の折の津波で二名の死亡者を出す不倖もあり、その後防潮林が造成され、所々を埋め立て、さらに道路の改修工事等が実施されて、付近の状況は随分様変わりしてきた。

それにもまして大きな変化は、橋杭地区から嘗《かつ》ての串本との境界である大水崎《おおみさき》川（ハンペの川と呼んだ）迄は家が一軒も見当たらなかったのに、鉄道が山裾を通り、国道が海側に並行して走る今、一部を除いて家並みがずっと続いていることである。現在のこうした光景から百年前の様子を偲ぶべくもない。

人々の暮らしの発展が時に多くの犠牲を伴うこともあるようだが、自然破壊は最小限に止めて欲しいと願うものである。

尾崎達男

西向村

【第六景】
西向村

古座川の南岸にありて古座浦と相對せり

西向村・古座浦（一）

まず、百景写真「西向村《にしむかい》」は、貴重なもので、非常に懐かしい景色が写されている。

昔、大辺路《おおへじ》街道の一角に、鶴ヶ浜、古座《こざ》浦捕鯨の一時仮置場があり、写真左手前の大納屋の浜で鯨の解体がなされた。

左前方には、沖の鰈《かれい》島という「カツオ一本釣」の漁場があり、古座浦の一大漁場として人々の日常生活は勿論のこと、経済の中心的役割を果たした。

写真の仲買船は、遠くは東京や愛知県知多半島方面に材木や備長炭を運んでいたが、とくに田原・荒船の備長炭が重宝がられた。その帰り船では、三河の瓦や一般食料品等がよく搬入されていた。

商人としては、古座の阿波屋、池の口の源六、雑長《さいちょう》、鍵清《かぎせい》が挙げられ、いずれも昭和の初期まで名を成していた。

古座町古座から西向を望む

この写真に見る当時は、古座川木材の最盛期でもあった。

また百景写真「古座浦」からは、百年の歴史の間に随分変ったという印象を受ける。

かつては古座浦の海産物の運搬も海上輸送が唯一の方法で、西は山口県から大阪府にかけての方面へ、「生ボート」と呼ばれた鮮魚運搬船で主にサワラ等を運んでいた。又、材木は阪神方面へ運搬されていた。

漁業については、ブリ、カツオ等が主役をなし、三二〇年前の「岬会合」では、近隣一八浦の総元締の最高幹部に古座九人衆が名を連ねていた。

昔の「よいころ節」の囃子《はやし》言葉に、

『岬会合でよいろ節を／古座が座を持つ／筆を持つ』

とあり、又、

『舟で行こうか／大辺路やどうな／東風《こち》は昼から／徒歩《かち》で行く』

とあるのは、古座が近隣の漁業の中心的役割を果たしていたことを示している。

潮岬カツオ一本釣漁場の利用方法についても、まず古座船が入り、その後に近隣漁船が入ると言った方法がとられていた。

西向村・古座浦（二）

方森一夫

大塔山に源を発した古座川は、延々五〇キロ余りを流れ、熊野灘に注いでいる。古来、この流域は平地に恵まれず、住民は山、川、海の恩恵を頼りに生活を営んできた。

古座川流域の人々にとっては、川の流れが唯一の交通路であり、木材の筏流しにはもちろん、薪炭、食料等の生活物資をはじめ日常の衣食住に欠かせない物資の運搬に、川は最大限活用されていた。

また、海岸に面した地域では、江戸時代以来明治期まで捕鯨が盛んで、古座の港は、（遠海、近海の双方を含む）漁業の基地、林産物集散地の港として繁栄してきた。

古文書等によれば、古座及び西向の戸数や人口は

古座浦

【第七景】
古座浦

古座川の河口の北にあり古座川は
源を大塔峰より發し東南に流れ
古座浦に至り海に入る上流奇景多し

〔西向村・古座浦（二）　続き〕

（一六五〇年代）

古座浦……一五三戸　三四六人

西向浦……七四戸　一二六人

（一八四〇年代）

古座浦……三一五戸　一二四二人

西向浦……九九戸　四五五人

となっているが、江戸時代二〇〇年足らずの間に、両浦合わせて戸数で約一・八倍、人口で約三・六倍に増えていることは、それだけ古座川河口地域が順調に経済発展をとげており、地域の中心として成長しつつあった事実を裏付けるものとして興味深い。

しかし歳月の流れは、川の流れのようには悠長ではない。明治以来の政治、経

西向側から古座側を望む

済の劇的、飛躍的発展は、交通、運輸手段の変化に現れ、陸の孤島といわれる当地域の姿をも大きく変えていくことになる。

百景写真・西向浦の川面に舫《もや》いするのは東京や大阪方面へ向かう帆船。江戸時代とさして変わらない当時の船の航行は、すべて風力に頼った。荷降ろし、荷積みを終えても、次の目的地に出発できるのは風次第。その風が出ても風向きが運行を左右した。

帆船から機動力も利用する機帆船への移行には、しばしの歳月を要した。そして機帆船が就航、汽船となって「急行」と名づく船が走るようになっても、急行とは名ばかり。大阪を午後二時に出発しても古座に到着するのは翌日の午前四時という有様だった。

当時（大正期から昭和初期にかけて）の古座には、宿屋一〇軒、料理屋一〇軒、またカフェーもあった。西向側には製材所が一〇ヶ所以上あり、軒を並べていた。モーター船と呼ばれるプロペラ船が古座～三尾川《みとがわ》間を往復していた。

昭和も進んで、全国的に陸上交通網が整備されてくると、海上輸送は寂れはじめた。初め「猿乗せて走る列車か熊野みち」などと揶揄されながら始まった鉄道（国鉄）敷設も、昭和一〇年代半ばにようやく完成。以来、この地方の生活様式も目に見えて変わっていったように思われる。

百景写真・古座浦は、現在の（西向にある）JR古座駅の裏山から水田、川をはさんで古座、上野山を望見したもの、また同写真・西向浦は、古座、上野山から西向側の河口方面を展望したものである。

百景写真の明治三三年当時と現在とを比べると、古座方面は戸数としては余り変わっていないが、西向地区は水田が百%姿を消し、製材工場は一ヶ所となり、役場、スーパー、自動車工場等が建つ。青々と続いていた鶴ヶ浜の松並木は、コンクリートの国道となる。河口には鉄製の大橋が架橋され、紀南地方の生活の大動脈になっている。

鉄とコンクリートの近代工事に発展を委ねてきた昨今であるが、残されていく百年前と現代との二葉の写真が、果たして後世どのように批判され、話題となるのか、楽しみでもあり、憂いでもある。

桝田義昭

【第八景】
高池村

高池村

古座浦の上にある商業地なり

その昔、古座川は熊野那智神社の社領で、江戸時代末までは「祓川《はらいがわ》」と呼ばれていたという。大辺路（現在の国道四二号）、あるいは（周参見から添野川へ抜ける）古座街道を通って熊野三山参詣に行く多くの人々は、ここで渡河する前に川辺で禊《みそぎ》をして身を清め、監視人のお祓《はら》いを受けなければ社領に足を踏み入れることはできなかった。現在の「古座川」と呼称されるようになったのは明治四年（一八七一年）の廃藩置県前後の頃であろうと見る史実家が多い。

古座川の川港的存在であり、林産物の一大集積地であった高河原地域（いまの古座川町高池下部区）は、山裾に民家が点在しなければならない地形であるに拘わらず、明治の初めから七〇余戸の家が建ち、三〇〇人近くの人口を擁していた。古座川では、本流に集まった木材は主に一本々々ばらばらに流下させるいわゆる《管《くだ》流し》方式で移送されたが、その材の水揚げ、陸積み作業をする大勢の人夫（作業員）を初め、材を加工する木挽《こびき》職人、生活物資等を載せた舟を上下させる船頭衆、それに浜（川原）で行われる木材市に各地から集まる商人達でいつも賑わっていた。

流下材の水揚げ場では、一組四〇余人ずつ、合わせて三組の人夫達が、水際から高台の土場まで材を運び上げ、所定の場所に積み上げていく。通常は直径五～一八センチ、長さ三～四メートルの材を二本ずつ、二人の持たし手が運び手の肩に載せて作業を進める（大きな材の時には勿論運び手が二人、三人、四人、六人と増えていく）が、その際「それ来た、やったれ」「下まる山で、上天ぐ」「早よ行け、こつねが待ってるぞ」と歌って囃《はや》し、気分を盛り上げた。肩の荷が崩れ、もう一度やり直す時には「又やったか、早よ行かんせ、小滝のこつねが逃げて行か」「しっかりせんかい、新左衛門に叱られら」「ぐずぐずするなよ、お玉にやられら、とっとと飛んでけ」などと囃したてて笑い合った。（囃しの中によく登場する「下の谷の新左衛門」は現在の古座中学付近の小集落の庄屋で、世のため、人のためによく尽くしたとされる人物〈極悪人だったとする説もある〉、「小滝のこつね」は下の谷から約五〇〇メートル上流の山裾の小滝に住んでいたという絵から抜け出たような美人、「龍頭のお玉」は祥源寺の奥、龍頭の地にいた人で、

古座川町高池

妙齢の美人ながら男癖が悪く、若衆から敬遠されていたとされる。）こうして人夫達は、一組につき一日五千本から八千本の材木を揚げていった。

一方木挽職人達も、例えば次のような作業歌（木挽歌）を歌いながら、ゴッシ、ゴッシと鋸を曳き、作業を進めていった。

「木挽きゃ　米のめし　やきミソ添えて　ヨキではつるよな　ここたれる」

（ここに以下のような囃し言葉が入り、興趣を添えた。「ハア　こつね喜べ　お玉に言うな　一間《けん》挽いたら飯の種　二間挽いたら子のためじゃ　三間挽いたらかかのため　アー　ヨイショ」）

木材市で商談が纏まると、材木屋や商人に限らず、人夫なども交えて大勢の人々が露天に大火を囲んでの大宴会。三味線、太鼓に芸者を入れての酒盛りが再三行われていたと明治、大正期を知る古老達はよく話していた。

木材で繁栄する高池は当時、近郷近在の村々の中心地の観を呈しており（明治時代を通じて小学校の国定教科書の取扱所は近くでは高池にしかなく、串本、和深、佐本、田原などの子供は高池にまで教科書を買いにやってきたという）、町制実施も郡内では（明治二二年実施の）新宮に次いで早く、明治三三年（一九〇〇年）に高池村から高池町に変わっている。

殆どの人々の生活が材木に拠りかかっていたことは時に弱点にもなった。ある時期、凡そ三年に亙って雨が少なく、奥地からの材が届かないことがあった。浜人夫や木挽職人などがたちまち失職、やむなく大勢の男女が大阪など都市部へ出掛け、仕事に就いた。中には大変な金儲けができるとの話に乗って、密航して遥々ブラジルに渡った青年もいた。そのうちようやく雨が降り、川で材木が下り出した。「マルタキタスグカエレ」という家からの電報に、出稼ぎの人達は皆喜んで戻ってきた。ブラジル行きの青年も雇用主に断りもなしに夜逃げ同然で帰郷、その後ずっと水揚げ場の人夫として生計を立てていたという、嘘みたいな本当の話が語り伝えられている。

高池にはその他、幕末の若衆宿から発展した大切な青年修養の場「互盟社」のことや、寺院（祥源寺）の寺子屋に起源をもつ共達小学校のこと、プロペラ船の運航や、道路の発達とバス等による奥地との連結開始など、伝えておくべき多くの事柄が残っているが、紙面の関係で割愛せざるを得ないのは誠に残念である。

和田　覓

【第九景】河内明神

河内明神

河内明神（一）

懐かしい「こおったま（神霊）」。この写真は文化的に貴重な写真である。即ち、写真右寄りの、清暑島《せいしょとう》後方から突き出た形で写っている白い浜は、今は見る影もなくなっているからである。

古座《こざ》の氏子は、こおったまの水を如何に大切にしてきたか。

例えば、旅立ちするに当ってお守りに小石を頂く。お産の時には徒歩でこおったまの水を頂きに参る。初孫の禊《みそぎ》の時も同様。又、出漁の際には勿論「神水」を頂き、お参りをする。曾《かつ》て源平壇の浦の合戦の時、出陣する熊野水軍の人々は個々にお守りを持ち、竹筒の中に「水」を入れて持って行った。古座の氏子たちは、とにかくこおったまの水を非常に大事にする。お百度詣りも常に行ってきた。

こおったまの祭、即ち河内《こうち》祭は、平成一一年（一九九九年）一一月二一日付で国の重要無形民俗文化財の指定を受けるに至った。

祭典に彩《いろど》りを添えるものに御舟がある。川面に流れる御舟御謡は荘厳そのものであり、昔日の繁栄を偲ばせるものがある。御舟御謡は南藤徳松、津井金一、津井庄太郎、松本熊太郎、峯本捨一諸氏等大勢の大師匠達によって今も継承されている。永年に亘り当舟の船頭をされた藤田儀太郎氏の貢献に厚く感謝する。その他、桝田悦一氏、串本町・矢倉甚兵衛氏、熊野市・岡本實先生にも、過去数十年に亘り祭典運営にひたすら御尽力いただいていることに深い敬意を表するものである。

又、祭で奉納される古座獅子舞は、県下で唯一の国指定重要無形民俗文化財で、大阪万博等、近畿で開催される各種イベントに招かれ、出演している。なお、玉川玄龍先生、中根七郎先生、山出泰助先生は、紀南の文化人として余りにも有名である。

方森一夫

河内明神（二）

河内神社（河内明神）は古座川河口より約三キロ上流、古座川町宇津木《うつぎ》に位置する。百景写真に見える川中の小島が御神体で社殿はない。東岸の古田と西岸の

河内神社

旧道に鳥居があり、西岸の北宇津木には参拝場がある。

この島は、元「河内島」と言われていたが、万延元年（一八六〇年）、伊勢の儒学者、斎藤拙堂が川遊びに訪れた折、「清暑島」と名付けたと言われている。島は三角錐の形を造り、樹木が茂って、周りを青く流れる水の中に鎮座して神秘的な姿を見せている。

祭神については、中根七郎著『古座史談』に、「文化一二年（一八一五年）古座組大庄屋より上司に差出したる書状に依れば、古座、高川原《たかがわら》、古田、宇津木、月の瀬五ケ村の氏神とし、其古座浦の部に、御祭神を牛頭天王《ごずてんのう》と明記せられたり。牛頭天王は京都祇園八坂神社の御神名に同じく、即ち素盞鳴尊《すさのおのみこと》の御事なり。又古座町の古座神社には、河内神社を合せ祀る。其御祭神は素盞鳴尊なり。」と記載されている。

祭礼は古くは陰暦六月初めの丑の日に行われていたが、後に七月一四・一五日に変わり、現在は七月二四・二五日に行われる。祭は御舟祭と言われ、源平の戦いで源氏についた古座水軍が戦勝を報告し戦死者の霊を弔ったのが始まりと言われている。（鯨方の霊を鎮める祭との説もある。）

前夜は、屋形に華やかに美装をして川を上った御舟三艘が舟歌を謡いながら島を廻り夜籠りする。夜明けて祭当日、河口から当舟を先頭に獅子伝馬船、櫂伝馬船、屋形舟など多くの舟が上り、高川原、古田の獅子舞も座に集まり祭礼が始まる。儀式が済むと、獅子舞の奉納、中学生の漕ぐ櫂伝馬船の競争があり、祭は賑やかになる。河内神社での祭が終わって昼過ぎ、御舟を先頭に舟が川を下ってそれぞれの地区に戻って行く。

昔は祭行事を支える若衆が大勢いた。過疎化が進む現在、若者が減少している。伝統ある河内祭の継承を若い人達に願うものである。百景写真は、宇津木より下流に向かって撮影されたものである。川舟は今では見られなくなり懐かしいものである。島周辺には人家がないので景色は昔と変わりはないが、時代が進み周囲の状況は変わった。上流七川に造られたダムの影響で、かつては透明で水中の魚の姿が見えた清流にも濁りが生じ、写真左上の山を削って通した道は、トンネルが開通して役目を終え、島のすぐ下流に河内橋が架かって、往来する車が多くなっている。開発は進んでも、河内神社は二一世紀に残したい風景である。

金澤　洋

漆渕より十七ヶ嶽を望む景

【第一〇景】

漆渕より十七ヶ嶽を望む景

古座川勝景の一

南紀最高峰、大塔山を源とする古座川の随所に見られる渕で、漆渕《うるしぶち》は誰しもが納得する底なしの深渕として知られる。川幅の中間までせり出た岩壁に、尾又《おまた》の瀬の急流がぶつかり、遮られて渦を巻く。岩壁先端の低い岩場を切岩《きりわ》と呼ぶ。昔も今も少年達の格好の水泳場として受け継がれている。この岩壁全姿を望月岩と称す。旧暦八月十五日満月の深夜、時として僥倖《ぎょうこう》に恵まれると、三体月が漆渕に映ると伝わる。やがて三体月は黄金の漣《さざなみ》に包みこまれて変化し、尾又の瀬を遡《さかのぼ》る。満月と、渕・瀬がかもしだす至福の一刻《ひととき》。望月岩の頂に二坪程の観月座あり、ここからの眺望は筆舌に尽くし難しと聞く。「熊野路や祓の川の清ければ月もこの瀬を尋ねてぞ住む」（詠人不祥）

漆渕と、十七ヶ嶽を結ぶ間に、祓《はらい》の瀬が流れる。この瀬の右岸に、祓明神森があり、祓神社が鎮座する。紀伊続風土記に「……昔は日高郡《ごおり》南部より伊勢国白子までの間において初穂を取りしという」とその存在感を示す。紀伊名所図絵に、祀神は瀬織律姫命《せおりつひめのみこと》とある。関連するに「大祓詞によると、人の罪穢れは祓の儀式によって川から海へ、そして根国、底国に運ばれる。川の瀬にいる瀬織律比咩《ひめ》が、罪や穢れを海に運び（中略）祓は心身から、罪や穢れを取り除く儀式であり、禊《みそぎ》は海や川などの水に、身を浸すことで清める行為をいう」（日本の宗教と事典・学研）。祓神社・川瀬で祓禊の行《ぎょう》を修することで一対とされる。古《いにしえ》より江戸中期頃まで古座川は、祓川が本称であった。聖護院宮、熊野三山、大峰奥駈《おくがけ》回行には、必ず祓神社にて禊祓の修儀を挙げられし、とある。聖護院が本山派修験道山伏を直管したことで、大辺路街道・熊野古座街道を往来する行者の祓神社での行が繁くなった。

祓神社附近一帯を斎谷《さいのたに》（才谷）が小名となる。紀伊続風土記に、才谷に善卜庵《ぜんぼくあん》あり、と。「この村に近世奇人伝に見えたる僧恵潭《えたん》の住みたる庵室あり……」と

漆渕より少女峰を望む

紀伊名所図絵に記す。更に東牟婁郡史に、隣村重畳山《かさねやま》の項で「又同地に旧く善光庵といえるあり。聖護院直轄にして紀州にては有名なる寺院なりしが、明治の初め退転せりという」とあるは、月野瀬斎谷の善卜庵をさす。

神話時代に発する禊祓の神の坐す社と、川のほとりに由来残す古庵跡。いずれも聖護院との縁《えにし》があった。

両岸を彩る山岳景勝と、常緑樹林に培われた清澄な流水。渕あり、浅瀬ありの変化に富んだ水景は、祓禊の神の住まわれる祓川の名称に相応しい。

この聖域を守る如く、斎谷の東側に巨巌十七ヶ嶽《だけ》が聳立《しょうりつ》する。芳紀十七歳、名はおふじ。稀なる美貌が災いとなり、古座浦沖、離島に巣食う海賊に見初められ、攫《さら》われんとして逃げ場を失い、高崖より身を投げて、熊野乙女の操を守った伝説がある。里人名付けて十七ヶ嶽と呼ぶ。古座渓を舟遊した文人墨客が賞讃する詩歌が多い。

曾聞少女操持堅　高岸投身不負天
澗水東流朝海去　峡中長見翠娟々
（曾《かつ》テ聞ク少女操ヲ堅ク持シテ
高岸ヨリ身ヲ投ゲテ天ヲ負ワズ
澗水《かんすい》東流シテ朝海ニ去ル
峡中長見スレバ翠娟々《みどりけんけん》）
（矢土錦山、古座渓探勝記
鷲田碌翁編）

古座川に影写す峻厳な崖の中腹に、清楚に咲く山櫻を里人は心して待つ。幸薄き乙女の化身とみて。

後地　勝

【第一一景】

飯盛巌

古座川勝景の一

飯盛巌

飯盛山《めしもりやま》は、古座川町一雨《いちぶり》、立合川《たちあいがわ》、立合、相瀬《あいせ》四集落の境界の真上に屹立《きつりつ》した僅か四〇メートル足らずの岩山である。

土地の人々は昔から、茶碗に御飯を山盛りにしたような格好なので、これを飯盛岩（飯盛巌）と名付けて親しんできた。昭和八年（一九三三年）にこの岩山の真下にトンネルが貫通して、人も車も通れるようになり便利になったが、それ迄はこの飯盛岩の一番低い付け根附近の両側に細く急峻な里道があり、ここを越えて行き来していた。

江戸時代後期、伊勢の津の儒学者、斎藤拙堂が古座川の山水に遊んだ時に、この岩山に玉筍峰《ぎょくじゅんほう》という名を付けたが、地元の人々は今もって頑として玉筍峰などと呼ぶ人はいない。附近の子供達に、玉筍峰は何処かと尋ねても知らないが、飯盛岩はと聞くと即座に教えてくれる。

飯盛岩のすぐ下流に、元祖・飯森《いいもり》家の屋敷と、田畑合わせて五反歩（一、五〇〇坪。約五、〇〇〇平方メートル）程の耕地があったが、今は国道の改良工事に伴い立合トンネルの入口となり、附近への取り付け工事等で、その面影を殆ど止めていない。

古座川町明神地区に飯森姓が多いが、皆ここ飯盛《めしもり》岩近くの飯森《いいもり》家から分家していった方々である。

飯盛岩は、現在の県道側から見るよりも、相瀬の川向かいからの展望が良い。特に新緑の萌える頃、飯盛岩を中心とした近辺の山や、奇岩、怪石の美しさは水墨画を見る思いがして、大自然の奇巧の不思議さに驚嘆するばかりである。

河口祐三

飯盛岩

『(小野翁遺稿) 熊野史』から《古座川》の項をここに引用しておきたい。

古座川

小野芳彦

古座川は源を東西牟婁の郡界なる大塔峰タイカウサンに発し、南に向って横谷を流れ、七川村佐田にて平井川を合せ、峰山山脈の山系に循《したが》うて縦谷を曲折南下し、更に方向を東南に転じ、明神村川口に至りて小川《おがわ》を併せ、月ノ瀬、宇津木を経、高池町、古座町と西向村との間を貫流して海に注ぐ。流程約十六里(約六四キロ)、三尾川《みとがわ》村大字眞砂《まなご》まで六里(約二四キロ)餘、舟楫《かぢ》を通ず。峻峰層巒《らん》清流を挟みて對《むか》ひ峙《そばだ》ち、曲折窮通、奇石迎へ怪巌送り應接に遑《いとま》あらず。眞に絶景なり。藍瀬の一枚巌(高七十丈〈約二一二メートル〉餘、横八十丈〈約二四二メートル〉餘)、池野山の虫蝕岩、月野瀬の十七嶽(少女峰)等その名殊に聞こゆ。支流小川の「瀧のはい」も亦別様の奇景なり。

遊古座川　　齋藤拙堂

攢峰峭壁迎還送。　曲岸廻流窮副通。
左顧右看忙應接。　舟行摩詰畫詩中。
(攢峰峭壁《さんぽうしょうへき》迎ヘマタ送ル　岸ヲ曲リ流ヲ廻リ窮シテマタ通ズ
左顧右看応接に忙シ　舟行ハ摩詰ノ画詩の中)

[小野翁とは、旧制新宮中学の国漢教員小野芳彦氏のことで、熊野の歴史の研究などでは当地方における第一人者として広く知られていた。没後まもなく、昭和八年の暮れ、新宮中学同窓会〈新中会〉の手でこの『熊野史』が刊行され、昭和四八年二月、同じく新中会によって再刊された。]

編集部

【第一二景】

鳴瀧

古座川勝景の一

鳴瀧

鳴滝《なるたき》（鳴瀧）と云う呼び名は、附近の渓流、瀬や淵、岩山と相俟《ま》って、如何にも語呂が良く、響きの美しい言葉である。鳴滝は、古座川町相瀬《あいせ》の県道から川を隔てた向かい側の小字前平《まえだいら》にある。

楚々とした小さな滝で、余程気を付けていないと見落として通り過ごしてしまいそうな所で、古座川に細々と流れ落ちている。

長さ七〇メートル程もあるか無しか、二〜三メートル幅で清水が鉄錆《さび》色の岩肌を流れているが、滝と云うより急流と云った方が相応しいかも知れない。この滝の山逧《さこ》の奥行は浅く、四〇〇メートル程も登るともう山の尾根に出る。逧（細い谷あいの道。せこ）を中心に杉と桧が僅かに植林されているが、土の量が少ないうえに、周囲は岩山や転石が多くて、雨が降ると保水力がない為に、この岩山の逧を鉄砲水となって一気に流れて鳴滝へと下り落ちる。

日和続きの日は少ない水量も、一旦雨が降ると逃げ場を失った雨水は轟音をたてて流れ落ちたので、昔からその音の激しさに鳴滝と呼んできたのであろうか、現在滝の傍らは立合第二トンネルの入口となり、昔の景色とはやや異にする感があるが、鳴滝そのものは今も昔と変わらぬ水音をたてている。

地元の人達は、この滝を含めてこの一帯を総称して「鳴滝」と呼んでいる。因に下の川は「鳴滝の淵」、その浅瀬は「鳴滝の瀬」と呼ばれ、明治時代中頃の大洪水で家を流され下流に移転した仲氏宅は今も「鳴滝」の屋号で呼ばれている。

昭和二〇年（一九四五年）頃迄は、今は絶滅したと云われる日本川獺《かわうそ》が生息していた。上流にダムが出来て水も多少は汚れはしたが、古座川はやはり我が国有数の清流であることは間違いないと思われる。

鳴滝

この古座川に飯盛山《めしもりやま》が影を落とし、鳴滝の水音が河鹿《かじか》の鳴くように流れ落ちる光景は、いつの世も変わることはないであろう。

作家、故・司馬遼太郎氏が古座川の一枚岩から船下りした時に、

「古座川の・瀬々にせせらぐ　瀬の音は
　神もききつつ　人もききつつ」

と詠んでいるが、この川面に映る飯盛岩にも、鳴滝の小さい流れにも、山の神々、川の神々が今も尚宿っているように思われる。

河口祐三

【第一三景】

一枚巌

―古座川勝景の一

一枚巌

一枚岩は古座川河口より約十二キロメートル、古座川町相瀬《あいせ》にある。天然記念物に指定されている巨巌で、古座峡奇岩怪石中最たるものであろう。古座川左岸、渕を脚下に大地の測り知れない腹中より噴きあがったかのように聳立《しょうりつ》、膨大豊満圧倒的な質量感を観る者に与える。

その高広を示すのに、古くは仞《ひろ》あるいは間《けん》、また丈尺、記す数値に差異がみられるが、現古座川町の諸印刷物《パンフレット》によれば高さ一〇〇メートル、幅五〇〇メートルとある（司馬遼太郎『街道をゆく』では高さ二〇〇メートル、幅二五〇メートルほど、と）。

斎藤拙堂（寛政九年〈一七九七年〉～慶応元年〈一八六五年〉、津藤堂藩儒）の『南游志』（原文漢文）に「逼《せま》り視るに及びて丘山に対する如く人をして駭極《がいきょく》せしむ」とある。昭和一〇年前後古座川街道が通じる迄は一枚岩背後の山道を辿るのみで、舟によって見る外なかったから、見上げるのに中腹の膨らみのため頂上は見得ず、磧《かわら》から見ても大差なく、只圧倒される思いであったろう。又「但地甚だ偏僻《へんぺき》、過ぎ観る者甚だ稀なり、故に其名甚だ顕れず、峯巒《ほうらん》巌石未だ名有らず、其の名有る者も亦土民の慣呼する所にして、俚俗《りぞく》に堪えず。願くは先生為に佳名を撰びて之を命ぜよと」。幕末の碩学《せきがく》を遥々《はるばる》と迎えて、師事し又は私淑する当時の古座河口の知識人達は、鞠躬如《きっきゅうじょ》として申し上げたことであろう。

拙堂先生はあれこれ名稱を付けられ、今も里の通稱の他に紹介され、或いは初めからの如く使われてもいる。司馬さんはこれについて、ワサビを利かせた寸評をされている。一枚岩とは、広辞苑（新村出編・岩波書店）によれば「一枚続きの板のような、裂け目のない大きな岩。強固な団結・組織などにたとえられる」とある。《土民の慣呼する卑俗な名稱》とは私はツユ思わない。山峡片田舎の里人の純

一枚岩

朴、無心の童の如き感性の表現こそ《言霊《ことだま》》なのではないのかと思う。拙堂先生は《斎雲巌》又《賽赤壁》とも一枚岩に撰名されたようだが、自信がなかったようだし、後者は自らふさわしくないとされている。だからか現在一枚岩の通り名はそのままである。

司馬さんは、一枚岩を見る今昔の視点の違いから「この岩は拙堂の押しつけからまぬがれた」とされている。

古座峡に連なる奇巌達、虫喰岩《むしくいいわ》・牡丹岩《ぼたんいわ》・髑髏岩《どくろいわ》のように風化による岩肌が目立って、それぞれ風趣があるが、一枚岩はまずまずの綺麗さ滑らかさを見せている。岩を好んで食う悪魔が、苦手の犬の吠え声で逃げ去ったからと伝説にあるのだが……（少し上流に犬鳴《いんなき》の地名あり）。

私の亡父は川漁が好きで私も小学一年からお伴した。三年頃どうやら櫓を操れるようになり火振り漁を楽しんだ。時々一枚岩から鋭い風切り音がし、短い水没音が続いた。これは岩が板状に剥がれて、川に落ちる音だった。思うに炎暑酷寒が岩表に特に作用し、時にはしみ込んだ水が熱せられ凍って岩肌を剥離させたのだろうか。一見綺麗に見えるが、ゆるやかに風化されているのかと思う。岩壁遥か上に咲いた箬の石斛《せっこく》の見事な塊を、一枚岩直下の川底から幾度も拾い上げたが、それは岩肌の剥落に伴ったものに違いない。それにしてもその直撃をよくぞ受けなかったものだ。一枚岩の秘められた怖さといえようか。

高尾正司

浦神港

【第一四景】
浦神港

浦神港・浦神窟の景

百景・浦神港の写真の中央部に弁天島が見え、写真の左寄り、港の奥の方に小さく鍋島《なべしま》が写っている。写真正面の対岸側、いまの国道四二号線に当たるところでは、一〇〇年前には現在と違って人家や施設とおぼしきものはほとんど見当たらず、写真手前の左岸に家が立ち並んでいる程度で、浦神全体はきわめてひっそりとした漁村であったことが分かる。生活物資を積載して入港したものであろうか、一隻の小帆船を浮かべた港の風景はまことにのどかで、慎《つつ》ましい。

子供のころ、古老に聞いた話では、港内にはもともと小さな第一弁天島と大きな第二弁天島とがあり、第一弁天島の大部分を地均して更地《さらち》にし、そこに浦神尋常小学校（いまの小学校）を建てたとか。その島のあったところの頂上には、小さな祠《ほこら》を建てて第一弁天様をお祀りしており、漁業関係者は毎年二度、そこにお参りする慣《ならわ》しになっている。

いまの国道四二号線沿いにある窟《いわや》は、通常虫喰《むしくい》岩と呼ばれているもので、岩の表面は蜂の巣のように凸凹《でこぼこ》になっている。高さ約三五メートルにも及ぶこの窟は、壮大な中にも優美さにも富んでいて、全体的に大変美しい。

浦神港

いまの中学一・二年に当たる浦神の子供たちは、窟の下の細い道を、風雨の日には蓑《みの》を着けて、時には波しぶきを浴びながら下里高等小学校まで通った。ある時、窟の上の方に珍しく岩松が生えているのを見つけて、高等小学校生徒の私は、友達三～四人に腰の帯《おび》に結《ゆ》わえつけたロープをしっかり掴《つか》んでもらって、その岩松を採ってきたことがある。上部で岩壁は二段の棚のようになっていて、よじ登るのにとても苦労したのを覚えている。

およそ七〇年前の、大正末から昭和初めの頃には、窟の下の道を通る自動車は月に二～三台しかなく、自動車がこのデコボコ道をゆっくり走る時には、子供たちは皆その後ろについて走った。馬車に荷物が積んでない時に、その馬車に乗せてもらうのも子供たちの楽しみの一つでもあった。

窟のすぐ右側には、長さ約一五〇メートルほどのきれいな砂浜があって、小学生たちの海水浴場になっていた。しかし、昭和一〇年、国鉄・紀勢西線（いまのJRきのくに線）ができる際、ここは線路に取られてしまって砂浜は消滅し、海水浴ができなくなった。それで小学校では、以後やむなく粉白《このしろ》の砂浜の海水浴場にバスで行き、週に何度か水泳を実施しているそうである。

なお、窟の上には、昔鉄砲場があったと言い伝えられているが、それは火縄銃の練習場所であったのか、あるいは魚群発見時の合図の場として使われていたのか、定かでない。

窟も最近は大分風化が進み、雨水が割れ目に入って、放置すれば崩落の危険性も生じることから、数年前補強工事がなされた。それによっていまは人も車もその下を安全に通行できるようになった。

浦神湾や窟（虫喰岩）などの景観は地域の人々に馴染み親しまれ、胸中に深く刻み込まれて、皆の心の大事な一つの拠《よ》りどころになっているに違いない。その姿がいつまでも変わらずにいてくれることを願ってやまない。

西　健造

浦神窟の景

【第一五景】

浦神窟の景

浦神と玉の浦など

この二景に関する資料を提示しておきたい。

一つは『紀伊続風土記』の《牟婁郡太田荘・浦神村》の項の記述で、「浦神」の状況や地名の由来を次のように紹介している。

「下田原浦の卯辰の方（つまり東南東の方向）一里八町（約四・八キロ）にあり。村の西下田原浦領の堺より山脈南北に分れ、相対して東の方に差出て、其間の海湾南北広さ四町（約四四〇メートル）許にして、東の方湊口より西の窮《たま》りに至るまで東西是に十倍す。其湾を隔てて南北相向ひて村居をなせり。北は大辺路の街道にして是を本村とし、南を向地《むかひぢ》といふ。向地は山の麓にありて、其峯東西に横はりて南を塞ぐを寒風《さむかぜ》峯といふ。村中の田地皆海岸をもって畔《くろ》となし、高低殆海面と均くして満潮といへども田地に入る事なきは風浪の静なるを知るに足れり。湾中海底深くして大船を泊するに宜し。網知らずといふべし。又湾の中に大床島、鍋島、取子島などいふ大巌あり。浦神の名義、塩釜明神の条に詳なり。

○塩釜六社明神社

村中にあり。一村の産土神とす。此地に舊浦神と称せし神坐しけるに、何れの

浦神虫喰岩

時にか那賀郡池田荘神領村に遷坐し給へり。（那賀郡海神社の条合せ考ふべし。）其舊地に小祠を建て猶浦神社と称して産土神とせしに、後世塩釜明神を勧請して産土神とし、浦神社を末社とせり。今も境内に浦神の小祠あり。村名を浦神といふは其神名より起れるなり。」

また、元（旧制）新宮中学教諭、小野芳彦は、その遺稿『熊野史』（昭和九年発行、昭和四八年再刊）で、「浦神港」と「玉ノ浦」を説明して次のように記している。

「浦神港　海水深く湾入し好避泊地なり。堀内氏、水野氏の領地共に此に止まりしより、此より以東を奥熊野と呼び倣し来れり。字「窟《いわや》」に蟲喰岩あり。
玉ノ浦　窟より少しく進めば、粉白《このしろ》の名所、玉ノ浦に至る、風景好く、磯辺の岩石中より、玉石と呼ぶ円形黒質にして滑沢ある鶏卵大の石を産す。床の置物として珍重せらる。」

元・新宮市立図書館館長の濱畑栄造の著書『熊野よいとこ』（昭和五五年発行）に、虫喰岩や玉石についての記述があるので、参考までに挙げておきたい。

「ここ（玉の浦）から南に進むと浦神である。途中虫喰岩が並んでいて、一奇観を呈している。ここら辺りまで玉の浦と云うのである。紀伊続風土記に、『此所の磯大嵓にして、蒼白色粗質なり。其石中より玉石出づるを以て玉の浦の名あり。玉石円形黒質にして滑沢あり。大なる者鵞卵の如く、小なる者鶏卵の如く、又やや小なる者あり、石中玉石をつつむを以て往々形を外に露すものあり。或は半寸、或は一寸、或は半体皆出づるものありて、時ありて外に迸出す。其自ら迸出る者は其質円滑、是を完璧とす。もし石を割りて出だすものは全円を得がたし。玉の自ら迸出する、多くは風雨の時にあり。故に土人これを候うて争ひ拾ふといふ。』とある。この玉石は盆石として珍重され、田辺の古谷石と北山の那智黒と並んで熊野三名石である。」

編集部

玉浦

【第一六景】
玉浦

粉白浦の西南にある名所にしてこの浦の磯邊より
玉石と呼ぶ玄玉を産す
夫木抄
小夜更て月影さむみ玉の浦のはなれ小島に千鳥鳴なり
平忠度

「荒磯ゆも　まして思へや玉の浦の　離れ小島の　夢にし見ゆる」……近代文明の影響を受けなかった頃の玉の浦（玉浦）を、先人達の話を思い出しながら瞑想に耽ってみる。万葉の歌人や漂泊の歌人・西行法師、又、「平家物語」中の歌人・平忠度《ただのり》などが足を止めて詠んだ玉の浦とは……。東には白い砂浜を抱く懐《ふところ》山、西には水辺に観音様が眠っているような浦神半島、南には「離れ小島」と詠まれている立石《たていし》、北には松林が入り江に沿って続いている。その小さな汐入の河口から、あたかも庭師が手を入れたかの様な、形の良い松の木が数本生えている小磯、そんな小磯が、沖合に前後して平行して一〇〇メートル余り、西に突き出している。松林を通り抜けながら、静かな玉の浦の一面を通して沖の白波を眺めると、心休まる情緒豊かな景色であったろう。

しかし、江戸後期に入り、汐入の奥に広がった葦原の潟に干拓事業が始まり、玉の浦の膨大な量の砂が埋め立てに使われ、その時、広々とした砂浜は、小石の転がる海辺に一変した。その後、船の出入りが頻繁になると共に、美しい小磯にも突堤が築かれ、トロッコを通した荷揚げ場として変わっていった。ここにいにしえの歌人達が詠んだ、白砂青松の面影は無くなった。

時代が進んで、昭和一〇年（一九三五年）頃、鉄道建設の計画が本格化し、この地域のアメリカ帰りの人達は、将来の玉の浦の発展を考えて、この松林に駅を作るよう幾度も陳情したが、実現しなかった。

昭和六〇年頃、合宿に来ていた十数人の大学生達に、古代の玉の浦や下里古墳について尋ねられ、その話の中で下里に在所のある文豪、佐藤春夫先生の話をし

玉の浦付近

たところ、先生の存在を全く知らなかった。時代の流れに驚き、あまりの変化の早さにショックを隠せなかった。そして危惧を抱いた。そのことがきっかけとなって、郷土の文豪を少しでも忘れられないためにも、仲間達と碑に残す計画を立て、玉の浦と佐藤春夫の接点はないか、又詠んでいる歌はないか、幾度も話し合いを持った。

平成元年発行の『熊野誌三十五号』に、渡辺昭廣氏が「小田中多美のこと」を執筆されたが、その中に、佐藤春夫が小田中多美と玉の浦に過ごした時の次のような歌が記載されていた。（〈　〉内の三字は消えているので、推測であるという。）

「妹ときて　玉の浦べに貝をとる　〈今日の〉ひと日は　暮れずともよし」

話し合いの結果、この作品を碑に刻むのは困難ではないだろうか、という結論に達した。結局、先生から地域の人々への最大の贈物、とされている下里小学校の校歌の一番に決まり、その碑を懐山の頂上に建てた。

「黒潮すさぶ熊野灘　その荒波もしばらくは　ここにしずまる玉の浦　海幸
山幸豊かにも　われら家居す　この里に」

ここから一望できる玉の浦も又、絶景である。

近年の玉の浦を語るには、（高名な数理統計学者の）佐藤良一郎先生の事も忘れてはならない。夏に帰省して、朝には遊泳し、昼には子供達に泳法を指導していた。夕暮れには沖の水平線の辺りが神秘的に明るい紫色から少しづつ暗く七変化していく魅力にとりつかれ、その時刻にはいつもコーヒータイムを楽しんでいた。そして、「若山牧水ならこの情景をどのように表現するのかなあ」とよく話されていた。先生も、玉の浦をこよなく愛した一人であった。

又、玉の浦の文化には、昔から古式泳法神伝流がある。二十数年前、地域のつわもの達が保存会を再開した。日の丸扇を両足に挟んだ往年のスター達が、扇を濡らさないように足を水面に出したまま、あお向けになったりうつ伏せになったり、子供に戻って大変賑わっていた。しかし今では亡き人達となり、神伝流を継ぐ後継者もなく、ただ忘れられていく……。

今は歌を詠む人も無く、時々万葉を尋ねての観光客が訪れて昔を偲んでいる。今日も夕波に千鳥が舞い飛ぶ玉の浦である。

小谷博信

下里村其一　高芝

【第一七景】下里村其一　高芝

太田川の口にあり

高芝は戸数一二〇戸の小さな町ながら、あまたの俊英を世に送り出し、江戸中期以降昭和初期まで東牟婁経済の中核として君臨していた。いま栄光の高芝の生き証人は佐藤良雄博士唯一人である。博士は、明治三二年（一八九九年）高芝に生まれた、足かけで言えば三世紀にわたって生きられた高芝の宝である。お兄さんの良一郎さんは数学界の泰斗で、昭和一二年（一九三七年）ロンドン大学ドクトルオブフィロソフィーの学位を受けられて、統計学の基礎を築かれ、九八歳の天寿を全うされた。明治二四年（一八九一年）生まれであった。

高芝の歴史はさして古いものではない、昔これ以上明確な境界はないはずの、川を隔てた下里村であったこともそれを物語っている。天正八年（一五八〇年）石山本願寺が信長によって滅ぼされた後、暫くたってから人が住めなかった高芝が開発されたと思われる。

紀伊続風土記に「慶長元年（一五九六年）海草郡小雑賀《こさいか》の者が来て新田を墾《ひらきたがや》し始めて居住す」とある。

百景写真中央の枝張りの良い松は下地の松である。昭和三〇年代、他の松同様松喰虫の犠牲になったが、実に立派で大きな松であった。この辺り一帯の河岸を船場《せんば》と言う、ここに江戸通いの船が着いた、岸壁は野面《のづら》積みながら立派な石垣で、太地の鯨方和田角右衛門が造ったと言われている。彼の土木技術の確かさを思わせる。大通りから降りる三本の坂は、石葺《ぶ》きで段差を無くし、牛車の往来を可能にした。

新宮藩水野候が免許を与えた高芝株仲間六人がここに住み、今の協同組合のような高芝座を作り上げた。中心になったのが中屋で、初代中村三郎右衛門が太地、和田角右衛門の手引きによって雑賀荘小雑賀より移住してきたのは、慶安二年（一六四九年）徳川家光の時と言われる。船場は問屋衆があってから初めて、大

那智勝浦町下里の高芝地区

阪北浜のように船場と呼ばれる。高池の雑長《さいちょう》の岸壁のように長大なものでも一軒独占の時には船場とは呼ばれない。中屋から下手《しもて》に向かって、糀《こうじ》屋の中村忠兵衛、下地の佐藤瑠兵衛《るへえ》と続くが、下地は佐藤春夫や良雄博士らの本家筋に当たる。商いの主体は太田川に管流しされた杉檜で、高芝板と呼ばれた杉板は、木挽の挽いた三分板で、天井板や壁板として江戸で人気があり、深川まで船で運ばれていった。下地の商いであったと言われる。

佐藤春夫は彼の中国訳詩集『車塵集』に見られるように漢詩に対して深い造詣を持っていたが、このことは良一郎さんや良雄さんにも言えることで、御二人とも書を能くし、漢籍にも通暁されている、中村林樹《しげき》さん、伊達四雄さんすべて共通するところである。これは高芝に横溢していた学問に対する烈々たる勉学心を物語るものである。

高芝手習庵は、二五〇年前の寛保年間、徳川吉宗時代に中屋の屋敷に作られた。旧写真右上の松林は伊達家別業の松であるが、明和元年（一七六四年）紀州藩の儒臣河村南皐《なんこう》の河村私塾がここに出来、それがさらに峨洋楼《がようろう》に発展し、伊達惟徳《いとく》軒《けん》が寛政二年（一七九〇年）塾を一般の子弟に開放、山口熊野《ゆうや》やその父親、又湯川麑洞《げいどう》もここに学んだと言われる。文政九年（一八二六年）には、春夫の実家懸泉堂で春夫の祖父百樹が寺子屋を開設する。

高芝には元来田圃がない、田は八尺鏡野《やたがの》村、漁船の舟溜まりは粉白《このしろ》村分、高芝に住むには商売するしかないし、商業が現出するまで高芝のまちは存在し得なかった。宿屋が五軒、それも商人宿とは別に役人用宿があった、料理屋があり、芸者があり、不動産の売買も盛んだから明治一九年（一八八六年）には中屋に下里登記所が設けられ、役場の下の高芝分署には七〜八人の警官が常駐、勿論銀行も三つあり、玉突屋まであった。

商都の最後の主役は阿良屋《あらや》であった、問屋衆の総師で船を五隻持ち、北海道の昆布、ニシンを商い、宮崎県に木炭の支店を作り、古座川に初めての製材所を作った。高芝銀行の頭取玉置伊兵衛である。旧写真の旭橋に接した家が阿良屋である。昭和五年（一九三〇年）第一次世界大戦の敗戦国ドイツに課した賠償金がもとで、パニックと呼ばれる世界大恐慌が起こり、阿良屋を始め問屋衆のすべてが壊滅してしまった。旧写真は繁栄の頃、良き高芝の姿である。

玉置泰作

下里村其二　下里

【第一八景】

下里村其二　下里

下里は太田川の下流にあって、川口近くに拓かれた田畑を使っての農業と、川口を利用しての漁業と、それに川原に興った製材業とを産業とするところ。太田川上流の（長井、中野川などの）上村、中流の中里に対して、下流だから「下里」なる地名で呼ばれた。

熊野国主（国造《くにのみやつこ》）の墓を思わせる下里古墳は、凡そ一、六〇〇年前の前方後円墳。また西に川が迫り、下里平野を一望する地にある下里城跡は、中世末の治世のさまを想像させる。その東にある石経様《いしげさま》は、海難除けの天保六年（一八三五年）の銘のある願文石塔で、近世、帆船時代における村人達の苦悩と願いをよく物語っている。

旧下里村落の中心付近に利右衛門屋《りよもや》があり、この辺りを「しまたり」と呼んでいた。近くに住む庄屋、下里延平は、農地を塩害から守らんと、江川沿いに天満水門の西、かなけ田んぼまで、約二〇〇メートルの石土堤を築いた。この時新宮藩に無断で藩米を使用、延平は後難を恐れて行方をくらませた。のちにこの行為が美談として戯曲化され、桑名の下里家で上演された。延平は天保六年（一八三五年）逝去。

安政四年（一八五七年）に植えられた松林も枯れ、石土堤の姿も変わった。農民は干害に苦しめられた。高野山から雨乞いの火種を持ち帰り、高い處《ところ》で柴を燃やした。又、（今は「グリーンピア南紀」の敷地内にある）与根河《よねご》の池からの用水路を造り、平野全域に導水した。

「ラッコ才兵衛ジャパンの男」がいた。才兵衛さんは、本名・橋本才五郎、明治二〇年（一八八七年）、二〇歳の時志をたて、東京に出て渡米、漁猟船に乗り、帰国後、千島アラスカ漁の帆船・東えい丸を造り、ラッコ漁などで一時大活躍をした。この船は、中川原の二本松の下《しも》の方で造られたが、下里小学校にその模型がある。当時の乗組員の一人、和泉寅吉さんは鉄砲が上手で、一銭銅貨を投げ上げ、これを見事撃ち落とした、と言う話には若者達は皆目を輝かせた。

下里では、昔風の入母屋造りの家を目にすることが多い。明治期、多くの若者

那智勝浦町下里の下里地区

が渡米し、帰国後建てられた、いわば汗の結晶である。若者達は日露戦争の時には帰国して出征、その終戦後再渡米。親の言いなりに写真結婚をし、妻をこちらから呼び寄せた。やがて多くの若者達が帰国、下里に戻ってくると、それらの家庭ではユー、ミーの会話がなされ、カヒーとブレードによるチータイム（御《お》八《や》つの時間）が持たれ、日常生活に大きな変化が見られた。下里にキリスト教が広まり、大正一四年（一九二五年）八月には新宮の西村伊作氏設計による日本キリスト教下里教会も建てられ、賛美歌が流れるようになった。

大正時代、いわし舟やさえら流し網舟が漁から帰港すると、村人達は川口や納税（漁会）の所で「ほれよー、ほれよー」と呼びかけて投魚を促し、放り投げてもらった魚を竹の小枝に刺して家に持ち帰った。又、四つ手網による白魚《しろよ》漁は江戸時代からあり、南部《みなべ》の歌人・熊代繁里の『熊野日記』（明治八年二月）にも「酒肴《しゅこう》いといと念入れたり白魚始めてありしばしばのみ……」といった記述が見える。

中川原には、手拭いを被った着物姿の女性達が丸太を担ぎ上げ（「玉上げ」と言った）、丸太の山ができていた。そこで木挽《こびき》の人達が並んで楔《くさび》を打ちながら、終日杣木《そまぎ》を挽き、時々葉巻たばこを銜《くわ》えて（これは虫よけにもなる）一服した。下里で木材や木炭を積み込んだ帆船は、まぎり（風に向かってジグザグに進み）ながら江戸や難波、或いは伊勢の的矢湾に向けて航海した。天満に機械場（製材所）ができてから、フートル（汽笛）が朝・昼・夕のときを知らせた。機帆船になり荷材は沖積みに変わったが、のちに浦神港で船積みされるようになった。

大正時代、下里の人々は市屋を通って森浦に行き、巡航船で勝浦に出て、船で大阪、名古屋、東京などに向かった。昭和一〇年（一九三五年）七月、紀勢中線・下里～新宮間が開通、下里駅前では祝賀会、餅投げ、旗行列をして大祝いをした。以来、交通事情は一変。

百年を経た今、本を風呂敷で包み、藁草履《わらぞうり》に着物姿で通学する子はなく、写真の二本松は枯れ果て、岸には帆船を見ることもない。

古川慶次

太田川

【第一九景】

太田川

源を大雲取峰より發し色川上下太田の諸村を流れ過ぎ下里村に至り海に入る

川筋を木炭車（ガソリンの代わりに木炭を燃料とする自動車）が活躍する終戦直後（昭和二五年頃）までは、この太田川が道路の役目を果たしていた。江戸時代初期、元和《げんな》の頃（一六一五～一六二四年）、新宮仕入方が扱う熊野炭は、年間二〇万トンであった。

太田川筋での木炭は、小色川に御仕入方役所が、小匠《こだくみ》には出張所があり、炭はそこからヒラダ船で川口の下里に運搬されていた。炭、竹、薪、農作物が川を下り、帰りは日用品を仕入れて人と物の交易があった当時の下里は随分と栄えた。

丸太（材木）も同様、商業地である下里へとイカダで流していく。川は道路であるとともに、潅漑用水としての役目も果たしていた。川筋の両岸に延々と続く竹藪は「流木が田畑に入らない防止柵の役目に造られた」と古老に聞いたことがある。

昔の人は、川を上手に活用し、利用していた。丸太も一度に流すと、扱いに苦労するので、川に留場《とめば》を設けている。

特に支流の流れの速い場に多く造られ、支流では森河（森河川）・大串（山手之川）・蔵滝（高野川）・赤島（楠《くす》ノ川）・阿座見野《あざみの》（小匠川）・五味（小匠川）の各留場があり、本流では大字西中野川に周毛《しゅうけ》の留場があった。

今も太田川本流を溯《さかのぼ》れば潅漑用水を引くために造られた堰が三ヶ所残る。中里の堰・大居の堰・長井の堰。コンクリートで修復されていない長井の堰は、築造当時の状態をよく保っている。

堰が丸太流しで被害に遭うために、大正三年一一月一日のその記録によると、一、一五八本の丸太に対し、金一円三七銭四厘の痛み代を徴収している（長井村）。

少し増水した太田川を、片手に鳶《とび》、腰には風呂敷にくるめた弁当、草履《ぞうり》姿のイ

那地勝浦町市屋付近

カダ流しが刻印打ちした丸太に乗って、後から後から流れてくる丸太を手際よくさばきながら下る様が、子供の頃の思い出として残る。

百景「太田川」の写真の場所は、川口に近い市屋《いちゃ》の牛渕《うしがぶち》上流である。今は葦《あし》が川原を覆い、川床が下がり、川幅が以前と比べて極端に狭くなっているが、牛渕も以前は川底に魔物が住むかと思えるほどの底無しの渕であった。この写真には船（ヒラダ船でない）が写り、川原が大変美しい。かなり以前の太田川の風景をよく捉えていると思われる。

「小匠防災ため池ダム」の完成は、災害の防止上、その役目を充分果たしているが、反面、川の環境から考えるとき不適切な面もある。以前の太田川は川幅も広く、本流も支流も多くの渕があり、太陽の光を受けながら、川砂や小石の間をきらきらとゆるやかに流れていたものである。

今もこの写真の場所（市屋の信号付近）から見る夕焼けに染まる川瀬と田園風景は格別。真っ赤に焼けた太陽が下和田神社の遠方の山並みに沈むときは名状しがたい。

「二十一世紀は水不足の時代である」と識者は言う。いつまでも太田川の水が清流でいつまでも飲料水として安心して利用できるか、私たち町民一人一人の努力如何にかかっている。川がきれいであることは、そこに住む魚も水もきれいである証しである。

小瀬野玲一

森浦港

【第二〇景】

森浦港

旧景は明治三三年に撮影されたということであるが、太地町史の年表によれば、その二年前の明治三一年（一八九八年）に、森浦地区を通る新宮～古座間の県道が開通している。従ってこの旧景は、開通直後の県道から撮られたもので、新景が撮影された地点よりはかなり外れて、海岸線が勝浦方面に向かって左折する直前の地点から、新景の構図の左半分を視野に収めたものと思われる。因に新景は昭和二〇年（一九四五年）国道に、同三三年（一九五八年）一級国道に昇格した国道四二号線と、そこから分岐して太地港方面に向かう県道との三叉点から、大体同じ方向を撮影したらしい。旧景とのアングルは少し異なるが、平成三年（一九九一年）に出来た鯨アーチや、これも時期によってかなり消長のある真珠養殖の作業小屋や、小山と小山の間にかすかに見えるリゾートマンションの屋根の一部など、時代の変遷を描こうとした意図も窺える。

角川書店版『日本地名大辞典』（和歌山篇）によると、明治末期に動力船の出現するまでの帆船時代、森浦港は伊豆の下田港と並び称される、太平洋岸屈指の良港とされ、台風時などには、熊野灘を航行する大小の避難船が一〇〇隻以上も湾内を埋めつくし、帆柱が林立したという。港湾としての好条件としては、湾口が広く湾央でくびれて湾奥が袋状に広がり、三方を山に囲まれて風当たりが少ない上に、錨のかかりやすい湾底の砂礫質、出港に都合の良い陸からの西風、などが挙げられている。そうした格好の日和待ち港であったので、船員と近在の若衆達との日和相撲が行われたとも伝えられている。筆者が、明治二三年（一八九〇年）生まれの祖母に直接聞いた話では、船舶を繋留する世話は土地の若衆の仕事とされており、彼等の手には幾許《いくばく》かの手数料が入ったそうだ。

当時土地には勿論寒村の港なりに船宿もあり、船具・食料・飲用水の補給、茶店、居酒屋などを業とする家もあると同時に、江戸東京通いの帆船を持つ家もあった。筆者の家も四代前までは江戸通いの船を持っていたが難破や裁判で元も子も無くしたという事で、船名の入った予備の送り状箱だけが残っている。なお繋泊中の船の幾隻かに疫病が発生した事があって多数の死者を出し、隔離その他の

太地町森浦の三叉路付近

必要からか土地の寺院墓地には葬られず、新景右手前の山を右折したところにある谷の奥深い山中に数多くの墓石が無縁佛として立ち並んでいる。

さて、明治四五年（一九一二年）には、森浦～勝浦間に巡航船が就航し、次いで大正二年（一九一三年）には、新宮～勝浦間に軽便鉄道（新宮鉄道）が開通。帆船時代の衰微とともに、港としての機能を徐々に失いつつあった森浦港が、再び地域交通の中継点として脚光を浴びることになった。加うるに昭和元年（一九二六年）には、大阪商船・紀州航路が開け、勝浦と大阪天保山との間に那智丸、牟婁丸の大型蒸気船が就航した。

巡航船の発着する桟橋は、新旧二枚の写真が撮られた地点よりは、さらに勝浦方面に左折した場所から湾に突き出ていた。当時、この地方から大阪方面へ出る交通手段は、勝浦から天保山行きの汽船に頼る他はなかったので、森浦以西の各地からは徒歩などで森浦に至り、巡航船を利用して勝浦から汽船に乗り継ぐ旅客が多かった。汽船の次の寄港地は串本であったけれども、沖合に停泊してランチで運ぶといった状態だったので、遠くは古座方面からも森浦経由のコースを選んだようである。また新宮方面へ向かうにしても、勝浦からの軽便鉄道に乗るために、森浦発の巡航船を利用した。当時は船着場近くから古座方面行きの乗合自動車も出ていたという。

だが、昭和一〇年（一九三五年）に紀勢西線・勝浦～下里間が開通、森浦に太地駅が置かれ、太地港～太地駅間をバスが結ぶと同時に森浦～勝浦間の巡航船は廃止となり、その四半世紀にわたる歴史を閉じた。つまり森浦港は地域交通の要所としての地位を一挙に失ったのである。

その後、真珠養殖の筏《いかだ》が湾内を埋めた時期もあったが、これも時代とともに廃業が続き、現在操業しているのは一社のみである。ただ台風時には、太地港から多数の漁船が湾奥の入江に避難しに来て、わずかに昔を偲ばせる。

なお昭和三年（一九二八年）に港に向った鎮守の蛭子神社を新しい社に遷宮したところ、そのご利益かイルカに追われた鮪の大群が湾内に満ち溢れ、連日連夜の大漁で賑わった事は近隣の古老達もよく知る所であった。

奥地睦二

身洗浦

【第一二景】
身洗浦

今は水の浦といふ太地村の北の濱なり
平維盛那智の濱に沈める状を為し此の浦に上陸し
山水にて身を洗ひしより其の名起れりといひづたふ

正面の丸い山が妙見山《みょうけんやま》である。山の中腹に妙見様を祀った社があるので、その名がついたものと思われる。

山の左側は、廻森《かいもり》といってすぐ海になっており、飛鳥神社へは干潮時には磯をつたって通ることができたが、満潮時には通れなかったそうである。昭和五年（一九三〇年）頃には狭い道路ができていたそうだが、切り崩した崖から石がよく落ちてくる危険なところであった。

また、山の右側は寄子路《よろこじ》と水の浦（平維盛《これもり》が那智の浜で入水したと見せかけ、密かにこの浦に舟をこぎ寄せて上陸、そこにある滝で身を濯《すす》いだという伝説から、身洗浦《みすすぎうら》または身濯浦《みすすぎうら》とも称したが、一般的には水の浦と呼ばれた）の境で順心寺があり、狭い坂道だったのを、明治三六年（一九〇三年）、いまのように拡幅改修したと伝えられている。

麓を取り巻く家並みは現在も妙見町と呼ばれ、そこに住む人々を中心に最近まで妙見講が行われていた。

山全体、特に山頂付近は子供たちの遊び場で、「椎拾い」「かくれんぼ」「隠れ家づくり」などで賑わったものである。昭和一九年（一九四四年）の東南海地震のときには、山がゆらゆらと大きく揺れたのを憶えている。

明治の中頃まで、下里や森浦に通じる道は険しい山道しかなく、海路に頼るしかなかった。ようやく明治二八年（一八九五年）、下里～太地間の道路（幅員一間半、約二・七メートル）が完成。そして明治三四年（一九〇一年）には、森浦～太地間に巡査派出所から忠魂碑の下を通り、鳶《とび》ケ峯を越える幅員一間半の道路（現在の写真・右下の道）が開通した。その後、三〇年余り利用されてきたが、

太地町　旧水の浦周辺

この道路は急な坂道が長く続き、車道としてはほとんど利用されることはなかった。鉄道が森浦を通ると予想されるようになり、この道路の大改修の必要に迫られることになった。

第一期工事　駐在所～隧道口道路（昭和三～四年）
第二期工事　本浦《もとうら》側道路（昭和四～五年）
第三期工事　隧道口森浦側道路（昭和五～六年）
第四期工事　隧道工事（昭和七～八年）

道路は、昭和一〇年（一九三五年）七月一五日に開通し、同一八日には鉄道が開通して、森浦に太地駅が設置された。

工事で出た土砂は、水の浦海岸と本浦海岸の埋め立てに使われ、船揚場や宅地として売却されたそうである。

現在の港は、昭和四一～四三年（一九六六～六八年）に暖海《あたみ》地区の埋め立てが行われて向島《むかいじま》と地続きになるまでは、島の両側から潮が常に入れ替わるきれいな海であった。この海岸で泳いだり、あさりを採ったり、魚を釣ったりしたものである。イルカやゴンドウ鯨に追われたものか、イカの大群が入ってきて手づかみしたこともある。

多くの船の係留が可能になり、高潮による災害は少なくなったが、潮の流れが止まり、海水は汚れている。

新旧の写真を見ていると、百年前の人々の不便でつましい生活ぶりと現代の豊かで便利な生活との差を思わずにはいられない。しかし、生活は苦しかったかも知れないが、自然の中で自然とともに心豊かに暮らしていた昔の人々が羨ましく思えるこの頃である。

世古一郎

太地浦

【第二二景】

太地浦

勝浦の南二里許にあり捕鯨を以て聞ふ燈明崎(一に大地崎)は古の牟漏崎にして長く海中に斗出して浦の東屏を成せり天平勝賓六年入唐副使吉備真備の船帰朝の途風に逢ひて漂着なせるところなり

天平勝宝五年（七五三年）末から六年（七五四年）はじめ、奈良時代第一級の人物だった遣唐副使・吉備真備《きびのまきび》が、唐からの帰途暴風に遭って、遣唐船第三船で室崎浦（太地浦）に漂着したことは、続《しょく》日本紀に記載されている歴史的事実で、室崎浦、又は牟漏《むろう》崎浦から太地浦へと呼称は変わったけれども、ここにこの浦の原風景がある。

旧写真中央の海辺の大きな松が生えた岩山は、恵美寿《えびす》神社を祭る恵美寿山である。この山は、古代には海中の島だったが、堆積した砂によって砂浜の中の島となり、やがて陸地化した。弘化三年（一八四六年）の絵図によると、恵美寿山の南側の浜には「中浜《なかはま》」、北の側の浜には「頼虎路浜《よろこじのはま》」と書き入れられている。この両浜は小船の船揚げ場になっている。

慶長一一年（一六〇六年）、和田忠兵衛頼元が創始した捕鯨法は組織的な突取捕鯨法で、捕鯨銃（砲）を用いる近代捕鯨に対し古式捕鯨と言われる。古式捕鯨は明治三八年（一九〇五年）に終わりを告げた。この間三〇〇年、鯨とともに生きてきた太地浦である。古式捕鯨終焉《しゅうえん》後、近代捕鯨時代に入り、今日（二〇〇一年）まで約一〇〇年続いている。古式捕鯨時代、近代捕鯨時代合わせて約四〇〇年が太地浦の捕鯨の歴史である。

明治三七年（一九〇四年）、前田兼蔵《かねぞう》が五連発捕鯨銃を発明、大正二年（一九一三年）には五連発銃を装備した発動機搭載の小型捕鯨船（テント船で五トン前後）が導入されて、以来太地浦の捕鯨産業は大いに躍進した。勿論捕獲するのは小型のゴンドウクジラ類である。

太地港

旧写真左上は向島《むかえじま》の南端部で、南の方へ続くいくつかの島は天然防波堤を思わせるが、暴風の時は高波が島を越えて東の浜に打ち寄せるので、東の浜沿岸には高波と強風を防ぐため石垣を築いた。今も部分的にその石垣が残っていて、太地浦の強風と高波の歴史を物語っている。

旧写真では向島南部の海岸は埋め立てられていないが、太地水産共同組合では灯明崎地先に敷設している定置網の、網干場や作業場が必要になったため、向島南部海岸が埋め立てられたのは大正五年（一九一六年）のことである。八年後の大正一三年（一九二四年）、並んだ島に沿うように、太地浦では最初の防波堤が約一一〇メートル構築された。しかしこの防波堤で港内の安全は守れなかった。昭和二八年（一九五三年）の台風、昭和三四年（一九五九年）の伊勢湾台風等の被害で、更に南東方面に補修延長された。二期工事で八二メートル、三期工事で七七・九メートルが延長され、平成一二年完工、総延長二六九・九メートルになった。

旧写真右側中程に小さく突き出ているのは石積みの防波堤で、構築年代は詳《つまび》らかではないが、明治の中・後期頃「船溜《だま》り」を造るため構築されたものと思われる。この石積み防波堤は「東のかせ」と言われ、内側は「船溜り」、外側は船が係留され、夏には唯一の海水浴場となった。昭和初期頃には、小学校の水泳大会も行われた。旧写真は明治三三年に撮られ、大正二年版のガイドブック『熊野百景』にも同じものが掲載されているが、写真下部の中央部から左方にかけての民家は、大正四年（一九一五年）の寄子路《よろこじ》大火により焼けてしまったと思われる。新写真では、港内沿岸道路の外側は大きく埋め立てが進んで、船舶の係留岸壁、船溜り、網干場、作業場、魚市場等の漁港としての施設も整い、東の浜の広場は各種イベント会場として利用されるようになり、原風景にも大きな進化が見られるのである。

堀端　平

燈明崎岬頭の景

【第二三景】

燈明崎岬頭の景

「燈明崎《とうみょうざき》」、この言葉の響きは太地町を遠く離れている人々のみならず、在住している人達にとっても、太地にゆかりのある者には、一番『ふるさと』を感じ、『歴史的ロマン』を感じる言葉ではないだろうか。

この燈明崎は、古くは「牟漏崎《むろうざき》」「室崎《むろざき》」と呼ばれ（当時は太地も「室崎村」と呼ばれていた）、いつしか「太地崎」と呼ばれるようになり、その後寛永一三年（一六三六年）に鯨油を用いた常灯明《じょうとうみょう》（燈台）が設けられてからは「灯明崎」と呼ばれるようになった。

寛文記に「此地へ寛永一三年子一〇月三日火御番所御定被成候」とある。この火番所《ひばんしょ》は、熊野灘を航行する船舶の航海安全をはかるために、新宮領主水野氏により設置され、新宮領から派遣された士分の者が常駐し、代々世襲してその職を継いだ。その後、二三七年の永きにわたりその重責を果たしてきたが、明治五年（一八七二年）に廃止された。今は、灯台の基礎石と、先端に達する少し左手前に灯台守の住居跡が繁茂する木々の中に見られるだけである。

この崎《みさき》の中程に「吉備真備《きびのまきび》の漂着の地」の碑が建立されている。『続日本紀』と『東征伝』をもとに航海の様子を略述すると、

「遣唐副使《吉備真備》一行が天平勝宝五年（七五三年）一一月一五日蘇州の黄泗浦を発って帰国の途についたが、強風に流され同年一二月七日に益救島（屋久島）に漂着した。その後一八日に出発したが、再び一九日からの暴風に見舞われ、何日間か漂流した後、紀伊の国《牟漏崎》に漂着したと、孝謙天皇に翌年正月一六日に報告されている」

となり、天平勝宝五年末頃にこの地に漂着したことになる。

太地町は、慶長一一年（一六〇六年）に企業として大々的に捕鯨を始め、古式捕鯨発祥の地として全国に知られているが、その古式捕鯨を語るとき、重要な役割を果たしてきたこの「燈明崎」を除いては語れない。当時、この崎の一番突端には、「山見」と「狼煙場《のろしば》」があった。「山見」は沖に鯨を発見すると、鯨の進路や潮流、風の方向を沖の島と旗や狼煙で交信しながら、それぞれの鯨舟に指揮命

燈明崎

令を下すという最も重要なところであった。そのため、総指揮をとる「山檀那」他十余名の捕鯨従事者が休憩する「支度部屋」がすぐ近く（崎の突端手前の右側）にあったが、今はその跡地だけが町指定文化財として保存されている。

旧写真を見ると、この崎の先端部分が平になっているところに建造物のようなものが見られる。古式捕鯨業は明治三八年（一九〇五年）まで続いていたことと、旧写真は明治三三年（一九〇〇年）頃に撮られたこと、また長く教育長をされ、太地の歴史に造詣の深かった東玉次先生（明治三三年生～平成七年没）から、この山見で遊んだことがあるということをお聞きしていること等から、恐らくこれが「山見」であると思われる。当時を知るうえで大変貴重な写真である。

この地の突端に立ち、耳をすますと、当時の鯨捕りの人々と鯨との戦い、射止めたときの歓喜の声、また鯨に対する畏敬と祈りが潮騒《しおさい》に交錯し、当時の捕鯨が一連の絵巻として思い浮かぶ。

この崎の下方に島が見えるが、この島は「筆島」と呼ばれている。天正年間の頃（一五七〇年代～八〇年代、信長・秀吉の時代）、この島に船番所があり、熊野灘を航行する船の鑑札、積荷、行先等を調べたり、また、帆別銭をとるために番役人が筆で記帳したり、通札を書いて渡したので、「筆島」と呼ばれるようになったと伝えられている。

榎本幹男

湯川温泉

【第二四景】

湯川温泉

那智村の海邊にあり
堀川百首　　　　　　　　俊頼朝臣
まくまののゆこりのまろをさす棹の
ひろそみくらしかくていもなし

幼い頃、駿田《するだ》の峠から観た緑に輝く《ゆかし潟》の強烈な印象は、八〇近い歳になった今も色褪せていない。シャングリラ、それは少し違う、中国風に桃源郷と云ったほうが云いえているかもしれない。

天満から湯川への道は、駿田峠越えの道幅の狭い熊野古道である。曲がりくねった坂道を辿ると、峠に地蔵尊を奉る祠《ほこら》がある。糟《かす》地蔵と呼ばれ付近の人々の信仰をえていた。峠からの見晴らしは素晴らしく、勝浦港や、緑の中に白く輝く《ゆかし潟《がた》》が一望できた。この道はまた三川《さんせん》の高等科の生徒の通学路でもあった。

私の目に焼きついた《ゆかし潟》の美しさは、春は桜、夏はボート遊び、秋は茸、冬の寒い朝は流れ出る温泉で湾内一面に靄がかかり、夢の様な景色であった。その印象が私の中で段々大きく膨らんでゆき、自然と素朴さと美しさが、そこに住みたいという気持ちをだんだん強くして、後に橋の川の岸辺に家を持つ事になったのだろう。

昭和初期には、三川に色々と変化が起きた。昭和八年、勝浦から湯川への隧道《ずいどう》が開通すると、南紀で最も古い湯元であった浜之湯、磯之湯、喜代門の湯などの鄙《ひな》びた湯宿が湯川の入江に点在するようになり、付近のお百姓の湯治場として馴染まれてきたのであるが、湯川温泉も時代の波に流されていった。入江の右岸が埋め立てられ、元の湯川楼が建ち、橋の川の右岸が埋め立てられて養護施設が建設され、二河《にこう》との間の田掻き場が埋め立てられて百合の山温泉が建てられた。私の別荘もその例に漏れない。開発という自然破壊が正当化された時代である。

ここで、自然がその儘残っていた頃の地勢、生物、植物について述べてみたい。湯川湾の呼称であるが、《入り江》、《ひさご池》の呼び名を知っている人は少なかろう、いまは佐藤春夫が名づけたとも云われる《ゆかし潟》が通称である。春夫は晩年を湯川で過ごしたいと常に語っていたようで、《ゆかし潟》を愛し、帰郷の際は湯川に宿をとって、《ゆかし潟》の風景を愛でるのを楽しみにしていた

湯川温泉

ようだ。国道の側の空き地に「なかなかに　名のらざるこそ　ゆかしけれ　ゆかし潟とも呼ばま呼ばまし」と刻んだ詩碑が立っている。また三川小学校の校歌に、「霞む樒の山むらさきを　映す桜のゆかし潟　ここぞ我らが生まれ育ち　国の宝となるべきところ」と歌っているが、これも春夫の作詩と思われる。（樒―シキミの山とは妙法山のことである。）

《ゆかし潟》の中央部から瓠《ひさご》のくびれのように突き出た岬を《よばずの鼻》と呼び、この岬の頂上部分は三〇坪余りの広場になっていて公園と呼ばれ、子供達の遊び場や、花見の時期には、お弁当をとる恰好の場所であった、また秋には松茸も生えることでもよく知られていた。また対岸の突端は淵になっていて、絶好のチヌ釣りのポイントだった。今の橋のある辺りは瀬になっていて、その上の浅瀬は良質のアオノリが採れたし、岩には牡蛎《かき》が沢山収穫され、屋形船が出ていて、牡蛎を主体にした料理を提供していたのであろう。

橋の川の川口の右岸に船着場があり、ここが水路の中心になっていて、陸路の不便を補っていた様で、湯川の岸辺や外海との交通の便、化学肥料の無かった時代の農業の糧になる下肥を運ぶ船の出入りも頻繁だった様である。

春は桜、初夏になると汀《みぎわ》に山百合が咲き、ボラの飛翔がよく見られる様になる。秋は雑木の紅葉と周囲の山々で茸狩り、厳冬の朝は温泉が流れ出て靄の帯が入江を夢幻の世界にした。植物では《ハマボウ》の群生が初夏になると黄色い可憐な花を咲かせ、《ハマナツメ》がその間に点々と自生していた。その外、この地方としては珍しいシダの一種《テツホシダ》の群落を観たという人もいる。魚類では湯川と橋の川から淡水が流れ込み、適度の塩味が豊富な種類の魚を生育させた。チヌ、ボラ、イナ、スズキ、マス、ウルベ、コッパグレ、マキ、ベラ、ハゼ、コノシロ、ウナギ、タコｅｔｃ、とくに大鰻捕獲の噂や、大蛸の話はいまもって信じられない程である。その他、ワタリガニ、エビスガニ、アオノリ、ウミホスズキなど数えるときりがない程である。エビスガニは一名、石蟹とも云い、甲羅の幅が二〇～三〇センチ、爪の大きさは周囲七～一〇センチに及ぶ巨大なものであり、この入江特有の品種である。貝類では、イカツ、ニシ、ツチクイ、クマガイ、カキなどがある。またトビに似ていて、頭から胸にかけて白い羽毛の鶚《みさご》という鳥が松の木の上からボラやイナを狙っていたという話も聞く。夢の様な世界に思えてくるのである。

宮本周三

勝浦港

【第二五景】勝浦港

那智濱の前にある良港にして
赤島外ノ湯越瀬の三温泉あり

勝浦漁業協同組合地方卸売市場は、昭和五一年度（一九七六年度）に水揚げ高が初めて一〇〇億円を突破。以来、年間約二万トン、百二〇億円そこそこの水揚げ高を続けている。この水揚げ高は、全国産地市場の二〇位前後である。（過去最高の水揚げ高は平成五年度の二万四千トン、百八一六億円）

勝浦は、古来、天然の良港と好漁場に恵まれ、漁業で生計をたててきた所である。特にサンマ漁業は、採算の合う漁業として経営する者が多く、盛んであった。勝浦のサンマ漁船に乗らなければ漁師の頭になれないといわれ、近郷の町村から多くの若者が集まった。

明治二五年（一八九二年）一二月二八日早朝、サンマ漁船六〇余隻に七四九人が乗り組み、いつものように勝浦港を出港。南東三〇マイル（約五五キロ）沖で操業を始めた。空は曇り、海は穏やかで大漁だった。だが、午後二時ごろから天候が急変、各船は暴風雨に巻き込まれた。

当時の漁船は、人力頼りの八丁櫓、小船は五丁櫓か四丁櫓仕立てである。乗組員は母港を目指し必死に櫓や櫂《かい》を漕いだが、船は進まず、逆に北西の強風に押し戻され、沖合を流れる黒潮の中に入ってしまって八丈島まで流されたのである。出漁者のうち五二〇人は助かったが、二二九人（それは県下一七ヶ町村にも及ぶ広範囲の人々であった）の尊い命が失われた。

この大惨事も当時の勝浦のサンマ漁業が隆盛だったことを物語っている。

写真の民家は、入舟から仲之町、海岸通り一帯のものである。当時の町の中核地帯で、魚市場は、仲之町から海岸通りに通り抜けた現在の漁協駐車場の所にあった。

後方の囲まれた海面の右方は、去来潟《いざかた》の海浜で、明治三四年（一九〇一年）八月に埋め立てられた。現在は勝浦駅を基点とした商店街でメインストリートの「いざかた通り」にその名が残されている。

左方は塩浜の塩田で、大部分は昭和二六年（一九五一年）から始まった勝浦漁港修築事業の一環として埋め立てられた。いま町役場庁舎、紀伊勝浦郵便局、町商工会館、近畿運輸局勝浦支局等が建っている。

勝浦港

去来潟、塩浜の両埋立地は築地《つきぢ》区で、那智勝浦町の政治、経済の中心地である。また、現在の勝浦漁業協同組合や魚市場などの敷地も、海を埋め立てた造成地である。

魚市場は、昭和三二年（一九五七年）に仲之町から現在地に移転。その後、昭和五二年（一九七七年）には、卸売場、製氷冷凍工場、超低温冷蔵庫が、国の施策に基づく水産物産地流通加工センター形成事業で建設された。施設の完備と、仲買人の販路拡大による安定した魚価の維持とが相俟って、外来船が多く入港するようになり、水揚げ高が急激に増加、全国主要市場の仲間入りを果たしたのである。

サンマ漁業は、明治の大遭難後、一時低迷期を迎えるが、やがて復活。水揚げ高は大正一四年（一九二五年）に二万六千トン、昭和二年（一九二七年）には一万二千トンに達し、当時の全国一の水揚げ記録をするなど、毎年安定した漁獲高を維持してきた。

サンマの大漁は戦後も続いた。一一月から翌年四月までの漁期には、毎年香川県他の外来船と地元船合わせて数十隻が勝浦港を基地に操業。岸壁は漁船で溢れ、街は大勢の人で賑わい、商店街は活況を呈した。商店は冬場の儲けで一年中の生活ができるほど繁盛した。だが逆に、夏枯れもひどかった。

サンマは、昭和三〇年（一九五五年）頃までは年間二千トンぐらいの水揚げがあった。しかし近年になって、漁船が大型化、装備が近代化され、火光利用の棒受網漁法で北海道、東北地方の沖合で大量に漁獲されるようになり、紀州沖へのサンマの南下が年々減少してきた。

いま、勝浦魚市場は、生鮮マグロ日本一の水揚げ地である。市場には、周年、生マグロが水揚げされている。

最後に記しておきたいのは、勝浦の名所の一つであった「海中の井戸」が埋め立てで消えてしまったことである。「海中の井戸」は塩田の前浜五〇メートル付近にあって、真水が海中から湧き出していた。勝浦港へ入港する船舶は、古くからこの井戸の水を飲料水として利用しており、昭和二五年（一九五〇年）頃まで続いていた。その井戸は今、魚市場の第三売場内にある。

井本武雄

勝浦港外より山成島を望む景

【第二六景】

勝浦港外より山成島を望む景

右に見ゆるを鶴島といひ遠く左方に見ゆるを
山成島といふ平維盛入水なせしと傳ふるところにして
近年英船ノルマントン号の沈没せしもその附近なり

百景・勝浦港出入り口の写真には、右から鶴島、筆島、もとぶとが並び、左の少し遠方には、平家物語にも出てくる山成島《やまなり》が写っている。近在の島々を総称して「紀の松島」と呼ぶ。この勝浦港には昔、諸手船《もろたぶね》や廻船《かいせん》が入ってきていたが、明治一七年（一九八四年）には三菱汽船の吉野丸という木造の客船（一〇〇トン）が入港し、昭和二年（一九二七年）には大阪商船の那智丸、牟婁丸（ともに一六〇〇トン級）が、またこのあと天祐丸（一、二〇〇トン）が入港するようになった。さらに漁船も大型化していくが、これらの船はいずれも、紀の松島を横に見ながら勝浦に入港している。

さて、那智勝浦には数多くの島々があり、最近の釣りブームにより、島々は太公望で賑わっている。この島の数は、宇久井四七島、勝浦と那智で約八九島、下里浦神七五島、合せて約二一一島がある。

つぎにこの島々の特異な島名をあげると、当然補陀落渡海《ふだらくとかい》に関連する名称が各所に出てくることになる。金光坊《こんこうぼう》島、地の島（血の島）、仏《ほとけ》島、綱切島、帆立島、法師島、船着島、辨天《べんてん》島、山成島（寺島、成《なり》の島、そして金島《かねしま》とも呼ぶ）、鶴島（艶《つや》島、通夜《つや》島とも言う）、太刀落《たちおとし》（太地町海域）、下里浦神には仏崎《ほとけざき》、鬼島もあり、他にも島名が多々あるが、特に支障のある島名もあり、あえてここでは挙げないことにする。また、いずこの港にも豊漁の神を祭祀しているが、勝浦港では、ホテル浦島の西の海には「祭渡《さいど》さん」と呼ばれる神の小島があり、ホテル中の島の東の岩場にはケタの鼻灯台があるが、この近くの岩礁《がんしょう》そのものが「磐《いわさか》」と呼ばれる海の神であり、時折笹が飾ってある。いずれも航海安全と豊漁の神様である。新造船や出漁する遠洋漁船など、必ずこの島の前で御神酒《おみき》を供し、出航する。

勝浦湾から見た山城島

さて、明治一七年（一八八四年）一月の三菱汽船・吉野丸（一〇〇トン）の入港に刺激され、明治三五年（一九〇二年）、勝浦の岸完一さんが、約三トンの小船に電気着火の動力（燃料不明）を港ではじめて取り付け、港内を走らせた。海辺では、これを見ようと大変な人だかりであったという。その後、岸さんの電気着火エンジンから（石油を燃料とする二サイクルの内燃機関である）焼玉エンジンに徐々に変わり、この年から二年後の明治三七年（一九〇四年）、小型動力漁船が生まれた。

島のこと、船のことなど申し述べてきたが、紀の松島に現在松がなくなっていることも付け加えておきたい。残念なことである。昔の百景写真に見える鶴島の松も、現在はない。勝浦にはかつて山成島、鶴島、秋葉山（中之町上の山）、江南山松園寺《しょうおんじ》（幻のお寺で、脇の谷上の山松音寺《しょうおんじ》とも書く）の松や大勝浦《おかづら》の一本松などがあり、特に松園寺の松は南紀有数の松であったが、いずれも松喰虫《まつくいむし》や台風にやられ、枯渇してしまった。

新谷　杲

71　勝浦港外より山成島を望む景

渚宮及補陀洛山寺

【第二七景】

渚宮及補陀洛山寺

ともに濱ノ宮にあり濱ノ宮は古の丹敷浦にして
神武天皇丹敷戸畔を誅し給ひし處なりといふ

那智勝浦町浜ノ宮にある渚宮《なぎさのみや》及び補陀洛山寺《ふだらくさんじ》は東西に並んで建っているが、熊野年代記や熊野年鑑に「(第二九代)欽明天皇二四年(西暦五六三年)癸未浜ノ宮宮殿出現、同三〇年(五六九年)補陀洛観音出現」とある。今から一四〇〇年余り昔のことで、大化の改新に先立つこと約八〇前のことである。

［渚宮］

渚宮は古くは「熊野三所大権現」と称され、その祭神は熊野三山の主神である夫須美神(主神)と、速玉神(左)、家津御子神(右)の三神である。御神像は千年程前の平安時代中期の作とされ、文化財としての価値が高く、昭和五七年、国の重要文化財に指定されている。その後の文化庁の調査によって、それまで間違っていた祭神名が改められることになり、神社名も昭和六二年、神社庁の許可を得て、それまでの大神社《おおみわやしろ》から熊野三所大神社と改められるに至った。

本殿は約三五〇年前の慶安元年(一六四八年)に、徳川幕府の命により再建された(棟札により確認できる)。建築様式は京都賀茂神社などと同じ「流れ造り」で、本殿の屋根の流れをそのまま前方に延長してひさし柱(向拝柱)を立てたものである。間口三間半(約六・四メートル)、奥行三間(約五・五メートル)の大きな本殿で、三扉《ひ》三内陣《ないじん》に仕切られ、御神像はそれぞれ御輿《みこし》に乗り祭られている。直接本殿で鈴を鳴らしてお参りできる数少ないお社である。

例大祭は毎年二月一四日(熊野三山関係は月こそ違え皆一四日となっている)。例大祭の行事は、前夜の宵宮と、当日の神前祭、獅子舞の奉納、それにお弓行事。宵宮にはお弓行事に奉仕する六人の射子が裸になって本殿から海辺まで約三〇〇メートルを七回半走り、塩垢離《しおごり》をとる。これを「ハラハラ」と言って、大勢の氏

補陀洛山寺と熊野三所大神社

子連中が提灯を持って「ハラハラ………」と応援をする。お弓行事は、二人一組となって三回（年長の組は四回）ずつ二本の矢を的に向かって放つ。的は直径二メートル余で三重丸を画き、真ん中の径六〇センチの星を矢が貫くと太鼓を叩いて囃し、射子の縁者を胴上げして観衆は拍手喝采をする。最後に射子連中は餅投げ奉仕をして祭は終わる。

［補陀洛山寺］

冒頭に記したように、隣の熊野三所大神社より六年遅く、欽明天皇三〇年（五六九年）に出来たことになっている。また一説には、（第一六代）仁徳《にんとく》天皇の御代《みよ》、印度より熊野浦に漂着した裸行《らぎょう》上人が、熊野各地を巡歴の後、この寺を開いたともされる。

さて「ふだらく」とは、梵語のポタラカを音訳したと言われ、補陀洛、補陀落、補怛洛迦など様々な漢字が当てはめられるが、観世音菩薩の居住地と伝承され信仰されている霊地である。チベット仏教の聖地「ポタラ宮」は光り輝く美しさで知られるが、これも霊地ポタラカに擬して作られたものであろう。

補陀洛渡海とは、この遥かな西方浄土へ生きながら渡って再生できると信じて、浜ノ宮から小舟で船出したことを指している。補陀洛山寺はその儀式をした場所である。渡海は平安初期の貞観元年（八五九年）から江戸中期の享保七年（一七二二年）まで行われ、この寺の住職の外に希望の者が何人か同行したとみられる。寺の裏山には渡海上人の墓が数基あり、また境内には熊野三山協議会が建立した記念碑があって、二五人の渡海上人の名が刻まれている。

御本尊の三貌十一面千手千眼観世音菩薩は、約九〇〇年前の平安後期の作と伝えられ、御丈《たけ》六尺三寸（約一・九メートル）の香木造り立像で、国の重要文化財である。

本堂は平成二年（一九九〇年）に青岸渡寺の手により再建。毎年一月二七日に星祭、五月一七日に渡海上人供養、七月一〇日に土用胡摩供と先祖供養が行われる。

藤社宇三郎

【第二八景】縣社　夫須美神社

縣社　夫須美神社

那智にある大社にして本宮新宮と並び熊野三山の一なり
祀神　熊野夫須美大神
創建　仁徳天皇御宇

戦前よく唄われた那智小唄に、「井関川関人目の関を越えてぬれましょ滝しぶき」という一節がある。この歌の文句の様に、浜ノ宮から始まる那智街道にはどの部落にも関と名のつく所があり、市野々《いちのの》には関氏を名乗る旧家も現存する。この関という地名は、或いは用水関係の関かも知れぬが、大方関所の様なものがあって、その名をそのまま部落名としたと考える方が無難であろう。

井関を過ぎると市野々となる。ここは三つに分かれてそれぞれ下地《しもじ》、二の瀬、下馬《げば》と呼ばれ、下地に王子神社があり、二の瀬を過ぎると下馬となる。その小字《こあざ》、拝平《おがみたいら》の一部が今でも那智大社の飛地境内（約一〇坪）となっており、石の鳥居と「下馬」と刻まれた制札があり、ここからが那智権現の聖地となっていた。人々は皆ここで馬、籠等の乗物を捨てて、お社まで一〇丁（約一・一キロ）余の坂道を歩くこととなる。浜ノ宮からここまで約一里半（約六キロ）、沿道には補陀洛山寺《ふだらくさん》、平政子を祀る尼将軍塚、王子神社、外に庚申様や地蔵さん等が点在し、お参りする所がいくらでもある。

さて、下馬の鳥居をくぐるとすぐ橋となる。振ケ瀬《ふりがせ》橋といい、大正時代までは木造の太鼓橋で、真鍮製擬宝珠《ぎぼし》のついた欄干のある立派なものだった。でも雨上がりなどで濡れていると、滑る様な気がして渡るのに一寸気になった。橋を渡るとすぐ夫婦《めおと》杉があり、大門坂になる。この夫婦杉は樹齢千年位、永年の風雪によく耐えたもので、御神木として崇められ、戦前迄は毎年二回、周辺の人々によって注連縄《しめなわ》の張り替えが行われていたが、その人達も故人となり、今はもう張り替えをしてくれる者もない。注連縄のない夫婦杉は淋しいものだ。なお、この夫婦杉は戦後の一時期樹勢が衰え始め心配されたが、専門家による手入れの結果、今は大丈夫だ。この傍らに、多富気《たふけ》王子跡があり、お社までの道程を示す最初の「一丁」の道標、また大雲取道に一里毎にある最初の一里塚等がある。

ここから大門坂を上ること約六丁で旧大門跡に着く。この大門は相当大きな建

熊野那智大社

物だったらしく、広い平地となっている。そしてここで参道が二つに分かれ、「右巡礼道」の碑が残っている。直進が「御幸道《ごこう》」で、ここからは身分により通行の規制があり、昔は一般人は通さなかったという。右の道を少し行くと、晴明橋という小さな橋があった。熊野交通の駐車場建設により今はなくなったが、この橋は昔花山天皇のお供できた阿部晴明《あべのせいめい》という行者縁《ゆかり》の橋である。身に罪や穢《けが》れのある人は、その霊により渡ることを拒まれたと伝えられている。ここから更に三丁余昇り、初めて念願の那智詣ができることになる。

蟻の熊野詣といわれる様に、昔は今の我々の想像以上に多数の参拝者があったらしい。それに尚、皇族、大名、大商人等金銭に不自由のない人達から上納される金品は莫大で、那智権現は栄えていた。

お社を支配する社家の中でも、最高の地位である執行の潮崎、米良両家は、代々世襲で、自領からの収入も大きく、多数の役人、家臣を従えて君臨。幕末から明治初めにかけて、廃藩置県による大名、武家等への貸付金の貸倒れや排仏棄釈による仏教追放等大事件があり、打撃を受けたが、両家の支配は細々ながらも昭和の初めまで長く続いた。私が那智住民となったのは昭和九年（一九三四年）だが、その時分でも潮崎氏は神官、米良氏は青岸渡寺執事として山を支配する立場にあり、永年に渡る主従の絆は旦那と奉公人の様な形で残っていて、旦那が人々の仕事や生活の面倒を見ており、他所者《よそもん》の私なんか溶け込むのに大変苦労した。

大正一〇年（一九二一年）、県社熊野夫須美神社が列格、官幣中社那智神社となり、当時の東牟婁郡長、島野氏が初代宮司となった。昭和九年（一九三四年）、大風水害に見舞われたため、翌々年の一一年より内務省直轄で復旧工事がなされた。工事は二年余で完成、現在の神社の姿となった。

その外、那智山の特筆事項として二項目を挙げるならば、次のものが挙げられる。

一・排仏毀釈により仏教は山から一旦追放されたが、明治七年（一八七五年）、神社別棟の如意輪堂を寺として独立させ、一番札所として復興させたこと

二・明治以来約半世紀に亙り殆ど忘れられていた那智の田楽舞を、残された衣装と老人達の記憶等をもとに見事復興させ、世に出したこと

とくに後者は、のちに我が国重要無形文化財和歌山県第一号に指定され、山の貴重な財産となっているもので、当時の関係者の努力と労苦に対し心から敬意を表したいと思う。

野田三月男

那智観音

【第二九景】那智観音

寺を青岸渡寺といふ裸行上人結庵の跡にして
西國第一番の札所なり

那智山は風化美学のメッカである。

明治維新の改革以後、時代の凄まじい流れに動転した社僧神人《じんにん》の戸惑いをよそに、神仏分離が政策として強要され、新しい神社組織が創られて、仏式対象物は悉く廃絶・湮滅《いんめつ》の憂き目をみるに至った。日本最大の観音信仰の聖地・那智山が音をたてて崩れ去ったと云ってよい。そして国家神道を主軸とする新しい神社組織に生まれ変わった。

往古、那智山は滝を中心とする原始信仰の根本を継承した神ながらの道信仰であったが、七世紀半ばの大化改新を契機として熊野三山聖地の一つとなり、独自の信仰形式をとるようになった。それは、神仏習合・両部合体を理論的に実証する修験道信仰であった。

『熊野年代記』を見るに、「欽明天皇御宇《ぎょう》三〇年（西暦五六九年）三月浜の宮補陀洛に観音出現」、更に「文武天皇四年（七〇〇年）、補陀洛山に日本第一補陀洛山寺の勅額下賜さる」、又、「孝謙天皇御宇三年（七五一年）正月、日本第一大霊験所根本熊野三所権現の勅額掛る」、そして更に、「嵯峨天皇御宇弘仁三年（八一二年）一〇月一八日、左大臣禅師ノ子快慶第一代熊野別当職に補任さる」とある。此れ等一連の記録から察するに、那智山は補陀洛《ふだらく》寺の観音信仰に始まり、如意輪観音堂を経て青岸渡寺《せいがんとじ》に収斂《しゅうれん》する信仰方向を持っていたようだ。更に寺の古記録によると、

「仁徳天皇（在位三一三～三九九年）の御宇、裸行《らぎょう》上人瀧壺より八寸（約二四センチ）の如意輪観音の靈像を感得し其後、推古天皇（在位五九二～六二八年）の御宇、生佛上人一丈（約三・〇三メートル）の観音像を彫刻し、瀧壺出現の金像を胸裡に収め、勅願により本堂を創建す」

青岸渡寺

とある。

写真は一〇〇年前と現在の西国第一番札所・青岸渡寺の正面玄関であるが、あまり変貌はしていない。江戸時代中期に成った歴史書『武徳編年集成』巻二一に、「天正十年（一五八二年）三月、別当実報院《じっぽういん》に命じ所々関所を廃止せしむ」とあるが、この頃から堅固な熊野山の鉄壁の防御網が解かれ、熊野は一滴の血を見ることなく秀吉の勢力下に入って仕舞った。その代償として如意輪観音堂を寄進するとの盟約が実報院と秀吉公の間で取り交わされ、秀頼により実行に移されて現在の青岸渡寺の誕生となったのである。

那智山を語るには、熊野別当宗家《そうけ》・米良実方院《じっぽういん》の存在を無視するわけにはいかない。凡そ千有余年の期間に熊野別当系譜から分かれた人達が日本の各地に転住していることを考えると、現在熊野が脚光を浴びて熊野ブームを惹き起こすのも宜《むべ》なる哉《かな》である。東北関東を始め全国に亘る熊野人の子孫達のDNAの中に先祖帰りの因子が保持されていると思いたくなる。

戦後、現高木住職の父君は、青岸渡寺を観音信仰の聖地として全国に知らしむべく活動され、その意志を継いだ現住職も那智山の霊徳高揚に日夜邁進されている。又、那智大社朝日宮司も、熊野大神の御威徳顕現に奉仕されている。今や社寺相俟《ま》って那智山の伝統祭祀修法に誠心盡力されている。維新後一〇〇年余にして、米良実方院に祀られていた熊野別当並びに分脈の諸霊が漸く那山に飛遊し、那瀑の肩上に永久《とこしえ》なる安穏の世界を得たようである。

米良殖人

【第三〇景】那智山一ノ瀧

我國第一の大瀑にして高八十餘丈あり此の大瀑の始めて世に現れしは仁徳天皇の御宇にありといふ

那智山一ノ瀧

熊野灘から望む夜明け前の那智連山は、薄いベールに包まれ黒々とした起伏を重ねている。東の空が白みはじめると、その暗い山塊の中央に一本の白い布を引くように那智の大滝（本地・千手観音）がうっすらと姿をあらわす。滝上では、神と仰ぐ大滝の銚子口に飾られたしめ縄がやがて朝日をうけて浮かび上がり、その下をゆるやかに流れる水面が金色の帯となって流れ落ちていく。遥か向こうの太平洋を真っ赤に染めて、太陽が水平線上に昇った。

本州で、いや、日本で最初に、東方の太平洋から昇る太陽が神である滝と対面するのが那智大滝である。この滝上でのご来光は、ズバリ大海原からであるだけに感激ものだ。海と山の朝の出会いは、水と光の融合に始まり、水と山の霊験が滝の中にほとばしる。その水のほとばしりは龍となって地から天に舞い上がる。ここは古代山岳信仰の中心であった。

やがて暗く鬱蒼とした周りの原始林にも明るさが満ちあふれてくる。参道の石段をおりると、鳥居の向こうに「一の滝」が轟音をとどろかせて断崖上から白く落ちている。これが遥か熊野灘から眺められ、逆に滝上からは太平洋を眺望する「一の滝」である。

昭和三七年（一九六二年）、昭和天皇、皇后の行幸があり、そのときに御歌

『そのかみに熊野灘よりあおぎみし
　那智の大滝今日近く見つ』

とお歌いになっている。

その昔、神武天皇がこの大滝をさぐり当てられ、神として祀られたと熊野那智大社社伝に記録があり、「熊野年代記」には仁徳天皇五年（三一七年）に那智大滝出現と出ている。後にこの大滝そのものを「飛瀧《ひろう》大神」「飛瀧権現」と称して「大己貴命《おおなむちのみこと》＝大国主命《おおくにぬしのみこと》」（地主神）のご神体としてまつられ、約一千年前に宇多天皇をはじめ百余度の御幸があり、

那智の滝

花山法皇の一千日瀧行や役の行者の瀧行以来、修験道の最も重要な行場となっている。今は「熊野那智大社別宮飛瀧神社」と呼び、また「お滝さん」とも呼ばれて信仰の対象となっている。

「一の滝」は南東に向かう断崖にかかり、高さ一三三メートル、滝の落ち口の幅一三メートル、滝つぼの深さ一〇メートル余、高さでは日本第一の名瀑で国指定の名勝になっている。滝の源流は、那智山北方にそびえる大雲取山から流れ出ている本流に、原始林に貯えられた天水を集めた無数の渓流が重なり合って、その流れが真南に向けて落下するのがこの大滝である。高さが抜きんでていることから「一の滝」と呼ばれる。

現在、一の滝の銚子口には注連縄《しめなわ》が張られており、毎年七月九日と一二月二七日に「御滝注連縄張替行事」が古式に則って行われる。（白布の四手《しで》を垂らした「大しめ縄」を張るようになったのは昭和三〇年代からである。）

神と崇める那智大滝の上には湖も貯水ダムもない。大きな山々が連なり、森林があるだけである。天から降った雨が原始林に一度しみ込んで流れ出ているのだ。鎌倉時代に「那智の滝涸《か》れる」の記録が一度だけ残されているだけであるが、近年になって、水量は天候にしたがって増水、渇水の差がはげしく、水量の平均がとれなくなってきている。

平成一三年（二〇〇一年）、那智勝浦町は那智の滝の水源と周囲の自然景観を将来にわたって守るために「那智の滝源流水資源保全事業基金設置条例」を制定、当初予算一億円余を計上した。なお、これに賛同して熊野那智大社（朝日芳英宮司）と那智山青岸渡寺（高木亮享住職）が合同で同基金に多額の寄付をしている。

中嶋市郎

【第三一景】

那智山二ノ瀧

一の瀧の上流なり

那智山二ノ瀧

二の滝・三の滝・陰陽の滝

ここに登場する「二の滝」「三の滝」「陰陽の滝（奈珂悟《なかご》の滝）」は『那智四十八滝』の中に数えられる滝であるが、那智山中には「一の滝」を第一番として、「文覚《もんがく》の滝」「布引の滝」「弁《べむ》の滝」ほかがあり、四十八の滝すべてに番号と名前が付けられている。

那智の山では、一つ一つの木や石や水に神仏が宿るとされ、その象徴が、那智の原始林であり、巨岩であり、那智の滝である。人々は大昔から那智の山を畏敬の念を持って眺め、信仰の対象としてきた。

私は、那智谷に生まれ育った母に「滝のある原始林は神聖な場所。めったに入ってはいけない」と幼い頃に教えられていた。また、修験道研究家の恩師、故二河良英先生は「那智四十八滝には、諸々の宗教（神道思想を軸に儒教、仏教、道教、陰陽五行説、宿曜思想、北斗信仰など）に裏付けされた名前がつけられ、那智の山そのものが信仰の場であり、修験道の道場である。信仰の原点は滝、巨石、水の流れ、そして樹木などの大自然に対する人間のおそれである」と書き残されている。「そして、人々は身を清め、心を美しくして山に入り、修行すれば、神に近づき神の啓示を得ると信じたのである」と。

このように何百年もの間、土地の人は四十八滝や原始林を畏怖の念を持って仰ぎ見てきたのであろう。

那智四十八滝は、高さ日本一を誇る「那智の滝」（一の滝）を第一番として那智連山の四つの谷（本谷、東の谷、西の谷、新客谷《しんきゃくだに》）に点在。千三百年以前より、青岸渡寺の開祖となる裸行《らぎょう》上人ほか、

二の滝

役小角《えんのおずぬ》、伝教大師、弘法大師ら七人の「那智七先徳」が滝行を行い、千年前には花山《かざん》法皇が「一の滝」奥の断崖上の庵で千日籠もりをするなど熊野信仰の根本となる修験道の中心となっていた。そして、中世から近世にかけて、蟻の熊野詣といわれるほどの隆盛をきわめたのが熊野三山であるが、とりわけ四十八滝は修験道の霊地として全国より数多くの修験者がはせ参じ四十八滝で修行を積んだのである。

そういう歴史的、伝統的な修験道が那智の名とともに全国に広がっていったのだが、明治時代初期に修験道廃止令が出され、滝での修行が禁止されるとともに、四十八滝での活動が途絶えて、滝行も見られなくなっていた。

しかも、那智での滝修行はとくに厳格なうえに、きわめて秘密性の強いもので、その行法や作法の伝授はすべて口伝《くでん》であった。だから滝の名前や場所さえも勤行《ごんぎょう》を修した者のみに口伝となっており、書かれた資料はほとんど残されていない。そのために明治初期以降は那智原始林に入山する者も絶えて、四十八滝の存在も、その正確な場所も分からなくなってしまった。

那智山青岸渡寺では、長年にわたり先代高木亮孝大僧正が「熊野修験（山伏）」の復活を念願していたのであるが、先ず、昭和六四年（一九八九年）に高木亮英副住職らが熊野修験の大峰奥駈け順の峰入り（那智山から吉野山までの約一四〇キロメートルの険しい山道を歩いて修行する）を「新宮山彦ぐるーぷ」（玉岡憲明代表）の協力で再興した。しかし、本来の本拠地である那智四十八滝での回峰行が根本修行であることから、滝での修行復活を急がねばならなかった。それには、四十八滝の探査と確認の作業が不可欠となっていた。

昭和五〇年代になって、東京から二一年ぶりに故郷にUターンした私は、四十

【第三二景】

那智山三ノ瀧

二ノ瀧の上流なり
山家集
身に積る言葉の罪もあらはれて　西行法師
こころすみぬる三かさねの瀧

那智山三ノ瀧

八滝を写真に収めようと、地図を頼りに友人と那智四十八滝のいくつかを探検するようになった。ところが、昭和六〇年代に入ると、砂防ダムや林道の建設でいくつかの滝が土砂に埋もれかけているという声を聞くようになり、今すぐにでも探査をしなければ、四十八滝の姿を記録に残せなくなるのではないか……と懸念するようになった。その頃、紀伊半島の名瀑をビデオに収録している新宮市の矢浜士朗さんもまた、四十八滝が熊野信仰の根本であることから、ビデオに記録しておきたいと熱望していた。ここに映像で四十八滝を後世に残したいと考えていた私たちと、宗教的伝統を復活させたいと願っていたグループの思いが重なり合ったのである。

平成三年（一九九一年）夏、高木さんを中心に四十八滝を探ろうとするプロジェクトチーム（高木喜三隊長、一二人）が組まれ、滝に関する数少ない資料の中から古文書、古地図、四十八滝絵図などを頼りに、熊野那智大社と那智山青岸渡寺の協力をえて、那智全山の探査をはじめたのである。山中には六十数個の滝があるため、発見の苦労にもまして大変だったのは滝周りの刈り拓きであった。

しかし、私たちは、幸いにも地元の強力なメンバーに助けられ、予想だにしなかった八〇日間という短期間で実在する四十八滝全部を確認し、未来へと受け継ぐ記録としてビデオと写真に収めることができた。そして、那智大社と青岸渡寺にその成果を奉納した。

翌平成四年（一九九二年）の新春には、熊野修験の滝修行「那智四十八滝回峰行」が約百三十年ぶりに青岸渡寺副住職高木亮英さんらによって復活された。以降、大寒の頃に高木さんに同行して年に一度、四十八滝に足を踏み入れるようになったのである。「めったに入ってはいけない」と教えられてきた那智原始林。そこは「自然崇拝の原点であり、信仰の

三の滝

道場なのである」と、こころしているつもりである。

第六番「二の滝」（本地・如意輪観音）

「一の滝」をさかのぼると一名を木の葉流しの滝と呼ぶ「二の滝」があって、「二の滝」正面の屏風岩上に花山法皇千日行の御籠所《おこもりしょ》跡がある。さらにさかのぼれば馬頭《ばとう》の滝とも呼ばれる「三の滝」があり、この三つの滝を合わせて「三重ねの滝」ともいう。

「二の滝」「三の滝」に向かうには、青岸渡寺三重塔裏手から山道に入る。昼なお暗い杉林の入口すぐに熊野那智大社社有山林域の立て札（入山については大社に届け出が必要）があり、滝禅定《ぜんじょう》道を進む。胸突き八丁の坂を登りつめると木の根っ子がむき出しになった休み場である。今は周辺の樹林が成長して視界はよくない。二の滝へはここから谷に向かって下る。岩にからんだ木の根が露わな下り坂、足元不安な所であるが、岩場を下り終えると、「西の谷」と「本谷」の出会いである。

西の谷の流れを渡り、渡渉を繰り返しながら本谷を上流に向かう。この辺りから上流は水、木、岩、すべてが緑一色に包まれた那智原始林。やがて右手に大きな岩壁が現れる。崖の上には花山法皇千日行の御籠所跡がある。ここで再び本流を渡ると、左手に第六番「二の滝」が美しい姿を現す。

一の滝が勇壮な感じなのに比べて、この滝は女性的である。滝の落ち口から緩く曲がった壁にそって流れ落ちる豊富な水が放物線を描いて、いかにも、物静かな奥ゆかしい美人を思い起こさせる。四十八滝中もっとも形の整った滝である。滝つぼは広く、扇ケ淵といわれ、滝をかなめとして扇形に広がっている。一の滝の上流五〇〇メートルにあり、高さ二三メートル、幅七メートル。

古文書には、「一の滝絶頂より二丁五十一間、東向。木ノ葉流しの滝と是なり。

【第二三景】

陰陽瀧

那智山中にあり

陰陽瀧

速玉之男命を祭れり。この滝上、最勝峯あり、此所深秘口伝（那智七滝の内）」とある。

第七番「三の滝」（本地・馬頭観音）

「二の滝」を背にして、崩れかけた石段を登る。頭上にせまってくる付近の岩壁を屏風岩という。左手木の間ごしに「二の滝」の全景が見え隠れする。姿はやさしい滝であるが、滝の音は周りの山々にこだましている。急坂を登りきると平坦な休憩地となる。右は烏帽子山に向かう本道で、左が「三の滝」への谷道。左上に那智三峯の一つ最勝峯を仰ぎ、谷を下る。覆い被さる大木、立ちはだかる岩壁、岩を削る滝の流れ、総てが原始の姿そのままに那智原始林を支えている。

上流に向かって、川面すれすれの岩場に小さなくぼみを彫った足場をたどる。岩場を越すと滝つぼと同じ高さの浅瀬に降り立つ。滝つぼは奥深く、どんどんと鳴るこの滝は四十八滝のうちで最も水量があり、落下する勢いがはやい。冬場の渇水期でも水量はあり、魅力十分の滝である。「二の滝」同様に、四季を通じて深山幽谷の美をあじわうことができる。

古文書には、「三の滝、申向。熊野櫛樟日命《くしくすみのみこと》鎮護。又の名熊野忍蹈命《おしほみのみこと》（那智七滝の内）」とある。

次に「陰陽の滝（=奈珂悟の滝）」であるが、ここで那智四十八滝の名とその由来について、少し分類しておきたい。例えば、古い神々の名をつけた『神祇の滝』（三滝）、『方位方角』のついた滝（二滝）、陰陽道からは日、月、火、水の『七曜の滝』（七滝）、東西南北の『四天王の滝』（四滝）、本地仏として観音菩薩がまつられ、その別名を頂く『観音菩薩の滝』（五滝）などがあるが、ほかに宿曜道の『二十八宿

陰陽の滝

の滝』がある。

那智四十八滝のうち二十八滝は、宿曜の二十八宿の星名で、宿曜経によって名付けられている。「陰陽の滝」の名は後世になって付けられた別名であって、本来は二十八宿に属する「奈珂悟の滝」のことである。

第三十七番「奈珂悟の滝」・陰陽の滝

この滝の名は、二十八宿の一つ蠍座《さそり》の中央付近にある星、和名・なかご星から名付けられている。奈珂悟は中座《なかざ》。御子《みこ》。無我になって神仏の言悟《ごんご》を語ると云う事なりに由来する。また、この滝は二条に落ちるところから、夫婦《めおと》滝と称し、後世、滝の形状から陰陽滝と新宮藩の画家、田崎藍崖が名付けたという。

陰陽の滝がある「東の谷」（大渓流）は、その名の通り、一の滝がかかる本谷（大川流）の東側に平行する谷で、源流に南紀州の名山、烏帽子山をいただく流水は真南に流れて、本谷に劣らぬ数多くの滝がある。なかでも「陰陽の滝」に代表される十一の滝が那智四十八滝に数えられている。

博物学者の南方熊楠は、明治三四年（一九〇一年）から明治三七年（一九〇四年）の三年間、那智山麓の宿に滞在して、植物や粘菌類を収集し研究に没頭するが、これらの滝がある東の谷の支流くらがり谷は熊楠の植物採集の中心地域であったという。

東の谷は那智山の麓、バス停「大門坂」から二〇〇メートルほど那智山寄りにある右下の道を降りて、左から流れ込む那智川を渡り、発電所の前を登り返すと右手に現れる渓流である。右下の川原は奇石や巨岩がつづき、その間を清流がすがすがしい音をたてて流れ、全くの別世界が広がっていく。二〇分ほど登りきると、最後は発電所の導水路に沿った道をつめて、堰堤の石段をのぼると「陰陽の

白菊の濱

〔二の滝・三の滝・陰陽の滝　続き〕

滝」前に出る。

「陰陽の滝」は、堰にせきとめられた貯水池の奥まった向こう正面にあり、両側の岸壁は高く、鬱蒼と茂った樹木に包まれているので暗くて神秘的である。水は巨岩をはさんで二つに分かれて落ち、重なった二つの岩を洗い清めている。岩は陰と陽とを表すように巧みにレイアウトされ、男性と女性をかたどっているが、そのすばらしい風趣は神秘的な威圧感がある。高さは七間といわれ、豊富な水量が飛沫をあげて落下している。左手の岩をつたって滝つぼに向かうと冷気が迫り、降りかかる飛沫の中に霊気を感じて、思わず両手を合わす。なお、那智四十八滝回峰行の「寒の水垢離《ごり》」修行が毎年、凍てつく寒さの中、この陰陽の滝で行われる。高木副住職らの一行は夜明け前に青岸渡寺を出発、一の滝を経て、この滝に入り、高木さんは滝つぼに肩までつかって身を清め、熊野修験の復興を祈願している。その後、一行は山中に分け入り四十八滝を二日に分けて巡拝する。

中嶋市郎

【第三四景】

白菊の濱

宇久井村にある名所にして鳴耶（ナクヤ）の濱に連れり

宇久井の風光について『紀伊続風土記』に「海湾弓の形に随ひて、翠松《すいしょう》相連り、海岳と相映じ、清麗爽快、目力悉く応ずるに暇なく、心賞悉く給すること能はず、実に海南の絶勝といふべし、すべて海浜の風光美なるもの多しと雖も唯此地を魁首《かいしゅ》とすべし」と述べているが、その様子は昔も今も変わりなく、今なお宇久井は海青く山緑にして頗る眺めのいい地域であると言って差し支えないであろう。

白菊の浜は宇久井の西に位置し、那智に接する。この浜には次のような伝説が残されている。

白菊の浜

今から八〇〇年以上も前の文治元年（一一八五年）、屋島、壇の浦の源平合戦で源氏に敗れた平維盛《これもり》は、かねてより熊野への信仰が厚かったことからこの秘境の地に逃れてきた。これを知った侍女の白菊姫は、恋い慕う維盛の行方を追って各地を尋ね歩き、ついに宇久井の浜までたどり着いた。ところが里人の話では「維盛様は、この沖の山成島《やまなり》で入水《じゅすい》をしました。最後の鎧《よろい》を掛けたのがこの松です」とのこと。精も根も尽き果てた白菊姫は、この浜に草庵を作って住まい、ひたすら維盛の冥福を祈ったという。

ここから白菊の浜、鎧掛松の名称が起こったと言い伝えられてきたが、一説には、昔この付近一帯に野菊が咲き乱れていたから、白菊の浜と呼ばれるようになったともいわれる。その他、「鳴耶浜《なきやのはま》」とか「なきやの鼻」とかいう場合もあり、地元では、浜に丸い石がごろごろ転がっていることから「ゴロゴロ」と呼び習わしてもいる。

昭和一〇年（一九三五年）頃、宇久井尋常高等小学校を挙げて「フノリ（布海苔）がき」をしたことがある。村人が立ち入れない「学校の磯」の区域に、シーズンになると先生に引率され、銘々缶の蓋《ふた》やアワビの殻《から》、金具などを持って行き、フノリのついた石の表面をゴシゴシ掻いて袋の中にフノリをかきいれる。皆で競争し、人に負けじと一生懸命になったものだった。当時、フノリは洗濯屋で使用するノリとして貴重で、フノリの売上代金は学校用具購入の大切な資金となったらしい。このゴロゴロ磯にはガシラ（カサゴ。紀州ではアタガシともいう）が多く、穴釣りがさかんである。竿の先に短いテグスと釣りの仕掛けを作り、えさ（キビナゴやサンマの切り身）をつけて、それがいそうな、潮の出入りしている石の間隙や穴に差し込む。そんな釣り方で磯一面を釣り歩くと、ボッツリが重くなるほどよく釣れたものである。

白菊の浜から国道、鉄道線路を隔てた山側には、熊野参詣道の大辺路街道が走っている。古代末期には平維盛が少数の家来とともにこの街道を歩いたはずであり、中世、近世には熊野詣に訪れた大勢の旅人で街道は賑わっていたに違いない。

宇久井地区内の大辺路街道には、大狗子《くじ》峠と小狗子峠があり、その周辺に「猿茶屋」「水茶屋」「寛太郎茶屋」があった。今もその三軒の茶屋跡が残っていて、かつての繁栄を偲ばせるものがある。

泉久太郎

佐野

【第三五景】
佐野

古より世に聞えたる名所にして風景いと佳し
後鳥羽上皇御製
忘れすよ松の葉こしに波かけて夜ふかく出し佐野の月かけ
拾遺愚草　　　　藤原定家
冬の日を霰ふりはへ朝たてはなみに波越すさのゝ松原

『呼ぶははるかな希望の海よ／ここ黒潮の
　波寄るところ／佐野の松原みどりの浜よ』

これは佐野も学区にしていて、そこの子供達も通学している新宮市立三輪崎小学校の校歌の一節だが、現在進行している佐野湾埋立工事で、この歌詞の情景はもう過去のものになってしまおうとしている。

私は昭和二七年（一九五二年）、佐野下地（現在の佐野三丁目）で生まれた。佐野の松原までわずか二～三分、私にとっては絶好の遊び場だった。小さい頃、家で飼っていたヤギを松原に連れて行き、雑草を食べさせるのが私の日課であり、仕事だった。ヤギを松に縛っておき、浜や松原で遊びまわる。遊ぶことはいくらでもあった。

当時、松原は松の純性林で、波返しの堤防はなく、浜と松原の境は少し段になっていて、松原側に木の根などがあり、自然の堤防のようになっていた。古老によれば、昔は国道の幅も現在の半分ぐらいしかなく、国道の両側には一抱《ひとかか》え以上もある松が生えていて、王子橋のところまで続いていた。山側には潮風防止のために竹が植えられており（この竹は巴川製紙の操業中はまだ残っていた）、現在巴川の跡地になっているところは、もとはボイドと呼ばれる畑地だったという。松原の三輪崎側の端は、今は佐野三丁目一番地の浦木商店（現在休業中）の前付近だが、かつては四～五〇メートル黒潮公園寄りの同二丁目一一番地の塩崎氏宅あたりまであり、そこから三輪崎にかけては一本松、二本松と呼ばれるものが点

佐野湾付近

在し、その間に塩害に強いヨシを植えていたそうだ。

昭和二〜三〇年代、佐野の浜は今とは比べようがないほど広く、地引網漁などもやっていた。最も広い浦木商店前の浜では、例年八月一六日、佐野柱松の行事が行われていた。古く江戸時代に始まり、続いてきたこの行事は、昭和一二年（一九三七年）夏の日中戦争勃発とともに中止。太平洋戦争後、佐野青年会が中心となって昭和二三年（一九四八年）、これを復活。しかし同三四年（一九五九年）の開催を最後にまた中断。金銭的理由による中断だったらしいが、同年九月に伊勢湾台風が当地方を襲い、大被害をもたらしたことも関係しているのかも知れない。佐野の浜に波返しの堤防が付けられ、現在のように変容したのもこの台風前後だったかと思われる。

平成五年（一九九三年）、地元有志が集まって協議した結果、柱松が三四年振りに復活することになった。新宮港第二期工事の始まる前で、毎年いつも声は上がりながら長く復活させえなかったものをやっと復活させるに至ったのは、第二期工事でいよいよ浜がなくなるという危機感が皆に強く働いたためであろうと考えられる。

佐野柱松は木遣《きや》り節に合わせて大きな木柱を起こす行事であるが、古くからの佐野の木遣りが残り、歌われるのがここの特色で、この木遣りを音頭に柱を起こす時には、今でも胸が熱くなるのを覚える。佐野柱松は復活してから今年（平成一三年）で九回目。しかし埋立工事が進行し今年が砂利の浜でできる最後の機会、これからはもう砂利浜では実施できなくなる。

ある時、我が家に泊まった四国の友人が、波の音や波の小石を転がす音がうるさくて寝られなかったとぼやいたことがあった。あまり気づかなかったが、そう言われれば確かにそうかも知れない。とくに海の荒れる時には潮の香りが強く漂い、波が小石を転がす独特な音が響く。しかしこうした音、響きや香り、匂いは私達には馴染みぶかいもので、どこか快いところも含まれているように思われる。これからはそうした音も聞けなくなるかと思うと、いささか残念な気がしないでもない。

尾屋　勲

三輪崎浦捕鯨

【第三十六景】

三輪崎浦捕鯨

熊野浦にて捕鯨の名最も世に知られたるは太地浦にして三輪崎浦にて捕ふるは多く小鯨なり

新宮市史・史料編下巻「三輪崎の捕鯨」の項には、『熊野灘沿岸は、十七世紀に入って捕鯨が盛んになり、延宝五年（一六七七年）には新宮城主水野重上《しげたか》が経営に乗り出して三輪崎組と名づけた。その後十八世紀の延享《えんきょう》〜宝暦（一七四四〜一七六三年）にかけてが最も栄えたといわれる』と記されている。また『嘉永元年（一八四八年）九月太地・三輪崎鯨方が新宮御支配になる』『元治元年（一八六四年）七月三輪崎鯨船はじめて網を入れる。水野忠央《ただなか》上覧』といった記事も見える。

明治初期まで佐野の石垣氏が鯨方を支配し、その中心になる大納屋は佐野の「ぼいとの芝」（房洲殿の芝）にあったが、やがて鯨方の中心は三輪崎に移る。現在の市役所三輪崎支所の前にある吉国稲荷一帯が大納屋であった。その頃が和船の勢子《せこ》舟・網《あみ》舟・持双《もっそう》舟による古式捕鯨から、発動機船による捕鯨への転換期であったように考えられる。

明治三三年（一九〇〇年）、大阪商船は日本汽船を買収し、大阪・熱田線を引き継いだ。そして紀摂丸ほか四隻を就航させ、三輪崎を定期寄港地とした。『熊野百景写真帖』に写っている二隻の機帆船のうちいずれかは、その定期船ではないかと思われる。この二隻が浮かぶ位置は孔島《くしま》と鈴島の間、すなわち中瀬《なかぜ》の孔島寄りのところで、大型船舶の係留場所となっていた。従ってここに写っている海辺は、元宮の浜あたりの渚であろう。

この写真だけでは、何という鯨なのかはっきりしない。地域の鯨の専門家に聞いても、小型のヒゲクジラであることは確かなものの、それ以上種類まではわからないという。水中にあるので小さく見えるが、実際はかなり大きいものであろう。

三輪崎魚市場付近から孔島を望む

明治五年（一八七二年）、三輪崎村の捕鯨機材が公売され、太地浦が落札している。しかしこれで三輪崎捕鯨が終ったわけではない。鯨山見はその後も存在し、発動機船による捕鯨が続行されていた。

『熊野浦にて捕鯨の名最も世に知られたるは太地浦にして、三輪崎浦にて捕ふるは多く小鯨なり』……写真の右端にはこんな説明文がついている。しかし実際は決してそうではない。三輪崎浦の漁師達が果敢に巨鯨に挑んだ話も数多く残されている。明治二七年（一八九四年）、三輪崎から北海道へ出稼ぎ捕鯨をしたとの記録があるが、写真の漁師達もあるいはそうした事業に携わった勇士ではなかろうか。

昭和五四年（一九七九年）三月、（財）新宮港湾財団の設立が認可され、本格的な港湾建設工事が進められた。その結果、西の浜から元宮の浜まで、三輪崎浦の海岸はすべてコンクリートの下に沈んでしまった。一〇〇年前、ヒゲクジラが横たわっていた元宮の浜の渚も、勿論永遠にその姿を私達に見せることはないであろう。

一〇〇年前には、節分の豆を撒く頃、大浜から御手洗《みたらい》海岸にかけて必ず姿を見せていた下りの鯨の群れも、今はその勇姿を見せることはない。

海野猪一郎

三輪崎浦鈴島の景

【第三七景】

三輪崎浦鈴島の景

七〇年近く前の昭和初期、漁師以外の一般の人々が孔島《くしま》、鈴島に渡って磯魚を釣ったり、様々な貝や海草類を採取したりするのに利用する唯一の便は、五銭で乗れる渡し舟であった。シーズンには磯遊びの人々で賑わうのは昔も今も変わらない。両島には松の大木が沢山生えていたし、大きくて甘い実をつけるグミの木も茂っていた。

登記簿によると、孔島は明治三四年（一九〇一年）一〇月、安芸《あき》の厳島《いつくしま》神社より三輪崎八幡神社に払い下げられている。孔島は周囲約四キロの小島。中央に約二四ヘクタールの森があり、松、楠のほか雑木が生い茂り、また浜木綿《はまゆう》が森やその周辺至るところに群生。夏、真っ白い花を咲かせてほのかな香りを漂わせる、風情のあるこの植物を引いて、柿本人麻呂は「み熊野の浦の浜木綿百重《ももえ》なす心は念《ち》へど直《ただ》に逢《あ》はぬかも」と歌っているが、阪大名誉教授、犬養《いぬがい》孝博士の揮毫《きごう》した人麻呂の歌碑が孔島の北側遊歩道のところに建てられている。（博士が孔島の浜木綿の咲く中で朗々と詠じている姿をテレビで見て、私は大変感動したことがある。）これほど浜木綿の群生しているところは、孔島の他には三重県志摩郡の大島しかないと聞く。新宮市の市花でもあり、皆でしっかり育成したいものである。

孔島の森には、シマセンニュウという鳥がはるか南方の地域から渡ってきて、高い梢で鳴いている。環境庁の調査員の話では、孔島はこの鳥が住むに適した北限で、四月中旬に飛来し、雛を育てて八月中に南に帰るという。昭和五〇年代には多く来ていたこの鳥も、最近はめっきり少なくなった。森で犬を放したり、猫を捨てたり、騒がしくしたりなど、人々の心ない行為のせいではないかと見られる。

孔島神社。島の北側の渚に朱色の大きな鳥居を持ち、弁天様を祀るこの神社は、昔の三輪崎の鯨方を初め、一般漁民、地域の人々の信仰を集めている。旧暦三月一八日の例大祭には毎年大勢の人が集まり、賑わう。

孔島と鈴島との間は中瀬《なかぜ》と呼ばれる。昭和の初め、この中瀬に防波堤が作られることになり、相当な苦労の末、昭和五年（一九三〇年）、工事は完成。以来、

三輪崎海岸から鈴島を望む

三輪崎漁港は良くなったし、鈴島から孔島へは歩いて渡れるようになり便利になった。（その後、孔島の西側に百メートル程の防波堤もでき、漁港は更に良くなった。）

当地域は、昭和一一年（一九三六年）二月一日、吉野熊野国立公園に指定され、孔島・鈴島も熊野海岸筋の景勝地の一つとして新たに見直されるようになった。その頃はまだ自然の豊かな景観がほとんど残っており、国立公園の名に恥じないところだった。

荒れ始めたのは昭和三〇年頃から。佐野の巴川製紙付近の松原が松食虫にやられ出したのと同じ頃、孔島、鈴島の景観に一役買っていた大きな松もことごとく松食虫の被害に遭い、枯れてしまった。当時の三輪崎漁協有志の方々が市の援助を得て松苗を両島に植栽、景観を守るために尽力した。

しかし昭和五七～八年（一九八二～三年）頃、両島の松は再び松食虫に襲われた。樹齢一五〇年の、鈴島の後ろの岩上の松も枯れてやむなく切り倒し、孔島の松も次々と処分した。保護委員会の委員長を引き受けて四年目の私は、被害を最小限に止めるのに必死だった。松枯れがやっと止まった時、本当に嬉しかった。その後毎年松苗を植え続けている。鈴島は岩が多く、松の根付けが難しいが、それでもやれるだけやってみることにしている。

鈴島は今は周囲がコンクリート張りになっていて、一〇〇年前の写真のような美しさは取り戻すべくもないが、三輪崎漁協や漁協婦人部、海士《あま》組合等の強い協力を得ながら、できるだけ綺麗な孔島、鈴島にし、地域の環境保全に役立てたいと考えている。新宮港、三輪崎漁港に捨てられた空きかんやゴミは潮の流れによって孔島、鈴島に毎日打ち上げられる。孔島、鈴島に限らず、周辺の地域を含めて海を汚さないよう人々に要望してやまない次第である。

須花正好

三輪崎浦

【第三八景】

三輪崎浦

新宮の南一里半許
佐野灣の口にあり
夫木抄　権大納言實家
三輪の崎夕しほさせは村千鳥
さの、渡りに聲うつるなり

高野坂《こうやざか》は、新宮市の唯一石畳の残る千年の歴史を刻む熊野古道である。新宮から三輪崎へと古道のなだらかな峠に立つと、その眺めは鈴島・孔島《くしま》、さらに三輪崎東海岸へと弧を描き、美しさも格別である。大きな松林のあった昔は尚更であった。

三輪崎の東海岸は、昔から人々に親しまれた海岸である。この浜は南から磯崎・中葉《なかば》の磯・宇浪《うなみ》の地磯へと柔らかく弧を描き、今も夏は海水浴で賑い、昔は捕獲した鯨などの引き上げ解体作業などの行われたところでもある。

三輪崎は、もとは「神ヶ崎」と書いて「みわがさき」と読み、海を交通の手段とした時代に、熊野灘を中心に生活をする人々が、黒潮に乗って先ず着くのが「神ヶ崎」と言われたところであったと思われる。古代から熊野権現信仰を中心とした新宮の街の海の玄関口が「神ヶ崎」であり、（今は新宮港に大部分含まれる）三輪崎浦の天然の地形は、正に新宮の玄関に相応しいものであった。

記紀神話では、神武天皇の上陸地が佐野の浜で、佐野王子に並んで神武天皇の聖蹟碑がある。中国の秦の時代に、始皇帝の命を受けて、不老不死の仙薬を求めて渡来したと伝えられる徐福も、黒潮に乗ってこの地「神ヶ崎」に上陸したとも考えられる。

熊野権現への熊野古道は、京都から始まり、大辺路《おおへち》・中辺路《なかへち》・高野山からの小辺路《こへち》のほか、江戸から伊勢を経ての伊勢路（東熊野街道）などがあり、全国の人々をこの熊野へ導いた。これらの街道も、今や高野山・熊野地域における「紀

新宮市高野坂南側浜辺より三輪崎の町を望む

伊山地の霊場参詣道」として、ユネスコの世界文化遺産に暫定登録されるに至っている（二〇〇〇年一一月）。

三輪崎港は、明治の中頃から就航した阪神〜名古屋間の定期船が寄港していた時期もあり、一時遠隔地と新宮や那智、勝浦などとをつなぐ交通の要衝となっていた。

百景写真に見える松原は、台風の度に侵食されてはいたものの、昭和三〇年代後半（一九六〇年代前半）まで残されていたが、度重なる台風や道路の拡幅などで今はその面影を残していない。

昔は、大きな松の防風林が宇浪から中葉の磯の手前あたりまであり、三輪崎駅から海岸へ出たところに「弁慶の子守松」と言われる大木の松があった。武蔵坊弁慶も三輪崎の鯨捕りの息子であったことが語り伝えられる唯一の松であったが、今はそのことを覚えている人も少なくなった。

慶長五年（一六〇〇年）、関ヶ原の合戦の後、紀伊藩主となった浅野幸長公の家老として、浅野忠吉《ただよし》公が新宮藩二万八千石の領主となった。忠吉公は新宮藩主を一九年間勤め、その後国替えで広島の三原藩（現三原市）へ移ったが、その折、三輪崎の優れた漁師の一団を三原藩へ連れていったことが三原市のお寺の古文書から分かる。当時の三輪崎漁師たちの子孫が現在も同市の旭町に住んでおられて、三輪崎区との交流を今なお続けてくれているが、三輪崎の漁師団が約三八〇年前に浅野忠吉公に従い、瀬戸内へと船出したのはこの中葉の浜からであった。

また太平洋戦争末期、この中葉の浜に不発弾の魚雷が打ち上げられたこともあった。

中西　洋

御手洗

【第三九景】

御手洗

新宮より南三輪崎に至らんとする海岸にあり
神武天皇丹敷の餘類を勝得(カツエ)坂(新宮の南端廣津野にあり)に
誅し給ひし時御手を洗はせたまひし古跡なりといふ

新宮から南へ二キロ、広角《ひろつの》を通って海岸に至る熊野古道、勝得坂《かつえざか》を一気に駆け降りるとJRの線路に出合う。そのすぐ脇から小さな鉄橋の、下をくぐれば御手洗《みたらい》の浜辺に立つ。この辺り一帯は、神武東征にまつわる伝説や史実が多く語り伝えられている場所であり、昔から地元の住民にとっては海岸の流木は貴重な薪代わりに利用され、磯物獲り、海水浴、盆の精霊送り、町内の運動会等々、生活に密着したかけがえのないフィールドであった。

いま一世紀前の写真を見ると、岩場の老松、ふくよかな厚味のある砂利の浜、すべて少年の頃見慣れた光景であって、想いは一気に昭和の初期にタイムスリップする。平成の御手洗は、砂利の浜が薄くヤセてしまった。青松もなくなり何となく弱々しい姿であるが、海岸線の後退が目立たないのがせめてもの救いであろう。しかし夏から秋、台風の高波は浜が低いから容赦なく線路の擁壁を洗う様になった。そんな時、手前の小川では流木等何もかも上流へ「逆さま」に押し流してしまう。その昔、神武天皇の軍勢が、先住民との戦いのひととき、この流れに至り手や刀を洗われた処、水が上流に向かってサカサマに流れた故事から「サカサマ川」と呼んでいると古老から教えられた。

明治の御代になって一六年(一八八三年)四月二〇日夜、とんでもない大事件が勃発した。御手洗の岩場の隙間へ英国汽船カーナボンセーア号が座礁難破したのである。仰天した地元御手洗、広角の人々をはじめ、三輪崎村、新宮町あげての救助活動によって死者が出なかったのは幸いであった。

これら岩場には、雨露を凌げる程の窟《いわや》が三つあって、冬季、移動型ホームレス(昔は乞食《こじき》と云った)が避寒に集まって生活していた。清流があり、煮炊きや暖

御手洗

をとる薪は流木が集められるから、快適な穴場だったろう。

ところが座礁した英国船は、この乞食の焚火を灯台の灯と間違えた、いや御手洗の狐の火に化かされたのだ、といった実《まこと》しやかな話が残っている。しかしこの船には、遥か沖合からでもこれらの灯を識別できる程高倍率の、精巧な望遠鏡を備えていた（この望遠鏡は救助に感謝して新宮町及び三輪崎村へ寄贈され、今は新宮市の文化財になっている）。ここからすると、カーナボンセーア号の遭難の原因は焚火を灯台の灯と誤認であった可能性は低い。私見であるが、春先の季節、その時期特有の本州南岸を駆け抜ける低気圧の大シケに（二、〇〇〇トン近くもあったのではないかといわれる）同号船体が流されたものと考えたい。なお今日でも、台風の大波に砂利が剥がされた時には、同号の船底の鉄板が見えてくることがある。

御手洗に関して、それ以降で大きな出来事といえば、明治末期に建設が始まった新宮鉄道のトンネル工事であったろう。総赤レンガ巻きの立派なものであるが、なぜかこの工事についての話は聞いていない。このトンネルは国鉄になってからも、昭和一四年（一九三九年）頃新トンネルが開通する迄供用されていた。

トンネルの海側には、風化した古い不動明王の石碑が祀られている。新トンネルの着工直前、昭和一〇年頃建立されたものである。海に向かってそそり立つ岩壁の上、一際突き出た岩を地元では「みなげじま」と呼んでいた。戦前迄はトンネル内と共に自殺の名所となっていた。東仙寺先代の和尚は、死者への供養と、これら悲しむべき行為が無くなる事を祈願されて建立したものである。開眼供養の行事の餅まきで、投げた餅が浜の白石とまぎらわしくて困惑した想い出がある。

新トンネルは間もなく昭和一一年から着工された。当時は手掘りで、穴をくり発破を仕掛け、土石はトロッコと云うスタイルで、キツい仕事であったが、現場では韓国人の労働者が多く働いていた。「逆川《さかさまがわ》」の両岸、猫の額の様な場所にギッシリ飯場街が建てられ、多くの家族が生活していた。子供達の中には私等と一緒に千穂小学校に通学する子もいた。

時移り、昔は子供の遊び場であった御手洗は、今、当時の悪童がそのまま高齢化されて、いつもウォーキング、釣り、清掃する人々等で昔以上に賑わいを見せている。

田阪一郎

王子濱

【第四〇景】王子濱

新宮下熊野地の海濱をいふ稲飯命三毛入野命を祀れる王子の祠あり東京府下なる王子神社は元亨二年此の地より勸請なせるものなりといふ又此より東北木ノ本に至る海濱を七里御濱と称す

昔の新宮の大浜（王子濱《おうじがはま》）はどんな浜だったのだろうか。私の知る昭和初めのころの大浜は茫漠たる砂浜を新宮鉄道の汽車がときたまゴトンゴトンと走っていた以外は、昔とそう変わっているとは思わなかった。

私が学んだ新宮第二尋常小学校（現・蓬莱小学校）の北側は新宮鉄道の線路が通り、南側一帯は一望に田畑で、校庭から東仙寺山、坊主山、王子社の杜《もり》などが遠望され、築堤前の市田川が自然の姿で悠然と流れていた。

大浜が大きく変貌したのは戦後、特に南海大震災による復興公営住宅の拠点地になってからである。先ず広大な松原が随分と小さくなった。立派な道路ができ、防潮堤が築かれ、住家が建ち並び、町が出現した。復興住宅が建ちはじめたころの大浜では、三～四統《とう》の地引網が経営されていた。一統で二〇人余の人々が働いていたから、毎日一〇〇人程度の人が働いていたことになる。釣り人や散策する人などを合わせると、浜は相当にぎやかだったことがわかる。戦前から地引網はあったが、この頃の網の曳き手のほとんどは女性であり、それも浜に近い広角区、下《しも》熊野地区の主婦が多かったようだ。ジゲの古老の話によると、「たまに新宮の人（ジゲの高齢者の多くは今も、旧新宮町の町方の人をこう呼ぶ）も曳きにきていた」らしい。夜明けから曳き始め昼頃までに終わり、給料は基本給と漁獲量に応じてもらう魚、つまり現物支給で、アルバイトとして主婦に大変喜ばれたということだ。

また大浜の話で思い出すのは、終戦直後の塩作りのことである。新宮木材労働組合が組合員の生活を守るために塩作りに必要なものを用意し、斡旋をした。当時、食うものもろくになく、生活が逼迫《ひっぱく》していた木材関係の労働者が、釜係りや薪係り、塩水を汲む係りなど三～五人が一組となり、一つの釜で塩を作った。浜には一時は数十組の釜が並び、多くの人々が働いていた。また家に持ち帰って塩炊きをするために、海水を汲んで木桶を担《にな》っていく人も沢山いた。浜では、近くにあった製材の端《はな》材を使ったり、東南海地震や南海大地震で倒壊した家屋の材料をたき物にした。この頃は大浜だけではなく、勝浦でも太地でも阿田和でもこのあたりの海岸ではみんな塩作りをしていた。この仕事は、当時頻発していたストライキにより一時収入がなくなった労働者が、塩作りをして収入を得るということでもあった。その塩は都会へ売りに行ったが、終戦直後ということもあって信じられないくらいよく売れた。

大浜（王子ヶ浜）

昔の大浜は松林が多く、王子神社のあたりは人家もなく寂しいところであったが、空気がきれいで静かだというので裕福な家の別荘が数軒あった。「わしが子供のころ大浜の松原には、大人でも抱えきれん大きな老松がずうと連なっていた。下熊野地から大浜にかけて一面が田畑で、ポツンポツンと農家があって、市田川から南に八軒しかなかった」と下熊野地の古老、河本虎滋《とらじろう》老さんに聞いたことがある。（河本さんは作家・佐藤春夫氏や写真館の久保嘉弘《よしひろ》氏と同級で新宮中学五回生。その子供のころとは明治三〇年代に当たると考えられる。）この田んぼは市田川が氾濫したときの遊水池の役割をしていて、家が水に浸《つ》かるということはなかった。市田川では洗濯したり水浴びしたり蜆《しじみ》をとったり、下熊野地の住民の生活の一日は、市田川で始まり市田川で終わった。下熊野地の農家は新宮まで糞尿の汲み取りに行き、お礼に大根や菜っ葉などの野菜を置いてきたという。

新宮鉄道（新宮〜勝浦間、民営の軽便鉄道）といえば、汽車が大浜にさしかかるまでは子供が飛び乗ったり飛び降りたりできるほどのスピードだったが、王子神社前あたりまでくるとかなりの速度で走り始めた。また木材関係の貨車を熊野地駅で連結して汽車が出発するとき、車輪が空回りをしないように機関士がさっと飛び降りて砂をレールにまき、そのまま動いている機関車にさっと飛び乗るのが格好がよく、よくそれを見に行ったものである。

大浜は古くから知られた場所である。王子神社の前の道はいわゆる熊野古道で、神社そのものも古くは浜王子という名で知られていた。この浜王子が関東の方に勧請《かんじょう》され、飛鳥山の王子神社になった。江戸時代の有名な作品、上田秋成の「蛇性の淫」では、三輪崎に住む主人公が、速玉大社へ勉強に行った帰り蛇の化身である美しい女性に出会う場所がこの大浜に設定されている。最近ではウミガメの産卵地として注目を浴び、その時期になると熊野地の人たちによって卵が保護され、無事孵化されるようになった。

大浜は変わったといえば変わったといえる。しかし熊野地や新宮の町に比べると、昔ながらの風景がまだ多少は残っており、写真の面影をしのばせるに足るところもあるといえる。

山崎正利

新宮町市街　其一

【第四一景】

新宮町市街　其一

古の熊野神邑にして熊野川の南岸にあり
戸数三千餘人口一万五千餘熊野第一の大邑なり

旧新宮町の風景から

私は大正八年（一九一九年）雑賀《さいか》町に生まれ、その年に下本町に移転、昭和二一年（一九四六年）一二月二一日の南海道大震災まで、そこに居た。

私の一番古い記憶にあるのは、かすかな、夢のようなものであるが、今の丹鶴《たんかく》町のところが大きな池だったことである。

新宮市街で、大正後期～昭和初期の頃と現代とで大きく変わったのは、川原町《かわらまち》がなくなったこと、王子町などが出来たことであろう。

雑賀町（現在の美濃屋～丹鶴小学校西門前の道路から一筋西に寄った通り）、新道（現在のニシクボ写真館横を南北に走る通り）、御幸町（現在の松本酒販横を南北に走る通り）のそれぞれから熊野川へ向かうと、その広い河川敷に川原町

千穂ヶ峰遊歩道出入り口から少し登った場所より新宮市街を望む

ができていた。川原町とは、釘を一本も使っていない簡便な家、つまり川原家《かわらや》が建ち並んだ町で、大水の時には家を解体して高い場所に運び、水が引くとまたもとの場所に運んで建てたが、いずれも簡単に、短時間で作業できるところに特色があった。（川原町の人々は、増水時には自ら避難する家「揚《あが》り家《や》」を御幸町、船町を中心に持っていた。）川原町は大正初期が最盛期で二〇〇〜三〇〇戸あったというが、昭和初期には戸数も大分減っていたらしい。筏かんを作る鍛冶屋、川奥の人の泊まる宿屋があり、風呂屋も一軒あった。

下本町から少し川寄りの、もとの八幡山の所（現在の市民会館所在地）に公会堂と忠魂碑があり、さらに川縁《かわべり》の水の手（御殿とも呼んでいた）まで行くと、川丈《かわたけ》から来た木炭の倉庫などがあった。対岸の三重県側との交通は、（上流から）鮒田の渡し、成川の渡し、池田の渡しがあってそれでなされていたが、昭和一〇年（一九三五年）、熊野大橋が開通すると、それらの渡しは池田を除き消滅した。また熊野川では三段の帆かけ舟とプロペラ船が活躍していたが、昭和一〇年代、新宮〜音川間に道路が通じ、バスが走るようになると（本宮、十津川方面への水上輸送の必要が減じ）新宮でのプロペラ船、帆かけ舟は次第に減っていった。

昭和初期、私達が通学する頃は、丹鶴小学校（もとの第一尋常小学校）は仲之町と下本町の間にあり（同校が現在地に移るのは、昭和二一年暮れの南海道大地震で校舎を焼失して以後）、運動場には大きな柳があった。通学区は、三本杉、上本町、中本町、下本町、川原町、船町、雑賀町、分新道《わけしんみち》、松江町、竹屋町、神《じん》武町《むちょう》、水の手、新道、御幸町、店町（尾崎町）、日の出通り、浮島、丹鶴町、登坂で、仲之町と相筋の生徒は堀地小、丹鶴小のいずれに行ってもよかった。

町の南部、いわゆる下《しも》熊野地の一角に、王子町ができ、発展してきた。王子町には、王子神社をはじめ、東仙寺、清水のお大師様があり、とくにお大師様の湧き水は冷たく、おいしかった。今の王子小学校の所は「坊主山」として人々に親しまれる山で、子供たちはこの山を自家製のソリ（キンマ?）で滑り降り、楽しんでいた。下熊野地に町ができたといっても、昭和初期には人家は農家や瓦屋などだけ。あとは田圃が一帯にひろがっていた。

昭和三〇年（一九五五）年ごろ以後もしばらくは、下熊野地、下田、橋本、緑丘、野田、藺ノ沢、虻沢などに水田が広がる緑の多い町であった。しかしそれらは、わずか半世紀もたたないうちに、すっかり様変わりし、かつての面影はなく

新宮町市街　其二

【第四二景】新宮町市街　其二

〔旧新宮町の風景　続き〕

なった。新宮市人口はピーク時に比べて五、〇〇〇人以上も減少しているというのに、なぜ宅地が増え、家ばかりが増えるのだろう。旧・新宮町地域の昔と今の大きな変わり様に、今更ながら驚いている次第である。

中村祐三

旧新宮町と様々な災害

新宮（新宮及び熊野地）は奥熊野の交通・運輸の要衝になっている関係で各地の人々が交流し易く、そこに住まう人々の気分を引き立て、明るくさせる利点を持っている。しかし一方で災害に痛みつけられ易く、住民にとっては意外に危険な面のある町でもあるらしい。

水害、火災、戦災、震災、疫病など、明治以降に起こった大きなものだけ拾ってみたい。

水害で最大なのは明治二二年（一八八九年）八月二〇日のもの。猛雨による山崩れで十津川にできた堰堤に止められ、溜まった水（最深八〇余メートル、周囲

千穂ヶ峰牛の背より熊野川河口を望む

約四二キロに及んだという）が、堰の決壊で流域各地を暴れ回ったものだが、新宮では相筋から別当屋敷あたりで三～四メートル、馬町、谷王子などで二メートルの大洪水で、町全体が浸水、町南側の低地に向かって次第に激流をなしていた。全壊・流失家屋あわせて約六〇〇戸。しかし死者が七名と比較的少なかったのは、三輪崎の人々が広角の山越えに漁船を陸送、鴻田《こうだ》あたりから各町内を漕いで人命救助に当たったためだろうと言われている。

　昭和二八年（一九五三年）七月一八日の大洪水も凄まじかった。本宮町や熊野川町も大被害を受けたが、新宮でも相筋などが相当に痛みつけられたようである。

火災。明治三年（一八七〇年）一一月二九日の大火は、別当屋敷から取出、堀地、下地町など七一七戸を焼いた。全龍寺、遍照院、長徳寺、専光寺なども焼けた。

　別に大きくはなかったが、明治一六年（一八八三年）九月九日夜の火事は、権現川原の花火によるもので、速玉大社社殿などを焼失させた点に特色がある。

　明治二九年（一八九六年）一二月二日夜中から翌朝にかけての火事では、道下町《どうげちょう》、元鍛治町、雑賀町、上・下本町、船町、別当屋敷などで八一〇戸が焼け、当時薬師町にあった東仙寺も焼失したらしい。

戦災。B29などによる空襲の被害は、太平洋戦争末期の昭和二〇年（一九四五年）に集中。一月一九日、広角及び大浜墓地付近の爆撃で一〇余名の死傷者が出ているが、被害が大きかったのは七月一七日夜の焼夷弾、七月二四日午前の爆弾投下によるもの。前者は、池田町、阿須賀町、八咫烏《やたがらす》町などの民家二〇〇戸以上を焼き、阿須賀神社を焼き、一一名を死亡させた。後者は、西阿須賀町、伊佐田町、丹鶴町あたりが被災地で、（今の新宮郵便局付近にあった）旧制新宮高等女学校をはじめ、多くの家々を破壊、五〇名ほどの死者を出している。（近隣では、六月九日、勝浦駅前から築地にかけての爆撃で、四〇名ほどの死者、行方不明者の出ているのが目に付く。）

　昭和二〇年の空襲で、新宮市では死者八一名、負傷者二三九名、全焼、全壊、半壊家屋あわせて約七〇〇戸の被害を出している（昭和五六年・新宮市発行『熊野災害編年誌』）。大火の被害がどちらかといえば新宮の町方に多かったのに比べ、

新宮町市街　其三

【第四三景】

新宮町市街　其三

〔旧新宮町と様々な災害　続き〕

戦災はむしろ熊野地方面で大きかったような感じがする。

この戦災の前後に、新宮に覆い被さったのが二度の大地震被害。昭和一九年（一九四四年）一二月七日午後の東南海大地震（M八・三）では、大体が震度四程度だったのに、元町、馬町、初野地などは局地的に震度六の烈震。死者八名、負傷者三八名、全・半壊家屋は約二一〇戸であったという。

昭和二一年（一九四六年）一二月二一日未明の南海道大地震（M八・一）のとき、もともと地盤の弱い新宮では家の倒壊が多く、全壊六〇〇戸、半壊一四〇〇戸に及び、死者も五八名に達した。しかも元町付近から出た火が一八時間に亙って燃えつづけ、馬町、大橋通り、堀端《ほりばた》、谷王子、仲之町、下本町（今のNTT裏手にあった丹鶴小学校も講堂を残して焼失）、川原町、雑賀町、船町、上本町、元鍛治町、薬師町、道下町、別当屋敷、大王地など、新宮の中心街を焼き尽くした。戦争の悪夢からようやく醒め、復興の曙光が見え始めたこの時期の突発的な出来事に、再び暗澹たる気持ちに陥った人々も一時は相当に多かったに違いない。

最後に、疫病によるものも纏《まと》めておきたい。明治一五年（一八八二年）、新宮

千穂ヶ峰牛の背より紀宝町成川を望む

に発生したコレラは周辺町村にも広がり、五二名の死者を出したらしい。明治三五年（一九〇二年）、全国的に大流行したペストは、和歌山県でも有田を中心に蔓延《まんえん》、同年だけで一三〇余名の死者を出しているが、幸い当地域は災厄から免れた（当局は予防に懸命で、鼠の屍《しかばね》の買い上げなどにかなり力を入れた）。明治四一年（一九〇八年）には、旧制新宮中学グラウンドにあった神風寮を中心に脚気が流行。寮生の約半数、五〇名が罹《かか》り、脚気の病因がまだ判然としていない時代だけに寮では対応に苦慮したが、結局米飯を麦飯に変えて危機を乗り切った。また大正八年（一九一九年）、新宮に天然痘がはやり、一一名が罹患したというが、詳細はわからない。

疫病で大きかったのは大正七年（一九一八年）から翌年にかけ世界中に広がった「スペイン風邪」と呼ばれるインフルエンザ。日本では約四〇万人が死んだと言われるが、新宮でも大流行し、結局七〇～一〇〇名の犠牲者が出たのではないかと見られている。

一見、明るく平和で、楽しい町に見える新宮であるが、よく見れば様々な災害に巻き込まれ、苦しみながらその都度何とか立て直しを図ってやってきたことが判るような気がする。私たちはそうした先人たちの苦労と努力に思いを致すとともに、今後どんな災害に見舞われようとも、自分を護り、家族を護り、町を護るために先人たちと同様の努力を払う気持ちを持ち続けたいものだと思う。

山本国男

熊野速玉神社表門

【第四四景】熊野速玉神社表門

境内に梛の大樹あり

玉葉集　権大僧都清壽

君が代を神をさこそのみくまの、
梛の青葉の常磐堅磐に

下馬橋を渡り、朱色の鮮やかな大鳥居をくぐって参道を西に進めば、五〇メートルほどで北に向きを変える。このあたりが百景写真の撮影ポイントであろう。左に天然記念物の「梛《なぎ》の大樹」を見ながらさらに五〇メートルほど歩けば、南神門《しんもん》（百景の旧写真にいう「表門」）に至る。

平重盛公のお手植えといわれ、幹周り五メートル、高さ一八メートルに達する樹齢八五〇年の「梛の大樹」は一〇〇年の時の差を感じさせない。その葉は、なぎは《凪》に通じるとして「海上安全」のお守りに、また葉脈が強く《裂けることがない》ので「夫婦円満」のお守りにされてきた。

正面に見える神門は昭和三二年（一九五七年）に建て替えられ、茅葺《かやぶ》き屋根が銅版屋根に、白木の柱は丹塗《にぬ》りに変わった。左狛犬《こまいぬ》後ろ横手の社務所は、平成六年（一九九四年）に建て替えられ、大禮殿《たいれいでん》と名を変えた。

旧写真には神門右方に白い神馬《しんめ》が見える。一〇月例大祭では、阿須賀神社への神馬渡御の主役をつとめ、さらに神輿《みこし》渡御の際には、編み笠をかむり金襴の狩衣の、萱穂《かやほ》・烏牛王《ごおう》符《ふ》を背にさした「一つ物」といわれる人形を乗せ、手綱に曳かれてゆっくりと歩む。その神馬の姿はもう見られない。狛犬の後ろに見える厩舎は、《現代の馬》とも言うべき自動車のお祓い所に変貌した。

写真に写っていないが、右方、すなわち境内の右手は、一〇〇年の変化が極めて大きい。

神馬が草を食んだ広い芝生には、社殿の改築にあわせ、「神宝館」が建てられた。神宝館には、その昔、熊野詣の上皇や公卿などが寄進した国宝約千点が収め

熊野速玉大社神門

られている。徳川吉宗寄進の太刀をはじめ、縄文遺跡の出土品、国宝の数々が常時拝観できる。

神宝館裏手の社叢あとには、平成元年（一九八九年）、「佐藤春夫記念館」が建てられた。この瀟洒な建物は、新宮が生んだ叙情詩人、作家で、「空青し、山青し、海青し」と熊野を称えた佐藤春夫が、自らも設計に関わり昭和二年（一九二七年）に東京文京区関口町に建築した自邸だが、新宮市が佐藤家から譲り受けて移築、文学館としたものである。

神門から東門へ続く塀と神宝館に囲まれた空間は、今はコンクリートの駐車場。巨杉が切られ土が覆われるのは時代の流れで致し方ない。佐藤春夫記念館前を出て東に向かう町並みは船町である。二丁目には明治四三年（一九一〇年）の大逆事件の犠牲者ドクトル大石誠之助宅跡、三丁目には佐藤春夫生誕の家跡がある。

東門の横には、熊野川河原に下りる幅一〇間ほどの鎌倉式石積みの石段があった。楠の大樹に覆われ、川風の通る石段は、夏は天然のクーラーとなり、子守り女や老人たちのこよない涼み場所であった。いまは熊野川の出水対策の堤防が作られ、石段は埋め立てられてしまった。

駐車場になっている広場と石段のあたりは、戦前、船町一、二丁目の悪童どもの遊びの場だった。鬼ごっこで木立の間を走り回ったり、社殿裏の昼尚暗い神域の森を探検したり、時には神馬の尻毛を抜く悪さもした。

一〇の世紀を見た梛の大樹、熊野の浦の氏子が願いを込めて寄進した狛犬たちは、激動の二〇世紀を、参道を通りすぎていった多数の名もなき庶民の願いをどう感じとったのだろうか。

中川治平

縣社熊野速玉神社

【第四五景】

縣社　熊野速玉神社

新宮町にあり熊野三山の一にして
古来著名の大社なるも
今は舊時の俤を存するのみ
祀神　速玉大神
創建　景行天皇五十八年

百景写真には、標記のタイトルに続いて、「新宮町にあり熊野三山の一にして古来著名の大社なるも今は旧時の俤《おもかげ》を存するのみ」といささか寂しい但し書きがある。「県社」（縣社）は後に「官幣大社」となり、昭和二一年（一九四六年）の制度改革で宗教法人「熊野速玉大社」に変わった。近年、中世から連綿と続く熊野信仰の聖地としてスポットが当てられ、全国三、〇〇〇社を越える熊野神社の総本家として、各地からの参拝者が絶えることはない。

旧写真の撮影ポイントは、神門を入って左に折れ、玉砂利が敷き詰められた境内の隅のところらしい。明治一六年（一八八三年）、新宮川原花火の火玉が流れて起きた火災で社殿が炎上したが、明治二七年（一八九四年）に神明《しんめい》造りで再建された社殿が写されている。

昭和三二年（一九五七年）に改築が行われ、主神速玉神および夫須美《ふすみ》神を祭る社殿は切妻正面に庇《ひさし》をつけた熊野造りが復活された。証誠殿《まことのみや》、若宮《わかみや》、神倉宮の社殿は神明造りの前社殿を改築したもの。その東には流《ながれ》造りの中四社、下四社の社殿が続く。

旧社殿は今の本宮大社と同じような白木造りで神々しさを感じさせたが、鮮やかな朱色の社殿は、秘境熊野の青い空、神域の楠と杉、権現山の深い緑に映えて明るく、こよなく美しい。

写真に写っていないが、左手は白塗り壁の宝物蔵が建ち、境内の西には足利義満が寄進した国宝の神輿《みこし》を収めた蔵があった。この神輿は祭りに担がれてきたが、

熊野速玉大社

今は大事に保存され、模造の神輿が使われている。

神門右手には、市指定の天然記念物「おがたま」の老大木が立つ。木陰には、その昔の合戦でつわものどもが炊飯に使ったという錆びついた大釜が置かれていた。

浴衣姿の善男善女で賑わう七月一四日夜の扇立祭《おうぎたてまつり》には、それぞれの社殿に大桧《おおひ》扇《おうぎ》が飾られる。大桧扇は国宝なので、飾られるのは模造の扇であるが、ほの暗い明かりに浮かび上がる極彩色の絵柄に中世宮廷の優雅さがしのばれる。お小遣いを小さな手に握りしめ、参道に軒を連ねる夜店に集う幼子の姿は昔も今も変わらない。

速玉大社のハイライトは一〇月一六日の御船祭。碧い眼も交えた氏子に担がれて神輿は市中を練り歩き、熊野川の川原に到着する。神輿から神霊を移した神幸船《みゆきぶね》（重文）は、河口鵜殿の村人が奉仕する諸手船《もろたぶね》に曳かれ、熊野川を溯《さかのぼ》り、御船島を三周する。諸手船には女装した男性が舷《ふなばた》にたち、「ハリハリセー」と唱えながら櫂《かい》を回す。

神幸船の出発に先立ち、九つの地区による勇壮な早船競漕が行われる。九人の漕ぎ手と舵取り神主が乗った早船は、二、〇〇〇メートルほど川を溯り、御船島を三周し、乙基《おとも》川原までの早さを競う。仕事が終わってから毎夜練習を重ねてきた若者たちは、大きな声援を背に、地区の名誉をかけ死力を尽くして船を漕ぐ。御船島の三周は舵取りの腕の見せどころ。船同士が接触して動けなくなり、後からきた船に抜かれて逆転に泣くのは毎年のことである。

乙基の御旅所に渡御した神は「杉のお仮宮」に奉安され、赤々と燃えさかる松明のもと、厳かな古儀がとり行われる。その後神霊は夜闇のなかを本殿に戻り、祭りは終わる。

中川駿平

神倉山

【第四六景】

神倉山

新宮町の西隅にあり日本書紀越狭野到熊野神邑且登天磐盾とあるは此處にして高倉下命師靈の神劔を授かりし古蹟也

神倉山《かみくらさん》と神倉神社は、最近の熊野古道ブームやお燈祭りのテレビ放映でかなり有名になった。この二枚の写真を見較べると、二つの大きな変化に気付く。一〇〇年前の写真では山麓に家は一軒も無いが現在は人家が密集している。この変わりようには思わず「ウーム」と唸ってしまう。しかしこれは人間の為すところで不思議ではない。

解らないのは「天磐盾《あまのいわたて》」と称される大岩壁である。昔の写真ではあまり木は生えていないが、現在は樹木が繁茂している。僅かな窪みにたまった土に木が生え次第に大きくなったのだが、限りある土壌ではいつまで生長できるのか？　いつかは崩落して又昔の岩壁に戻るのだろうか？

しかし、下には人家が密集している。杞人《きじん》の憂いであればよいのだが……。

この山は私が子供のころは恰好の遊び場であった。山麓で育った私には、この山と桧杖《ひづえ》の川（熊野川が神倉山の背後に突き当たって直角に曲がったところ）は山と川にふれる貴重なところだった。

国民学校五年のとき、担任の猪野美代蔵先生（後の新宮市教育長）から「明治のはじめまで山頂にお堂があった。大きなものでゴトビキ岩を包み込むほどだった」と聞いた。熊野修験《しゅげん》「神倉聖《かんのくらひじり》」の拠点だったと思われる。

熊野の神は中国から渡来し、九州英彦山《ひこさん》、四国石鎚山、淡路遊鶴羽峰《ゆづるはのみね》、紀州切部山、そして神倉山に至りここから速玉大社に鎮座された……という説が中世には生まれていた。（長寛勘文―『熊野権現御垂迹《すいじゃく》縁起』）

明治三年（一八七〇年）、お堂は老朽崩壊し、明治五年の修験道禁止令により再建されなかったのであろう。

神倉山

翌年六年生のとき、クス鉄砲（若い人は知らないかも？　楠の実を弾丸にした子供の玩具、今でいうならエアーガン）の竹を伐りにゴトビキ岩の下、南東の方を捜した。当時この山は、カンリン（官林―国有林）と言われ、枝一本採ることも許されなかった時代である。

首尾よく良い竹を伐ったが、その時神社の柵の下に石を大きく積み上げた跡が二～三ヶ処あった。「アッ、先生の言われた事は本当だった」と実感した。

平成七～八年ごろ、前千雄さん、山本殖生さんらがこの付近を調査発掘された。

私は今も天気の良い日はよく神倉山に登るが、信仰のため、健康管理のため毎日登っている人は実に多い。最近は観光客も増えたと思う。

源頼朝が寄進したと伝えられる和歌山県文化財の石段は実に素晴らしい。自然石をそのまま使い、千姿万態ひとつとして同じ形の石は無い。全国の神社仏閣には立派な、或いは有名な石段が幾つもある。しかしその多くは石を加工しキチンと積み上げた味気ないもので、石段としての魅力は無い。神倉山の石段は、登り始めは圧倒的に急峻、中ノ地蔵から次第に平坦になり石畳で終わる。

変化に富み何より自然石であることが嬉しい。愛着のある石には、「おはよう」とか「おーい来たよ」と心のなかで挨拶して登るのである。

「たかが石段、されど石段」である。初めての人には驚きと感動を与え、毎日登る人には次第に強い愛着を覚えさせる。こんな石段は全国にもあまり無かろう。

地元の私達はこの石段を珍重し大切にしたいと思う。

だが中地蔵の手前五メートルほどは補修の跡が無惨である。石の質も違うし、人工で三角や四角に割られた小さな石がかなり使われている。

そこまでの石段があまりに素晴らしいだけに「これはマズイな」と落胆する。

山中には同質の石がまだまだある。

何とか自然石で改修できないものだろうかと何時も思うのである。

又、ぐらついて来た石を固定するのも真っ白なセメントを詰めるのでは無く、素人考えだが渋土と石灰などを使って文化財の雰囲気を保って欲しいと思う。

しかし、現在もこの山は子供たちの遊び場である。頂上の境内や三宝荒神社《さんぽうこうじん》の上流のあたりは子供の喚声がこだましているのは嬉しい事である。この山がいつまでも市民に愛され、親しまれる山であって欲しいと思う。

植松豊久

千穂峯

【第四七景】

千穂峯

一に稚子（チゴ）ノ峯ともいひ新宮市街
西にありて南神倉山に連れり

執筆にあたり、熊自連（熊野自然保護連絡協議会）発行の『すばらしい熊野の自然』と、新宮山の会発行の『南紀の山と谷』を参考にさせていただいた。

＊　＊

新宮市街地の西側にちょうど衝立《ついたて》でもたてたように聳《そび》え、新宮の町に暮らす人が毎日見上げる身近な山が千穂ヶ峯である。権現山《ごんげんさん》あるいは神倉山《かみくらさん》とも呼ばれ、この山の中腹にある神倉神社で二月六日に行われる火祭り「お灯祭」（お燈祭）は新宮の人々の自慢の一つである。

南北方向に長く、東西方向には細い地形のため、見る方向によってずいぶん違う格好に見える山である。東側の市街地に面した側も結構急傾斜だが、西側は更に急で頂上稜線から急崖が一気に熊野川へと下っている。お城山から見る新宮の町の背後にどっしり横たわる姿も良いし、桧杖《ひづえ》から川越しに見上げる壁のような姿や鮒田方面から見た左右非対称で薄っぺらい山容もおもしろい。私の最近のお気に入りは松山の高台から見る、速玉神社に向かって緩やかに裾《すそ》を引いた優美な姿だ。

熊野の山並みを貫いて流れてきた熊野川はその出口近くのこの場所で、小さなこの山にぶつかり、北へ東へとめまぐるしく方向を変え太平洋に注ぐ。北桧杖から千穂ヶ峯を見ると、その山裾を熊野川が洗うあたりに熊野酸性火成岩の柱状節理が独特の景観をつくっている。この山の基盤をなす岩石はこの火成岩で、神倉山のゴトビキ岩や黒岩、牛の背中として緑の山のアクセントとなっている。

比較的傾斜の緩い東側は、スギ、ヒノキの植林が多いが、一部分には雑木林が残っている。西側の急斜面は手つかずの照葉樹林となっている。

千穂ヶ峰

話はきわめて私事になるが、我が母校の千穂小学校はもちろん、緑丘中学校の校歌の一節にもこの山の名前は登場する。そしてこの山の間近で育った私と近所の友人達はこの山を遊び場としていた。宗応寺《そうおうじ》横の竹林の際《きわ》に落ちる沢筋とその北側の尾根、牛の背中あたりまでがホームグラウンドだ。このせまい森が自然教室であり、工作教室、フィールドアスレチックだった。秘密基地をつくり藪をかき分け、岩場を這い上がる。時にはトムソーヤだったり、時にはターザンになっていた。

そんなある日、「頂上へ行こう」と友人が言い出し牛の背中より上を目指すことになった。シダのかぶさる細く薄暗い径《みち》をジグザグと登っていくと、やがて少し明るくなり涼しい風が吹き上げる場所に出た。頂上稜線だ。そしてその向こうを見ると、今まで見下ろしていた新宮の市街地とはまるで違う風景が見えた。真下を流れる熊野川とその向こうの熊野の山並みは小学生の私にとってはとても雄大なものに思えた。頬をなでる風の感触とともに、今までとは違う向こう側の世界が見えるという楽しい感覚が、その瞬間体の中にインプットされてしまった。

それから一〇年後位であろうか、私は南アルプスの夜叉神《やしゃじん》峠への径を登っていた。森の中の径をあえぎながら登っていくと、突然頭上に空が広がり、雪を頂いた白根三山の雄大な景色が正面から眼に飛び込んできた。そしてあのときの感覚がよみがえった。

「これや、いっしょや」

そのころから、ずっと今も登山を趣味としているが、あのときのあの感覚が忘れられなくて続けているようにも思える。

現在の千穂ヶ峯は山径も整備され、展望休憩所も出来、市民のレクリエーションの場になっている。市街地の騒音も聞こえはするが、山好きの私にとっては山の雰囲気を味わいにちょこっと寄れる素敵な場所であり続けている。

小林眞人

渡御前神社

【第四八景】渡御前神社

千穂峯の山麓にあり
神武天皇頓宮の御跡なりと傳ふ

渡御前《わたりごぜん》神社は、熊野速玉大社の末社で、新宮市御渡町六一九番地に鎮座する。新宮市の市街地の西、千穂ヶ峯の山麓にあり、お燈祭で名高い神倉神社から熊野速玉大社の方に向かって山沿いに、妙心寺（天台宗尼寺で新宮四箇寺の一つ）、宗應寺《そうおうじ》（禅宗寺院で慶長年間にこの地に移すという。古くは新宮権現の神宮寺）、射場《いば》（字地名。紀州藩の弓の練習場だったと言われる）を辿り、清涼寺（禅宗寺院）に至れば、その北側に渡御前神社（「神武《じんむ》さん」とも呼び習わされている）がある。その側には「龍鼓瀧《りゅうこのたき》」（『紀伊続風土記』では「龍子瀧」となっている）があって、その川が曾《かつ》ては東に走っていた。

緑したたる千穂ヶ峯から流れ落ちる高さ約五〇メートルの龍鼓瀧、特に雨後の瀧は見事であり、その名に相応しい。しかし晴天続きの時は細い、静かな瀧に形を変えるので、地元の人はこれを「幻の瀧」とも称している。

千穂ヶ峯の名は佐藤春夫先生によれば、古くは山の姿があたかも稚児が横になっている姿に似ているので「稚児《ちご》ヶ峯」と言っていたのが、いつしか「千穂ヶ峯」となったそうである。（また、寛永八～一六年〈一六三〇年代〉の古地図には「千尾《ちお》ヶ峯」と記載されている。）

渡御前神社は、神武天皇が大和へ御東征の際の頓宮《とんぐう》（かりみや）跡と伝えられ、当時、皇軍が巨熊《きょゆう》（土地の豪族）との戦いに大いに悩まされた時に、夢の御告げで高倉下命《たかくらじのみこと》が松明を掲げて神倉山に登り、神剣を授かって神武天皇の軍を助けられた故事により、毎年二月六日に行われる神倉神社のお燈祭に縁《ゆかり》のある神社である。

明治になって神社合祀令で一町村一社を基準に全国の数多くの神社が整理統合された時、渡御前神社もその対象となり、明治四〇年（一九〇七年）七月、新宮

渡御前神社

神社に合祀され、社殿は無くなって境内の跡地だけになっていた。
その後、昭和四六年（一九七一年）五月二日、有志によって（実に七十有余年振りに）社殿が再建され、御神木が寄進された。

◇主祭神　神武天皇
◇例祭日　二月一一日（旧紀元節）及び
　　　　　四月三日（旧神武天皇祭）

社前に住む江原策朗さん（新宮中学三五回卒）が母御さんから聞いた話では、戦前は（社殿は無くとも）祭日には参詣人も大勢で、太鼓を叩いたり餅投げをしたりして大層賑わったそうである。

永広柴雪さんの『新宮あれこれ』にも、明治時代、紀元節や神武天皇祭の時には、東牟婁郡の郡吏一同礼服を着用して参拝されたそうで、当日は奉納の獅子舞が出たり、投げ餅や花相撲などの催しがあり、露店も出てなかなかの賑わいだった、とある。

今、神社に詣でて、蝉時雨のなか往時を偲べば、境内も狭くなり、昔の賑わいは夢のようで誠に寂しい思いがする。

傍らの龍鼓瀧が、真上から今昔の盛衰を見守っていたのではないかと思われる。

庄司雄行

阿須賀神社

【第四九景】

阿須賀神社

新宮上熊野地にある舊祠にして熊野三所大神を祀る東京府下なる飛鳥山の社は元亨二年此の社より勧請なせるものなり

古くから飛鳥《あすか》社ともいい、熊野速玉大社の摂社とされてきた。度々の火災で旧記文書類は焼失し、創立の沿革を知ることはできない。熊野年代記には、第五代・孝昭《こうしょう》天皇の御代《みよ》に鎮座とある。長寛勘文がひく熊野権現御垂迹《すいじゃく》縁起によると、熊野権現は「神蔵峯《かんのくらのみね》に降り給ひ、次に新宮の東の阿須賀の社の北、石渕《やぶち》の谷に勧請《かんじょう》静め奉る。始め結玉《ふすみたま》・家津美御子《けつみみこ》と申す二宇の社也」とあり、熊野社記にも「熊野大神初め神蔵峯に降り給ひ、次に熊野村阿須賀森に移られしが、家津御子大神《けつみこのおおかみ》には亦岩渕貴祢谷《きねや》に遷《うつ》られ、諸大神と速玉大神とはそのまま阿須賀森に留まられ相殿に座しまし、結早玉《ふすみはやたま》・家津御子と申す二宇の社にておわせしに、崇神《すじん》天皇の御宇《ぎょう》家津御子神には更に音無の里に遷らせらる」との古伝を載せている。これらをそのまま史実とは考え難いが、熊野の地は記紀の編纂された奈良時代に既に神々の隠れる邑《むら》との伝承もあり、阿須賀神社の歴史は熊野三山のうちにあって展開されてきた。

平安中期から鎌倉時代にかけての、上皇・貴族による熊野詣はよく知られている。中右記《ちゅうゆうき》、天仁《てんにん》二年（一一〇九年）の条に、「寅刻出宿所参阿須賀王子奉弊云々」（寅刻《とらのとき》宿所ヲ出デテ阿須賀王子ニ参リ奉弊《ほうへい》ス云々）と阿須賀神社の名が見える。また、平家物語巻第十熊野参詣の事にも、三位入道維盛《これもり》が「明けぬれば本宮より舟に乗り新宮へぞ参られける。……明日《あすか》の社伏し拝み、佐野の松原さし過ぎて那智の御山に参り給ふ」とあり、入水の前、那智参詣の途次阿須賀神社に詣でていることがうかがえる。

元亨《げんこう》元年（一三二一年）社殿の造営があり、神宝、神服の奉進にあずかり、神服として束帯一具を献ぜられている。明徳元年（一三九〇年）には足利義満より

阿須賀神社

新宮十二所権現とともに神宝類を調進されており、かつて社運の隆盛であったことがうかがえる。

祭神は事解男命《ことさかのすのみこと》・家津美御子大神・夫須美大神・速玉大神で、他数柱の神々も祀られている。各地に末社もみられ、元亨二年（一三二二年）には東京北区飛鳥山にも勧請されている。

『熊野百景写真帖』の社殿は、昭和二〇年（一九四五年）七月一七日午前二時、米空軍の焼夷弾の攻撃を受け、付近の民家およそ二〇〇戸とともに焼失した。しかし、神宝類は幸いにして、速玉大社で保管していたため戦禍を免れることができた。

戦後の極端な物資不足の中で、人々の心のよりどころ、信仰の対象としての社殿の復興が急務となった。しかし、先立つ資金に窮した当時の宮司・宮総代は意を決し、阿須賀神社の神宝類を売却し、社殿再建の資金とすることに踏み切った。昭和二六年（一九五一年）六月二七日、宮司や宮総代らは東京国立博物館毛利技官立ち会いのもと、売却される神宝類の荷づくりを行った。それらの神宝類については、京都国立博物館蔵国宝阿須賀神社伝来古神宝に詳しい。

昭和二七年（一九五二年）三月一日、旧に倍する立派な本殿および拝殿が再建され、その後も鳥居や参道など整備が進んでいる。背後には徐福伝承ゆかりの蓬莱山が控え、その麓からは平安末期から室町時代に至る御正体約二〇〇点が出土し、境内からは弥生・古墳時代の竪穴住居趾や土器類など多数が発掘されている。

例祭や毎月一日・一五日の月参りの日以外は静かな公園のように、幼児の子守りをする女性や老人、時折訪れる子供達の憩いの場でもある阿須賀神社は、きわめて古い歴史を有し、その信仰は熊野権現の隆替とともに推移した由緒ある神社である。

奥村隼郎

新宮城址月夜の景

【第五〇景】

新宮城址月夜の景

新宮城は慶長五年浅野忠吉工を起し寛文七年
水野家三世の重上（シゲタカ）の時に及び成を告げ
世々水野家の居城たりしが今は只だ塁壁を存するのみ
源為義の女丹鶴姫結菴の地なるを以て又丹鶴城と呼べり

現在の熊野大橋下手の河原から、新宮城址と河口方面を活写した月夜の光景。

新宮城は、慶長六年（一六〇一年）、浅野忠吉によって築城が開始された。関ヶ原合戦の翌年である。紀州藩主は浅野幸長で、三七万石を領し、支藩的存在として、田辺に浅野氏定、新宮に浅野忠吉を配置した。忠吉はただちに築城にとりかかったようである。慶長一九年（一六一四年）、北山方面の約三、〇〇〇人が、一揆をおこし、新宮に進攻した。この時、天守に大筒を配置したとあるから、すでに天守閣を構えた近世城郭が完成していたことがわかる。元和元年（一六一五年）の一国一城令で廃城を命じられたが、紀伊半島の南の要の城として再び築城を許され、元和四年（一六一八年）、再建に着手したという。しかし、翌元和五年、忠吉は安芸三原に転封となった。

元和五年（一六一九年）、忠吉に替って入城したのが、紀州御三家徳川頼宣の付家老・水野重仲である。水野氏の時代には、さらに新宮城の整備が進んだ。二代重良の代、寛永五年（一六二八年）には南山麓に水堀が造られ、寛永一〇年（一六三三年）には一応の完成をみている。以降、地震などによる被害をうけながら、修理・改修を重ね、明治初年の廃城に至るまで、水野氏三万五千石の新宮領統治のシンボルとして君臨してきた。

ところが平成六年（一九九四年）、熊野川に面した水ノ手郭を発掘したところ、一〇数棟の炭納屋跡が出土したのである。新宮城内に炭をストックし、江戸などに船で出荷する交易エリアが存在した。水野の殿様が「炭屋」とよばれた所以である。

新宮市民会館裏から新宮城址を望む

この写真をよく見ると、月夜ながら、本丸・出丸下の小湾、いわゆる水ノ手に、機帆船数艘が繋留されているのがわかる。ここに今も、「船繋ぎ石」が遺っており、当時の船溜りの様相が、この写真で確認できる。炭を運ぶ廻船も、ここに多く停泊していたのであろう。右手陸上部には石積上に造られた建物が二棟見える。ここは、発掘された炭納屋遺構の最上流部エリアにあたる。建物は船着場と関係するものかどうか不明ながら、江戸時代の水ノ手郭の様子を彷彿とさせる。近年まで、ここには民家や製材所が建っていたという。

新宮城跡の山頂部、本丸も鮮明ではないが、この時期、本丸郭に目立つ樹木が生えていないことがわかる。本来城郭の平坦部には、斜面とちがい、樹木はなかった。桜の名所になるのはいつごろからであろうか。山頂左手の出丸もよくわからないが、川に向かう急な斜面には樹木が茂り、今より稜線が大きく写る。戦後、このあたりの岩山から、多くの石材が切り出された。昔の城山地形が知られる。

手前の河原には川舟数艘が陸上げされ、月夜の景を楽しむためであろうか、テント張りの灯籠舟が多くの人々を乗せて浮かんでいる。新宮城跡の下流には、池田港に停泊する多数の機航船や蓬莱山、河口付近も望める。鉄橋もまだ架けられていないこの周辺は、月夜の風情を求める粋な文化人たちの最高の船上サロンとなったことであろう。暗夜の烏ならぬ、月夜の《烏合の衆》は、こうして熊野・新宮文化を醸成してきたのかも知れない。

山本殖生

丹鶴山下の景

【第五一景】

丹鶴山下の景

旧新宮藩丸の内の一部にして
昔鶴原（タツカハラ）と呼びしところなり

百景・写真の建物は、右から新宮町役場、佐藤春夫の父豊太郎が経営した熊野病院（春夫はここから新宮中学校へ通った）、さらに天理教会堂が見える。後ろの山は、八幡《はちまん》山と呼ばれ、佐藤春夫の小説『わんぱく時代』の舞台である。写真からは熊野川は見えないが、熊野川の向こうは三重県で、対岸の成川《なるかわ》の山ぞいの住居が望める。

天理教南海教会が、この下本町《しもほんまち》の旧藩主屋敷跡に教会堂を建立するのは、明治二四年（一八九一年）一二月。三年後の二七年四月焼失するものの、翌二八年（一八九五年）再建がなっている。熊野病院は、明治二七年（一八九四年）九月開院。新宮町役場が外濠北側のこの場所に竣工するのは、同三一年（一八九八年）六月のことであるから、この写真はそれ以後の撮影ということになる。

大正五年（一九一六年）四月、八幡山の一角に西村伊作設計の新宮公会堂が建てられ、九年五月ここで催された尾崎行雄の演説会は、空前絶後の大盛況であったという。

大正八年（一九一九年）四月新宮警察署庁舎が、お濠前に移転しているが、百景写真の頃は、お下屋敷《しもやしき》と呼ばれた下級武士の屋敷跡が残されていた。佐藤春夫の少年時代、自宅の熊野病院から、いまでは横断歩道を渡って筋向かいのお下屋敷まで、お濠が横たわっていて、迂回しなければならなかった。お下屋敷には、春夫の初恋の人「つぶら瞳」の少女の姉家族が住んでいた。

お濠が埋め立てられ、新宮～熊野地間に幹線道路が出現するのは、大正一一年（一九二二年）一一月のことである。同八年（一九一九年）五月丹鶴《たんかく》城と通称された新宮城の外濠の埋め立てが、新宮町議会で可決されて、三年後のことであった。土地貸し付けが町内各地の地価の高騰を招いた様子が、新宮中学教諭・小野

明神山から市民会館方面を望む

芳彦の日記から窺《うかが》える。

〔一月二三日〕新宮町において城濠を埋め立てしより以来、町内各処の街区改正といふ様なる議よりより聞こえ来るなり。横町北端曲り角、もと中口薬店宅地建物は、今回坪四百円にて西村伊作氏より浦木氏に譲り渡されしといふは近頃の最高記録なるべく、今春より新に出来た龍鼓橋《りゅうこばし》畔溝渠の上に営める堀端《ほりばた》バラック出店も上上景気にて月十円より十八円位の家賃を払ひ居る由なり。

〔二月一〇日〕城濠埋立貸付入札は本日公会堂、町役場に於て行はれたるが、素晴らしき景気にて五十区に分て貸付け借地割増金実に一万八千二百四十七円六十四銭に達したりと。

大正一一年（一九二二年）は新宮町が大きく変貌したときであった。翌年、新宮町役場は、二階建ての新庁舎を完成させた。

新宮駅からの幹線道路を中心に、やがて丹鶴町として繁栄していった。

辻本雄一

徐福の墓

【第五二景】徐福の墓

新宮町上熊野地にあり石は徳川頼宣朝臣の建つるところなり

徐福は中国・秦《しん》代の人で、今から約二、二〇〇年前の紀元前二一九年、始皇帝の命を受けて不老不死の仙薬を求め、少年少女三、〇〇〇人を連れて中国を出航、我が国に渡来したとされる人物である。その徐福の墓は、初代紀州藩主の徳川頼宣《よりのぶ》候が建設を計画されたといわれているが、現在地に建てられたのは、紀伊風土記によると凡そ百年後の元文元年（一七三六年）のことで、「秦徐福の石塔楠藪に立つ」とある。

その後のいくつかの紀行文にも、飛鳥社の西南五丁（約五五〇メートル）の楠藪に徐福の墓ありと記している。

百景の写真は明治三三年（一九〇〇年）撮影の由であるが、江戸時代と余り変わりなく、周囲は民家も少なく田園に囲まれていて、蓬莱山も見えている。

古老の話によれば、明治二七～二八年（一八九四～九五年）頃は附近は田圃《たんぼ》であったと。

大正時代に入ると民家も増え、道路も開通して、附近にあった七塚（徐福の重臣七人の墓）もだんだん取り壊されていったが、大正四年（一九一五年）一一月、保存会や青年会の協力によって一括して徐福の墓所に「七塚之碑」として祀られることになった。

大正一二年（一九二三年）には中国風の円型の楼門や土塀が建設されたが、昭和二一年（一九四六年）一二月の南海道大地震で倒壊し、そのままになっていた。

敷地も古くは現在の石垣内の広さであったが、大正の末期頃、新宮保勝会の御盡力と尾崎・脇村両氏の御厚志によって拡張され、戦後更に市が隣接地を買収して、現在約六〇〇坪（約二、〇〇〇平方メートル）の広さがある。

平成二年（一九九〇年）財団法人徐福協会が設立され、徐福の墓地全体の修復

徐福の墓内部

を計画、同六年（一九九四年）それが完成して、徐福公園と命名された。新しい写真には、その徐福公園の様子が写されている。

園内には、秦徐福之墓、七塚の碑、徐福顕彰碑、（室町時代初期の臨済宗の僧）絶海と明の太祖（洪武帝）との問答詩碑等が建てられているが、公園の完成後更に平成九年（一九九七年）三月には、徐福石像や不老の池なども新造され、中国山東省竜口《ロンコウ》市からの寄贈による徐福伝承碑も建って、一段と整備され、参拝者も年々増加している。

観光客は近隣の方々許りでなく、北は北海道から南は九州まで全国各地から来られ、海外では台湾から年間一万人以上の来訪があり、中国本土や香港からの参拝者も増え、交流が一層盛んになってきている。

公園と同時に建設された礼品殿（売店）には、天台烏薬の製品である徐福茶、徐福ロマン（食前酒）、天台烏薬長命湯の素等や中国製の土産物が陳列され、旅行者の関心を誘っている。

奥野利雄

新宮貯木場

【第五三景】
新宮貯木場

熊野地にあり明治二十四年の春新宮木材業者の共同經營せるところなり

筏師によって川を流れ下り、新宮の対岸・成川で売買された素材（丸太）は、不時の出水による流失を防ぐためにまず河口の水面貯木場に容れられる。丸太はやがて板張りでつるつるの斜面（捲き上げ場）をチェーン懸けして周辺製材所に引き揚げられ、角材や板材に加工されて国鉄引込線の貨車に積み込まれ、熊野地駅、新宮駅をへて全国各地に輸送される。また一部は荷車で熊野川の池田港に運ばれ、機帆船に積まれて送り出される。貯木場と熊野地駅との間に鉄筋コンクリートの大きな火力発電所（新宮電力会社。大正九〈一九一〇〉年創業。トロッコなどで周りの製材所から運んだおが屑を使いスウェーデン製タービンを廻し自家発電、その電力を各製材所に供給していた）があり、毎日正午にサイレンを鳴らす。すると朝七時から続いていた製材機の騒音が一斉に止んでシーンとなり、薪を担いだ大勢の職工たちが晴れ晴れした表情で線路わきの道を通って自宅へ昼食に急ぐ……これが太平洋戦争中や戦後、貯木場付近におけるお馴染みの光景で、当時は当地域の生産活動の拠点としてこのあたりが新宮でも最も活況を呈していたのではないかと思われる。

一五名の新宮の木材業者が新宮町下川原（熊野地）に貯木場（旧貯木場）の開掘を計画、工事に踏み切ったのは明治二二年（一八八九年）一月。ところがその年八月二〇日、当地方は未曾有の大水害に見舞われ（とくに被害甚大だった十津川村では、罹災家族ら約六〇〇戸が北海道開拓民として集団移住、大変な苦労の末に現在の新十津川町の基礎を築いたことはよく知られている）事業は一頓挫。翌二三年四月、工事再開、二四年三月、約一万坪の旧貯木場の完成をみた。写真はその旧貯木場の姿である。

その後、貯木場拡張の必要が生じ、旧貯木場の南方接続地に約七、〇〇〇坪の

貯木場跡地　市田川堤防付近

新貯木場を開設（明治四四〈一九一一〉年四月）。かくして約四万円の総工費をかけた、広さ約一万七、〇〇〇坪の《日本一》の大貯木場が出来上がった。この貯木場の写真は教科書などにもよく登場、新宮は一大木材集散地として全国的に知られるようになった。

熊野地の子どもたちにはこの貯木場は絶好の遊び場。揺れる丸太の上を跳び回り、水泳を楽しみ、手長蝦や鰻を釣り、蜆《しじみ》採りをする。中には水中に落ちた筏かんを潜って拾い、小遣い銭を稼ぐ者もいる。夏休みなどには一日中子どもの声で賑わっていた。

しかし時代が進んで十津川水系に水力発電用ダムが建設され、また素材搬出が筏流しからトラック輸送に切り替えられる（熊野川を使った輸送は昭和三九〈一九六四〉年五月下旬の北山からの筏流しを最後に消滅）と、水面貯木場はその役割を終え、やがて埋め立てられた（昭和四二〈一九六七〉年）。かつての貯木場は、一部は（旧新宮町の縁辺部を回って熊野川に注ぐ）市田川河口水域に組み込まれたり、道路、工場用地、宅地などに変貌したりしたが、相当部分は陸上貯木場として残り、今なお活用されている。

疋田眞臣

熊野川

【第五四景】

熊野川

南岸　新宮町川原
北岸　御船村成川

現在の熊野速玉大社駐車場から堤防へ通じる道路のあたりに、川原へ降りる十段程の自然石で造られた石段があった。上段の大石に逆円錐状の小さな穴が数多く見られ、これは長年木の枝から落ちる雨だれが穿ったものと知り、子供心にも自然の力の偉大さを痛感したものだった。台風シーズンには熊野川は度々増水したが、その増水量の大きさをこの石段の何段目迄水が来たかで判断したものだった。増水の度に御幸町《ごこうまち》川原・新町川原の川原家《かわらや》は、逸《いち》早く家を畳み、船町付近の上《あが》り家《や》へ避難をした。そして水が引くと又元通りに川原家が再建され、川原町の賑いが戻った。

私達は速玉大社を「権現さん」と呼び、其の下の広大で綺麗な川原と共に最高の遊び場としていた。水泳シーズンの初めには「きゅうり」に自分の名前を書き川へ流した。「河童」の好物と言われる「きゅうり」を供えて、水遊びの安全を祈ったものである。夏休みともなれば熊野川は絶好の水泳場となり、唇が紫色になる迄泳ぎ回った。そして「成川へ泳いで渡れば一人前」とその泳力が評価されたものである。

熊野川は川丈《かわたけ》筋と新宮とを結ぶ交通の要路であり、荷物を運ぶ三段帆の「だんべえ舟」と、瀞観光や十津川方面へ運航していた「プロペラ船」はその風物詩であった。そして「プロペラ船」が通った後の波に揺られるのも、子供達の泳ぎに欠かせない楽しみであった。熊野川は又「筏流し」のメッカでもあった。夕方には川の両岸に沢山の筏が繋留され、材木店の人達が木材の「寸検」をする声が川面に響いていた。筏の下を潜るのは危険だと先輩から教えられた。筏に吸いつけられると動けなくなり溺れるからだ。子供達は自分の泳力に合った泳ぎをしたのだが、それでも年々水の犠牲者は絶えなかった。

新宮城址より熊野川を望む

夕暮れ前の川原は「やんま」かけの子供達で賑わった。「ほりかけ」という仕掛けを作り、上空の「銀やんま」を目がけて放り上げ、仕掛けの糸でからめ捕る仕組みである。その「ほりかけ」を投げる時、何故か「ボォー」「ボォー」と声をかけたが、意味は不明だった。

父は川釣りが好きで舟を持っていた。夏から秋にかけてよく「ぼら」釣りに行った。

「御殿《ごてん》」と呼ばれていた丹鶴城下の淵から池田港にかけてと、更に川口近くの中流が主たる釣り場で、何艘もの川舟が横一列に並び、竹の釣り竿をきらめかせていた。五〇センチ程の大物がかかり、父の手を借りて必死になって釣り上げた時の感動は今でも忘れられない。冬は「はぜ」釣り、寒い日に釣り上げた「はぜ」が手に暖かく感じた事も印象に残っている。鵜殿の川岸近くだったと思うが、「げんざぼり」と呼ぶ釣り場もあった。夜、対岸の深谷や鉄橋の下へ「えび」かきに行った。カーバイトのガス灯をつけ、米ぬかを撒くと、手長えびや子持ちえびが岩間から出てくる。それを「えびだま」と言う小さな網で後ろから掬い上げるのだ。この「えび」をえさに「ちぬ」を釣りに行ったが、「ちぬ」はめったに釣れず、「うぐい」や「うなぎ」がかかったりした。「ちぬ」が釣れない時は、えさの「えび」がもったいないような気がしたものだ。

戦後、上流にダムができ、熊野川の様相は一変した。堤防上に並ぶ製材所から聞こえる「ジャーン」「ジャーン」という円鋸《えんのこ》の音や、「ひばり」の囀りを聞きながら、のんびりと釣り糸をたれた往年の熊野川が本当に懐かしく思い出されるが、いつしか父より長生きをしている自分に気がついた次第である。

小野俊二

熊野川河口

【第五五景】

熊野川河口

熊野川河口・熊野川より蓬莱山を望む景

百景写真の一枚は、新宮城址から熊野川河口に向け撮影したものと思われる。熊野川の川口は狭い。狭いだけではなく、砂嘴《さし》が現れたり消えたり、日々変化する。昔の船乗りにとってやっかいな川であった。いまでも少し風がきつかったり波が荒かったりすると、翌日には砂嘴の場所が変わってしまっている。

砂嘴だけではない。私の父親に聞くと、川の沖合に小さな島があったらしい。その島は満潮時には姿を隠し、干潮時には姿を現したという。そのわずかな隙間をぬって機帆船が曳船の案内で池田の港に出入りするのである。今ではその島も姿を消し、わからなくなってしまった。

父は子供のころ、船の出入りを市田川の河口のあたりで見物したという。砂嘴や島を上手に抜けると喚声があがったが、時に座礁して転覆する船もあり、その時には下熊野地にあった海難救助会の、川や船に慣れた元漁師が中心となり救援に赴くのである。座礁があると新宮中にすぐに知れわたり、多くの見物人が救助活動を眺めに川口に集まったという。

また時々、砂嘴が熊野川の河口をすべて閉塞してしまうことがある。そうなる

新宮城址より熊野川河口を望む

と逆流が起こり、特に支流の市田川は氾濫して下流部にあたる下熊野地は水浸しになる。阿須賀神社はこの河口の閉塞に対して水の神様を祭った神社ではないかといわれている。それほど古代の人々にとっては川口の閉塞は死活の問題だったのだろう。

川口といえば、新宮の対岸の鵜殿には鵜殿水軍という熊野水軍の一派があり、中世の時代、矢淵の山に城を構え、熊野川の河口を押さえていた。今でも速玉神社の御船祭りではこの鵜殿の住民しか神幸船《みゆきぶね》の漕ぎ手になれないほど、熊野川河口では重要な役割を担っていたのである。この鵜殿氏は、戦国時代に三河に進出して戦国大名の一人となる。

百景のもう一枚の写真には、やや左寄りに、三角形をしている蓬莱山が写り、またその手前に、池田の港が写っている。

池田の港といえば、渡しがまず頭に浮かぶ。池田の渡しは『新宮市誌』(昭和一二年発行)に、次のように記載されている。

「池田渡　鵜殿方面への渡船にして、上熊野地蓬莱山の畦なる池田を発し、成川と鵜殿との界なる石淵《やぶち》の川原に着く、川幅一町一六間(約一四〇メートル)なり

この渡船場は、既記の如く一旦廃絶したりし古の飛鳥の渡の復活ともいふべく、旧藩士細井八佐が熊野地にて商業を開き、対岸との交通不便なるを憂ひ、明治七年この渡船場を開きたるもの」

佐藤春夫も『二少年の話』という短編小説で、明治四〇年頃の池田の港について、「渡船がそのかげを通つた小浜《こばま》に停泊してゐた親船では船頭衆たちがみな船に灯をともして夕飯を食べてゐるのだつた」と船で生活している家族を描いている。

私が小さい頃(昭和三〇年代前半)は池田に住んでいた関係で、池田の港でよく遊んだものであるが、その頃はすでに池田の繁栄も過ぎ去り寂しい場所となっていて、二、三艘の船がもやっているだけで人の姿もあまり見なかった。ただ大水が出た時だけ大勢の人が集まり、筏が流されたとか、船がどうしたとかという話を聞くくらいであった。ある時、子供が遊んでいて溺れたと言うことで、その救助のために船も人もたくさん池田の港の岸壁に集まり、興奮した声で喋っている中を、私も幼稚園くらいの頃だったか、波打ち際で遊んでいて、いつのまにか

熊野川河口

【第五六景】熊野川より蓬莱山を望む景

〔熊野川河口・熊野川より蓬莱山を望む景　続き〕

深みにはまってそのまま意識がなくなったことがあった。はっと気がついたら足を持たれさかさまにされていて、「気がついたぞ」という声で思わず泣き出してしまった。あとで人に聞くと、捜索している船の前にぽっかりと髪の毛が浮かび、「おおい、いたぞ」と言って引っ張りあげたら私であったらしい。結局、最初に溺れた子供は見つからなかった。

個人的な思い出を書いてみたが、この頃池田とか市田川の川口では遊んでいた子供がよく溺れたものである。市田川河口や池田のあたりでは筏がたくさん浮かんでいて、その筏の下をくぐったりして遊ぶ子もいた。筏の幅は大きいのになると一〇メートルを越えるものもあり、息が続かなくなり、筏の下で溺れてしまうこともあったのである。

この池田の港は、江戸時代末、水野忠央《ただなか》が丹鶴丸という西洋船を建造したことでも有名である。この船は池田の港で進水したが、重心が高くひっくり返ってしまったという。そこで尾張藩浪人の宇都宮三郎に頼み、なんとかバランスをとり江戸まで運行してもらったという話が残っている。当時、西洋船を自力で作ろうとしたのは珍しいことで、こんなところにも忠央の進取の気象がうかがわれる。

紀宝町　成川方面より蓬莱山を望む

当時、新宮では「池田屋の新造横になりたがり」という川柳が流行ったという。池田屋というのは池田の港にあった遊女屋で、そこの女郎とひっくり返る新造船とを洒落ていった句である。その頃、新宮では江戸と同じような文化が栄えていたことがわかる。

遊女屋だけではなく、忠央が設立した「波瀲館《はれんかん》」という新宮藩の調練場も池田にあった。ちょっと前まで「はれんか町」という名前が残っていたので年配の方ならご存じかと思う。

また同じ江戸時代の話になるが、江戸と大坂（大阪）との間を廻船が往復していたが、池田の港が航路で唯一の淡水の港で、そのためここへ入港したら船底についている牡蛎《かき》やら海草やらが死んでとれることから、船員に大変よろこばれたという。

この池田には明治半ば頃まで「八咫烏《やたがらす》神社」があり、土地の人々の信仰を集めていたが、神社合祀令により廃止され、現在は速玉神社境内に祭られている。神社はオークワ物流センターがあった道沿いの、ほぼ真ん中あたりで、この港に平行した一本目の道のところが「やたがらす町」と呼ばれていたのもこの神社があったからである。

池田に住んでいた父の話によると、小さい頃（昭和初め）、三河大根が船で運ばれてきて、近くの広い場所に山積みされていたという。また材木だけでなく、石炭も熊野川の上流から運ばれてきてこれも港近くの石炭置き場に仮置きされ、ここから船に積み込まれていったという。池田の港付近は、江戸時代から昭和二〇年頃までは商店街を形成し、活気があったのである。下駄屋、傘屋、小間物屋など軒を接していただけでなく、労働基準局もあった。（〈大正二年、第七回文展の入選作品〉石井柏亭のテンペラ画『滞船』は、明治～大正の頃の池田港の活況ぶりを今によく伝えている。）

だが太平洋戦争中、空襲でこのあたり一帯は焼けてしまい、また戦後しばらくすると熊野川上流の炭鉱も閉鎖され、木材輸送も船からトラックに代わり、昭和三〇年代には往時の面影は全くなくなったという。昭和四〇年頃、新宮で最初のボウリング場ができ、辛うじて人が集まってきていたが、昭和五〇年頃にはそれもなくなり、今では静かな住宅街となっている。

山﨑　泰

牛鼻

【第五七景】牛鼻

相野谷川（一に鮒田川）の熊野川に注ぐ處をいふ郷社牛鼻神社あり熊野三党の祖を祀るといふ

相野谷川《おのだに》が熊野川に合流する牛鼻近辺で、写真に見るような団平船《だんべいぶね》（川舟）の上から投網《とあみ》の鮎漁を初め、夕方もんどり（筌《うけ》）や漬針《つけばり》を各所に仕掛け、翌朝罠《わな》に掛かったウナギなどを引き上げたり、持網《もちあみ》・手網《たま》・挟《はさ》み・叩《たた》き・へし（簎《やす》）などの漁具を使って、川魚・海老《えび》・蟹《かに》の捕獲を日課とする住民が大勢いた。恵まれない住民の蛋白源でもあり、商品にもなった。しかし、昭和三〇（一九五五）年代から始った北山川水系・十津川水系の電源開発事業（水力発電所設置）や相野谷川河川改修らによる水流の変化（年々奥地深く侵入する海水）や汚濁、化学肥料（化成肥料）や農薬の流出、生活排水らによる複合汚染などで川魚が激減して、昨今漁獲を楽しむ人は影を潜めてしまった。

写真に収まっている牛鼻神社には、昔から熊野三党（鈴木氏・榎本氏・宇井氏）の祖先神が祀《まつ》られているといわれてきたが、農耕牛の神として尊崇されるようになって、春と秋の祭には、東南紀州や十津川村の農民・牛仲買人らが大勢詣でたので、鮒田区民は参拝人歓待に嬉しい悲鳴を上げた、という。だが、耕うん機が導入され、牛を飼育する農家が減少する昭和三五年（一九六〇年）頃から、区民や餅撒《もちま》きを楽しみにしている近隣の参詣者だけとなって昔日の賑やかな祭の情景は見られなくなった。

牛鼻近辺に筏の係留地、筏《いかだ》の網場《あば》などがあって、大正期から昭和一五年（一九四〇年）頃まで、小学生が水底に潜《もぐ》って筏の組み金具の「鐶《かん》」拾いで大人顔負けの小遣い稼ぎになったこともある、という。筏の係留は新宮での商談待ち、製材工場への搬入待ち、大水の際の退避。網場は木材流出防止。また、帆船・機帆船・プロペラ船などの係留もあり、悪天候の続く季節の退避場所でもあった。

ここにあった鮒田区営の「牛鼻の渡し」は、鮒田～新宮相筋間を結ぶ「橋」の

鮒田川左岸より牛鼻神社を望む

役目を担い、毎日地元鮒田・高岡・相野谷村（現紀宝町）、新宮町・三輪崎村（現新宮市）、尾呂志《おろし》村（現御浜町）、入鹿《いるか》村・西山村（現紀和町）、神川《かみかわ》村（現熊野市）、和歌山県北山村などの利用者（買物客、農産物売り、筏の流下後帰途の筏師、行商、寺社〈那智山・妙法山・速玉大社・相野谷平尾井《ひらおい》薬師〉参り、出稼ぎ人〈他郷での就職〉、旧制中等学校の生徒など）に利便をもたらした。鮒田区民をはじめ、相野谷川流域の住民が権現河原の道の補修に奉仕、通行人に喜ばれた、という。渡船料は、明治・大正・昭和初期まで片道一銭か二銭。明治四〇年（一九〇七年）四月（「成川の渡し」が三重県営となり無料となる）まで一日三〇〇人もの乗客で活況を呈した。昭和初期まで狭小な山道であった鮒田～成川間道路の熊野川沿岸への付け替え拡幅、昭和一〇年（一九三五年）旧熊野大橋の完成、相野谷～新宮間のバス運行開始などで「牛鼻の渡し」利用者は一日平均六〇人程になり、同二五年（一九五〇年）頃には一日一五人前後の乗客しか確保できず維持が困難となって廃止された。

昭和三三年（一九五八年）の熊野川の逆流防止施設「相野谷川樋門《ひもん》」（改修後の現呼称「相野谷川水門」）の竣工以後約二〇年間、相野谷川右岸の拡張地に、熊野交通(株)・瀞観光(株)の「プロペラ船・ジェット船乗り場」や「弁慶の産湯」の伝承を利用した「弁慶温泉旅館」などができ、観光客らで一時賑やかな風景を取り戻したが、「ジェット船乗り場」が熊野川町志古《しこ》に移転後は往日を偲ぶ縁《よすが》となるものは牛鼻の社《やしろ》だけである。

福田　學

鮒田　田植の景

【第五八景】

鮒田　田植の景

鮒田の通称「四つ目田」の往時の賑やかな田植風景や明治中期には珍しくなかった藁葺屋根の家などが写った当時の民俗を伝える貴重な写真である。

明治期、「猫の手も借りたい」多忙な田植時期には、一〇軒程の農家が一組になって協同作業をするのが普通であった。（昭和初期、手伝い人の供応が煩雑との理由でこの習慣は廃れていった、という）

男たちが「かいが」（馬鍬《まぐわ》）を牛に引かせて代掻《しろか》きを終えるまでに、女たちが苗代《なわしろ》で早苗《さなえ》を取り終え、約二六センチ間隔に「印」の付いた「田植綱《たうえづな》」（麻で作った、細めの丈夫「細引縄《ほそびきなわ》」）を両端で引っ張り水田に下して、その「印」の位置に苗を約三本ずつ植え、一列植え終えるごとに早乙女《さおとめ》を後退させて、植え終えた列から約二六センチ間隔を開け「田植綱」を引き直し、稲の株と株とが等間隔になるように植えていく「正条植《せいじょううえ》」をした。

明治一五年（一八八二年）頃までの田植えは、乱雑な植え方が一般的で、株と株との間隔が狭かったり広かったりで空気の流通や日照が芳しくなく、害虫駆除、いもち病対策、除草などに大変な労力を要した割には効果があまり期待できなかった。（紀南地方に「直播《じきまき》」の地区もあった）

神内《こうのうち》村（現紀宝町神内）の故西徳次氏（東京日野在住の澤村昭代氏のご祖考に当たる人）が明治五年（一八七二年）頃、樽丸《たるまる》の商用中愛知県知多郡大谷村で水田一枚だけ早苗を秩序正しく植えているのを見て、植え方を習って帰り、周囲から冷笑を浴びながら、自分の水田で試行錯誤の苦労の末「正条植」に成功し、「正条植」の水田で使用できる、田の中を這《は》って除草する従来の大変な労苦から解放する「水田草取機」を発明、同一五年（一八八二年）には紀州各地を講演して回り、次第に好評を得て普及。同年三重県勧業諮問会々員に任命され、上県の際県内の農業指導者らに「正条植」と「水田草取機」との導入を勧誘した。明治一七年（一八八四年）六月一四日には、岩手県主催の勧業展覧会に出品した「水田草取機」で「褒状《ほうじょう》」を受け、全国に知られるようになる。東京の内国農具改良会々員が神内に来て、専売特許の申請を勧めたが「お金目当ては嫌だ」と断った。

鮒田の田植

しかし「発明者　西徳次、専売特許　内国農具改良会」の登録商標で売り出された「水田草取機」は、全国各地に普及していった。（その後再三改良、「除草剤」入手まで、水田不可欠の農具だった）

化学肥料（化成肥料）が普及するまで、下肥《しもごえ》（糞尿）は農家にとって大切な肥料で、堆肥《たいひ》の牛舎肥《うしやごえ》、成長を促す油粕《あぶらかす》・魚肥《ぎょひ》などと併用された。新宮の商家に薪や野菜を持ち込んでは、糞尿をもらって舟（肥買い舟）に積み、熊野川を渡り、牛鼻から相野谷川を遡航《そこう》、水田近辺に設けた肥だめで熟成させ田畑に撒布《さっぷ》した。

昭和三五年（一九六〇年）頃から省力化の最新機械（耕うん機・トラクター・田植機・コンバイン・籾《もみ》乾燥機など）や化成肥料・農薬などが普及、台風来襲までに収穫できる早場米（コシヒカリほか）の導入などで一〇アール当りの収穫量は約二・五倍（四五〇キロ）にもなったが、熊野川の風物詩の「肥買い舟」や田園に谺《こだま》した農民たちの談笑、農耕牛の鳴き声が消え、昨今は、一枚の水田に機械操作の農民一人の姿しかなく、農機具代の支払いに追われる農家の増加や、後継者難で一〇アール当たり米一五キロ程で水田を貸す高齢者農家の増加が話題となっている。

福田　學

御船島

【第五九景】御船島

熊野川の河中にありて熊野名所の一なり
夫木抄　少将内侍
三熊野の浦はに見ゆる御船島神の御幸に漕廻るなり

御船島・乙基

大峯山系に源を発する十津川と大台ヶ原山系より流れ出る北山川が、宮井で合して新宮に至る熊野川は、近畿第一の大河で、戦後ダムが奥地に出来るまで、奈良・三重・和歌山三県で伐採した木材が、筏に組まれてこの川を下った。

中でも本宮より新宮に至る九里八丁の間は、緑に彩られた黒褐色の岩壁が多く、昔は「九里峡」とも言われた。桧杖《ひづえ》のあたりまで比較的急流だった熊野川は、千穂ヶ峯の山裾にぶつかり左へ曲がるあたりで、急に穏やかな流れに変わる。乙基《おとも》はここから御船島《みふねじま》に至るあたりを言い、かつて岩肌に映える三反帆《さんだんぼ》の船は熊野百景にふさわしい絶好の点景であった。

乙基の入口に、昔は南桧杖網場があった。（桧杖は熊野川を挟んで和歌山県側

御船祭り早船競漕

の南桧杖と三重県側の北桧杖に分かれている。）網場《あば》とは、年間数回の台風による大水で川原に出した木材が流れ、途中その流木をワイヤなど張って喰い止める施設で、この上流に浅里《あさり》網場、川下の亀島に鮒田網場があり、ここで止められなかった流木は、太平洋に出て沿岸の浜に打ち上げられるか、黒潮に乗り伊豆の八丈島にまで漂着した。速玉神社の石段（今はない）の上から見た凄まじい濁流の光景は、子供心にも忘れられぬ印象を受けたが、昭和三六年（一九六一年）以降、奥地にダムが出来てからは止んだ。

さて熊野川では、初夏の頃より手長エビが成長し、米糠《ぬか》に砂を混ぜ団子状にした《かわせ》を川に沈めると、岩陰や穴の中から長い触手《しょくしゅ》を伸ばしたエビが出て来るのを、筏や岩の上から箱眼鏡で覗き、わくわくしながらエビ玉で捕ったもので、「エビかき」と称して子供も大人も楽しんだ夏の風物詩の一つであったが、今は見られない。

それにつけ思い出すのは、この新宮の町を震撼させた「大逆事件」である。明治四一年（一九〇八年）七月、幸徳秋水が来遊し、ドクトル大石誠之助達が一夜熊野川の舟遊びでもてなし、エビかきに興じたのが新宮に於ける大逆事件の発端に擬せられた。舟で亀島、御船島のあたりまで行ったが、水が濁ってきたので乙基まで一町（約一〇九メートル）ほどのぼったという。大逆事件で幸徳、大石達は四三年逮捕、四四年（一九一一年）一月死刑執行される。舟中では爆裂弾の製法について話し合ったというが、金持からは治療代をとるが貧しい人には薬價《やくか》を請求しなかったドクトルは、「瓢箪から駒が出るという諺があるが、今回の事件は正に好適例だ」の言葉を残された。この判決は戦後何度も再審を請求された程不当苛酷な裁判であった。

また熊野川下流には渡しが出来、「乙基の渡し」は対岸の北桧杖へ渡るもので、下って鮒田へ行く「鮒田の渡し」、更に下って三重・和歌山を繋ぐに最も重要な「成川の渡し」があったが、昭和一〇年（一九三五年）、「熊野大橋」が完成すると共に廃止となった。更に下流には、「池田の渡し」もあった。その後「熊野大橋」には平行して歩道橋が出来、また「新熊野大橋」が架けられた。そして亀島の向こうに鮒田川の水を調節する「鮒田水門」が平成七年（一九九五年）に完成した。

なお御船島は、熊野速玉大社の秋の例祭の主役である。祭は一〇月一五日の神《み》

乙基

【第六〇景】乙基

御船島の上手をいふ本宮より新宮に至る水路
九里　九里峡といふ山水の奇を以て稱せらる急流
乙基に至り始めてゆるやかなり。

〔御船島・乙基　続き〕

輿《こし》渡御式に始まり、翌一六日が御船祭りで、速玉大社の神霊を神輿に移し、新宮川原に着くと、諸手船《もろたぶね》と神幸船《みゆきぶね》と斎主船と氏子の明神、阿須賀、千穂、王子、丹鶴、神倉、熊野（春日）、堤防、相筋（御幸《みゆき》、御民《みたみ》）の九艘の早船が出迎える。神霊を神幸船に遷す儀式のあと、早船が一斉にスタートする。昔は早船が神幸船を曳いた諸手船を先導し、亀島上流を過ぎる頃、諸手船につながれた綱が放たれ、御船島を目指して漕ぎ競ったものである。

御船島を早船が左から三度廻り、乙基川原の決勝点に向かい順位を競う。その後、斎主船（現在はウォータージェット船）に曳かれた諸手船、神幸船が来て島を三度廻り、乙基川原で少憩する。この時、諸手船に乗った女装の男子が「ハリハリセー」と唱えながら朱塗りの櫂《かい》を持って踊る。少憩後、御船島で神職が巫女《みこ》二人を従え、祝詞を奏し、扇で三度招くのを合図に早船が漕ぎ出し、再び御船島

乙基

を二度廻って下りを競う。神幸船も諸手船に曳かれて島を左から一度廻り、乙基川原に着いた後、神霊が川原伝いにきた神輿に遷され、御旅所《おたびしょ》まで行列を組んで渡御する。ここでまた神事が行われ、神霊は宮司にいだかれ、相筋を通り三本杉の西門から神社に還御する。この神輿渡御式と御船祭りは二月のお燈祭りと並んで県の無形文化財に指定され、早船の勝敗は上りで決し、下りは関係なく、昔は木材業者や町の有力者が担当奉仕したこともあった。

この御船島は速玉大社の境内の一部で行政的には三重県南郡紀宝町に属し、昔は島に小池があり御船島明神が祀られていたという。全島水成岩より成り、島の広さは約二二アール（約六六六坪）。現在、コナラ、フジ、サツキ、ヒサカキ、ヤマハゼ、トベラ、カワラハンノキ、タイミンタチバナ、モチツツジ、ガンピ、カンアオイ類、アワモリショウマ、クサヤツデ、ヘラシダ、ニワフジ、シライトソウ、ヒノキバヤドリギ等の植物が見られる。

乙基の水をここで二つに分ける御船島の穏やかなたたずまいは、森と水と島の美しいコントラストと共に、見る人の心に忘れ難い映像として残ることと思う。それにしてもこの島を巡る雄壮な早船競漕は、一体何時の時代から始まったものだろうか。

鎌倉後期の私撰和歌集『夫木和歌抄』（略称、夫木集）には次の歌が見える。

◇三熊野のうらわに見ゆるみふねじまかみのゆききに漕ぎめぐるなり

（少将内侍）

草加浅一

【第六一景】

飛雪の瀧

九里峡奇勝の一にして左岸浅里村にあり

飛雪の瀧

新宮権現（熊野速玉大社）から千穂ヶ峰の山裾《すそ》を一キロほど西に辿《たど》り、川関のあった乙基《おとも》の渡しを左岸へ渡り、熊野古道の川端街道を九キロほど溯《さかのぼ》った瀬原村の出放れからは浅里郷である。其所から一〇キロ上流の和気《わけ》村との村界迄は浅里領で、集落の西の外れに飛雪の瀧はある。乙基の集落を含む北桧杖《ひづえ》村・瀬原村・浅里村は、明治二一年（一八八八年）と昭和二七年（一九五二年）の二度の村・町村合併を経て、現在は紀宝町の管轄になっている。和気村から上流の北山川沿いは紀和町に属する。川端街道は数世紀に亘《わた》って新宮・本宮間を結ぶ唯一の公道であった。

明治四年（一八七一年）の廃藩置県によって分県分村される迄は、熊野川右岸の田長《たなご》村との村界から相賀口《おうがぐち》の渡し場迄の大川に面した流域も浅里郷の村域であって、布引の瀧・葵の瀧・釣鐘岩等、みな対岸の川端街道から遠望できる勝景である。

大正末期までは、川の両岸は相賀口・高田口・和気楊子《ようじ》等の渡し場で繋がっていたし、また北桧杖から和気にかけて一〇軒ほどの茶店があり、浅里には舟宿「澤田」など三～四軒の宿屋もあって、川端街道は文字通り「蟻の熊野詣」と呼ばれるに相応しい賑わいを見せていた。

しかし昭和の初め（一九二〇年代後半）に、熊野川左岸に和歌山県の県道（現在の国道一六八号線）が開設されるに及んで、相賀口などの渡し場はみな無くなり、川端街道の使命は対岸の和歌山県側に移ることになる。

飛雪の瀧は右岸の国道からでも望見できるが、川端街道を改修した左岸の県道に回らねば間近かで瀑布の雰囲気を味わう事はできない。飛雪の瀧の少し上流には「瓶壺《かめつぼ》」という二の瀧の奇勝がある。（この二の瀧には御神体の白蛇が棲むと信じられていて、昭和一〇〈一九三五〉年ごろまではお参りに来

飛雪の滝

る人も多かった。）岩盤を穿《うが》った水深八メートル余の真円の瀧壺で、畿内には類を見ないほどの幽玄な雰囲気を漂わせている。釣鐘岩とともに観賞するが良い。昔、釣鐘岩を観た旅の高僧が詠んだ歌が、今に語り継がれている。熊野川九里峡を音無川と表現する事もあって、

　撞《つ》く事の叶《かな》はで名のみ響くなり
　　げに音無の釣り鐘の岩

元和五年（一六一九年）、紀州の領主、浅野長晟《ながなり》は安芸の広島に移封、代って徳川頼宣《よりのぶ》侯が駿河より紀州和歌山に転封、同侯の家老、水野重仲は浅野忠《ただ》吉《よし》の築く丹鶴城へ入り、新宮城主となる。

南龍公頼宣侯は、元和九年（一六二三年）、南紀の地を巡察し、続いて寛永一一年（一六三四年）九月、熊野三山へ参拝する。その際、浅里郷へ立ち寄り、雨後の滔々と落ちる「竹の谷の瀧」を愛でて、七言絶句の詩を詠み、勝景を讃えたと言う。

　重畳千山万水囲　　雨余秋色有光輝
　一条瀑布落巌畔　　乱沫随風作雪飛

（重畳千山万水ハ囲ム
　雨余秋色光輝有リ
　一条ノ瀑布巌畔ニ落ツ
　乱沫風ニ随ヒテ雪飛ヲ作《な》ス）

この詩が披露されてから、「竹の谷の瀧」を「飛雪の瀧」と呼ぶようになった。一六～七世紀ごろ迄の浅里郷は、棚田とかしき場（肥料用や屋根葺き用などの採草地）以外は、全て喬木や雑木の原生林に覆われていて保水力は良く、谷々は常に水量豊かであった。又、瀧の前面の耕地が瀧の飛沫で被災しないように、瀧壺の周辺は密生した竹林で遮られていて、景勝の瀧を見落として通り過ぎる旅人が多かった。

尾崎新一郎

【第六二景】

釣鐘巌

九里峡奇勝の一

釣鐘巌

釣り鐘岩（釣鐘巌）は、熊野川沿いに国道一六八号線を逆上って相賀口《おうがぐち》を過ぎ、葵の滝（白見の滝）に到るまでのところにあり、今はその山側を国道のトンネル（吊鐘トンネル）が抜けている。この岩は、和歌山県側から三重県の旧浅里《あさり》村の北はずれに向かって熊野川に迫《せ》り出した岩山で、川から、あるいは浅里側から見るとそう見えるので「釣り鐘岩」と呼ばれている。かつて団平《だんべ》船やプロペラ船が九里峡《くりきょう》（新宮〜本宮間）をさかんに往来していたころ、釣り鐘岩は名所の一つで、速度を落とした船の上から人々は陶然としてしばし眺め入ったものだった。

千数百万年もの昔に吹き出した熊野酸性火成岩類（花崗斑岩）から出来ているというこの岩山は、山全体も釣鐘状だし、中腹の岩も近くから見ると吊り下げられた鐘のように見える。その下は妖気さえ漂うような深淵になっていて、見上げるような巨大な岩山と、その姿を映す琥珀色の水は、私達にも地球の歴史の悠久に想いを運ばせてくれるものがある。けれども一〇〇年前、久保昌雄氏がまだ若かった頃には、この地はきっとさらに荘厳で神秘的な風情が漂っていて、素晴らしいシャッター・ポイントであったに違いないと思う。

釣り鐘岩から凡そ五〇〇メートルほど上手《かみて》に「高田口」がある。現在は高田中心部と外部との出入口はほとんど相賀口になっているが、それは高田〜相賀間の隧道《ずいどう》が抜け、その道路が出来た昭和一〇年代半ば（一九四〇年頃）以降のこと。それまでは何百年もの間ずっとこの高田口が高田区の玄関口の役割を果たし、人々は北々東に約一里（約四キロ）の山道を越えて高田口に行ったものである。団平船もプロペラもここに発着していたし、雑貨屋兼舟宿もあった。（釣り鐘岩の対岸、浅里にも同様の舟宿があり、高田口のとともに舟人や筏師の泊まり宿として

釣り鐘岩（吊鐘岩）

賑わっていたそうだ。）南牟婁郡から那智山参りする人々も、浅里から高田口に渡り、高田を通って俵石《たわらいし》を越え、那智へ向かうのが普通であった。

「高田口」から「釣り鐘岩」までの流れは大変な急流で、一〇〇年以上昔、小鹿の父子が水害で流された時、息子は釣り鐘岩の上手の巨大な渦に飲み込まれ、命を落としたという。

私の子供の頃、昭和一六年（一九四一年）暮れに始まった太平洋戦争の初期、長兄がフィリッピンコレヒドール島攻略戦・シンガポール攻略戦に応召《おうしゅう》されて征《ゆ》くことになった。その折、「祝応召」等の幟《のぼり》を何本も建てて高田口を出発したダンベー舟が、釣り鐘岩の淵を通りかかって危うく波に飲み込まれそうになったことをおぼえている。

また戦後（昭和二〇年、一九四五年以後）も暫くは、高田で伐採された木材の中でも高田川から遠いところのものは、「そり」（きんま）で「釣り鐘岩」の淵まで運び、そこで筏に組んで新宮に出していた。

近頃は、ダムや砂利採集等で「高田口」の水位が下がり、流れも緩やかになっていて、多くの若い人々が水上スキーやカヌー等を楽しんでいるが……。

今でも高田の古老達の間では、浅里側の河原から生きた蝦を餌にして「ススキ」を釣り上げた話や、釣り鐘岩の下で「手長蝦」をかいた話、大鰻や大鯉を釣り上げた夜釣りの自慢話等々を……懐かしむことしきりである。

奥村寛味

【第六三景】葵瀧

九里峡奇勝の一

葵瀧

熊野でもとりわけ南紀地方は滝の宝庫である。源流から熊野川に注ぐまでわずか一〇キロメートルそこその短い距離にありながら、それぞれ九〇〇メートルあまりの落差を有する各支流の山々。白見山《しらみやま》、大雲取山、大塔山《おおとうざん》、法師山、子《ね》の泊山《とまり》等々、いずれも（横の）距離に比しての（縦の）大きな高度差が数多くの滝をつくりだしている。

高田川支流、桑の木谷に懸かる「桑の木滝」（日本の滝一〇〇選）、内鹿野谷《うちがの》の「一ツ落ちの滝」、熊野川町田長谷《たなご》の「鼻白の滝」、同じく熊野川町滝本の「宝竜滝」、熊野川左岸の三重県紀宝町浅里の「飛雪の滝」、紀和町布引谷の「布引《ぬのびき》の滝」（日本の滝一〇〇選）、紀和町立間戸谷《たてまど》の「屏風滝」、「牛鬼滝《うしおにの》」等々、数えあげればキリのないくらい数多くの名瀑が点在する。

江戸時代末期の一九世紀半ばまでに編纂、刊行された『紀伊国名所図会』の「牟婁郡熊野地方」の部（この部だけは未刊行になっていたが、残された資料をもとに昭和一〇年代に編纂、刊行された）にも、熊野川沿いの滝が紹介されているが、「葵《あおい》の滝」、「布引の滝」（この滝は紀和町の布引の滝ではなく、新宮市白見の国道一六八号線沿いの葵の滝より約四〇〇メートル上流にあって熊野川右岸へ注ぐ滝、つまり和歌山県側の国道沿いに見える滝のことである）、他に飛雪の滝など、僅かな数の記述で終っている。

さて、「葵の滝」であるが、現在では「白見の滝」といった方が人々に馴染みが深いのではないだろうか。

先述の名所図会には、「一覧三瀑を見渡し得る沿岸の奇勝なりし（中略）本宮より新宮に至るの街道にして舟路凡そ七里（約二八キロ）頗る絶景に富めり」とある。

葵の滝（白見の滝）

この滝ほど往時と現在との落差の激しい滝はない。江戸時代に記されたものと、明治三三年に撮影された「葵の滝」とは、その形態は殆ど変わりないもので、当時葵の滝へは舟便でなければ訪れることが困難だったようだ。一〇〇年前のこの写真も、恐らく舟便で新宮より遡行《そこう》し、可成り低い位置から撮影されたものと推測される。滝の壷の前面に巨岩が配され、その上に三人の人物が写っているが、現在ではその巨岩は橋に隠れて見えなくなっている。

戦後（一九四五年以後）、国道一六八号線が整備されたお陰で、「葵の滝」は国道沿いより眺められるようになった。しかしそのためにかえって落差一五メートルの滝の半分程しか眺めることができなくなった。ただし、滝前面が広場として整備され、車で立ち寄る人々の憩いの場所として親しまれるようになったのはいいことだろう。

源流は高さ九二五メートルの白見山で、この滝を遡行すれば、本谷と枝谷とを併せて約二〇ヶ所程の滝があることは、一般的には殆ど知られていない。

矢濱士朗

和気村

【第六四景】

和気村

九里峡の中央に當れる一村落にして
御本神社といふ舊祠あり

「和気《わけ》」の地は、熊野川の上《のぼ》り下《くだ》りの川船にとっては重要な中継所であった。

『紀伊続風土記』では、「和気」とは三山の分かれ道の意味と説明している。ここから上流に上れば本宮、下れば新宮、対岸に渡って小口川を溯《さかのぼ》れば那智に通じるとの意味であろう。

これとは別に、「みもと」と呼ぶ地名も使用されていたようである。

住心院実意の『熊野詣日記』によると、応永三四年（一四二七年）九月二九日、本宮から新宮へ下る途中、

「（前略）みもとにて御舟をとゞむ、御小やしないのためなり、この所は後白河の法皇の御まいりの時（建久二年〈一一九一年〉）、川の汀《なぎさ》にあかき袴《はかま》きたる女房たちたり、法皇この所の名をばいかゞ申すぞと、おたづねあれば、

有漏《うろ》よりも　無漏《うろ》に入りぬる　道なれば　これぞ仏の　みもとなりけり

かように申してかきけすように失せたり、それよりみもとと申すとかや、これは法皇しょうしんの権現を拝し給うべきよし、御祈念の時、御夢想の告げありて、女体にあらわれましまして、此所にて御拝見ありけるとなん（後略）」

とあり、地名起源の説話を後白河法皇の熊野御幸にからめている。

又、『熊野見聞記』によると、

「後白河法皇の時当村の者樫粉を食すを御覧じて、あれは何ぞと問給へば有の侭に樫粉と申木の実のよし申上しかば、かくぞ詠せられたり

紀の国の　熊野の人は　かしこくて　このみこのみに　世を渡るかな」

又正徳元卯年（一七一一年）の『新宮城十二組名所書き上げ』によると、机《つくえ》石《いし》について、

紀和町和気

「後白河法皇御悩みの時博士申し候は、紀州牟婁郡飛鉢《ひはつ》が峯の上人御祈念に於ては御悩み御平癒と申し上げる由。それに付飛鉢が峯の上人へ勅使を立て申す由、此の時上人飛鉢峯より下山成され此の机石にて御祈念の時、上人仰せ候は此の度後白河法皇御悩み御平癒においては、此の川向いの谷川の水奥へ流れ申すべし、然る上は上京して御祈念遊ばさるべき由にて、此所にて御祈念遊ばされ候処、即ち谷川の水上へ流れ申すよし。それ故奥口川と申し伝え候。何の頃よりか申し誤り只今は小口川と申し候。其の時勅使此の川下浅里村領より御戻り成され候由、これに依り此所を宣旨帰りと申す由申し伝え候へ共是も只今はてんじ帰りと申し候。」

以上、いずれの話も後白河法皇に関連して語り伝えられているのも、此の地を通行する旅人が多かったことの証《あかし》なのであろう。

右大臣藤原宗忠の日記『中右記』によると、天仁二年（一一〇九年）一〇月二九日、新宮から本宮へ登る途中大雨になり、船の中も水が溜り、辛抱できなくなり船を岸に着けて小屋に留り、たき火のそばに寄り衣裳を乾かす、此の里を御妹《みもと》と号す云々、熊野御領所也、人々の船も前後して自然に来たり集まる、雨が酷いので俄かに此所に宿す、とある。古くから「みもと」の地名が使用されていたのであろう。

船着き場のすぐ上に御本《みもと》明神社の跡があり、明神山には太閤の紀州攻めの時、それに呼応して堀内氏が反抗する本宮及び敷屋の勢力を攻めた時、もしも堀内方が敗北して退却の場合にはここで防戦しようと、空堀を掘って構えたと伝えられている。

木村　靖

楊枝及音川

【第六五景】
楊枝及音川

九里峡名所の一
右に見ゆるは楊枝村にして長承の昔
鳥羽天皇得長壽院（京都三十三間堂）御建立の御砌
御棟柱に用ゐさせらるゝ大柳を伐らせたまひしと言い
傳ふるところにして對岸の音川は無煙炭の産地なり

（熊野川町）日足《ひたり》の北のはずれから橋を渡って三重県側に移り、少し北に行くと（紀和町）楊枝《ようじ》に着く。楊枝は、熊野川の玉砂利の磧《かわら》に沿うように、丘陵地に三〇戸余りの家々が静かなたたずまいを見せている小村落である。昔は、三重県側から本宮大社に参るのに、楊枝から渡し舟で（熊野川町）志古に渡り、小雲取を越えて行くのが普通だった。

楊枝には、後白河法皇の頭痛平癒と京都三十三間堂建立にまつわるお柳《りゅう》伝説で有名な薬師堂がある。薬師如来を祭るこの楊枝薬師堂は、鎌倉時代の正安二年（一三〇〇年）に建立されたといわれるが、明治二二年（一八八九年）の熊野川大洪水で多数の宝物とともに流失した。（当時、この薬師堂を支配、管理していた）楊枝の浄楽寺住職・田中氏はこれを憂えて再建を決意、浄財を募って全国行脚、凡そ三年間の努力の末に明治四三年（一九一〇年）三月、ついに再建に成功した。再建成った新堂宇は、三間半（約六メートル三〇センチ）四方の床上式総欅《けやき》造りで、廻り縁と欄干のある立派なものだったという。

しかしこの堂宇も、昭和七年（一九三二年）四月の火災で焼失。地元の人々は小さなお堂を建ててお参りを続けるとともに、堂宇の再建を願ったが、戦中戦後の厳しい時局もあって願いは叶わず、そのまま四半世紀が過ぎた。ようやく昭和三二年（一九五七年）、堂宇再建。これが現在の楊枝薬師堂である。

話はそれるが、明治の頃、「浜千鳥」というしこ名の力士がいた。当時、各地の祭礼などで、盛んに花相撲が行われていたが、浜千鳥は怪力無双、また技能抜

熊野川町志古付近より同町音川、紀和町楊枝薬師堂方面を望む

群で、田辺～尾鷲間で彼に敵う者がなかった。しかも容姿端麗な美青年だったから、各地で旦那衆にひいきにされ、花柳界でも大人気だったらしい。ある時、新宮川原における大相撲興行で、褌持《ふんどしも》ちとの申合相撲に出た彼は、相手を大きく投げ飛ばし、観衆から大喝采を浴びたという。彼、浜千鳥は本名・貝持徳三で、楊枝の対岸、志古の人。現在、志古のジェット船停泊場になっている貝吹岩の丘上にあった貝持本家の一統の人で、一時大変な人気を博したそうだ。

熊野川には瀞峡観光の客などを乗せたプロペラ船、荷物を運ぶ団平船《だんべ》が絶えず上り下りしていた。プロペラ船では、楊枝付近でガイド嬢が、柳の大木の精である「お柳」、お柳の命の恩人である夫「平太郎」、それに愛し子の「緑丸」の哀しい運命を説明し、時には船を止めて人々を薬師堂に案内していた。また長さ四間（約七メートル）で、最大限凡そ千貫（三・七五トン）の荷物を運べる団平船は、川奥の産物である木材、木炭、繭《まゆ》などを新宮へ積み出したが、一時は石炭も大量に運んでいた。石炭は良質の無煙炭で、楊枝川、小舟《こぶね》、薬師のほか、対岸の宮井、松沢、尾頭《おがしら》、志古で盛んに採掘されていた。だが、時代の変化に伴い、そうした川の交通は下火になり、団平船は姿を消し、プロペラ船はウォータージェット船となって少し上流の志古と瀞の間を往復するだけになっている。

春の彼岸、三月一八日の楊枝の薬師祭は、古くから本宮大社の四月の湯登神事や御田祭、速玉大社の一〇月の御船祭とともに熊野川筋の三大祭として知られ、親しまれてきたものである。この日は近隣の学校は休みにするか、少しだけの授業で終わるかしたもので、各地から大勢の参拝者が集まり、大変にぎわったものであった。戦後はやや人出が少なく、淋しい感もしたが、最近また盛り返してきてにぎやかになりつつあることは誠に喜ばしく、今後益々発展、繁栄していってくれることをこい願ってやまない。

岡本　堅

宮井炭壙

【第六六景】

宮井炭壙

出合の上熊野川の右岸にありて良好なる無煙炭を産す

熊野川町役場を過ぎ、本宮方面にしばらく走ると、川の両岸にその昔隆盛を極めた炭砿（炭壙）の跡地が続く。多くの従業員を抱え、活気に満ち溢れていた諸々の炭砿施設、石炭を満載したトラックが忙しく行き交った作業場、賑やかな笑い声の絶えなかった炭砿住宅街等総て姿を消し、覆い繁る雑草に埋もれている。山裾に僅かに残る炭砿住宅が辛うじて昔のおもかげを留めているだけで、《夏草や　兵《つわもの》どもが　夢のあと》の感が一入深い。

当地方の石炭に関する歴史は古い。明治初期、音川で露出した石炭を偶然発見したことが切っ掛けで、其の後土佐の九十九《つくも》商会が採炭に着手。多くの人が次々事業に挑んだが、経営不振等で休山が続出した。

地元の人々の手で細々と採炭が続けられていた炭砿が熊野炭田地帯として俄に脚光を浴びたのは、明治三〇年（一八九七年）前後といわれている。

その頃、熊野川沿いはゴールドラッシュそのもので、人々は競って資本を投じ、大小の炭砿開発に挑んだ。小船《こぶね》・西山・音川等々十数砿が操業され、盛況を極めたが、悪条件が重なり数年の間に休山・廃業が続出。昭和三〇年代の全砿閉山まで苦労をしながらも操業を続けたのは、この百景写真の宮井炭砿を始め、松沢・尾頭《おがしら》・志古《しこ》・薬師等数砿にすぎない。

戦時中の昭和一八年（一九四三年）頃から、砿山は再び最盛期を迎えた。私は石炭産業全盛時代の昭和二三年（一九四八年）から、国の石炭統制が撤廃され炭砿にようやく陰りの見えはじめた昭和二四年末まで松沢炭砿の現場で働いたが、色々と思い出も多い。（その松沢も昭和三八年〈一九六三年〉閉山）

この地方の石炭は「無煙炭」と呼ばれ、有煙炭に比べて着火は悪いが一度燃焼すると火力が極めて強いという特性を持ち、カロリーが高いことから高価格で販

熊野川右岸より熊野川町宮井を望む

売された。

その頃の採炭方法は、機械化されていた薬師、志古を除き他は大同小異で、昔ながらのダイナマイトを使用する手掘りの採炭であった。松沢でも炭坑節にあるように坑内夫は早朝からカンテラを提げて暗闇の坑内に入り、悪条件の中で真っ黒になって採炭を続けた。

過酷な労働条件の為、坑内での事故も皆無ではなかったし、又炭塵により体調を崩す者も少なくなかったが、その反面炭砿労働者の賃金は当時極めて高額であった。

坑内夫の場合、個人の出炭量が直ちに賃金に結びつくことから、働けば働く程賃金が増し、なかには労基法を無視して働く人もあったように思う。

坑外夫は各自の本番賃金（日当）が定められていたので、収入は坑内夫に及ばないものの、他に比してかなり高く、又本番賃金の八〇％を能率給が占めていたことから、三〇代男子が目立って高収入であった。女子は男子に比して賃金差はあったが、それでもかなりの収入を得ていた。

当時、主食の米を始め、諸々の生活物資が配給制のなかで、政府の厚い保護政策によりあらゆる面で一般よりも優遇され、戦後の混乱期にしてはかなりゆとりのある生活が保障されていたと思う。

然し石炭統制撤廃後、各炭砿は徐々に経営が苦しくなり、労使対立も激しさを増した。

其の後、各砿とも生き残りをかけて経営の合理化・近代化を図り、挽回に向け懸命の努力を重ねたが、時の流れには逆らえず閉山が続き、昭和三〇年代（一九五五〜六四年）に総て閉山。砿区五〇〇万坪ともいわれた熊野炭田も、開砿以来八〇年という長い歴史の幕をここに閉じた。

本間恒郎

出合の暁景

【第六七景】

出合の暁景

北山川の熊野川に會するところにして
地は九重村に属し新宮の上流六里にあり

紀伊の山々は大量の雨に恵まれている。いくつかの支流や谷川を集めた熊野川は、古来から悠久の流れを育んできた。白く立ち込めた濃い霧が晴れ、周囲の山並みを映して姿を見せてくる。特に冬季によく見かける「出合」の風物詩である。

熊野川が、唯一大きな支流である北山川と合流するところが「出合」と呼ばれる地であり、熊野川町宮井の地である。古くは宮井を「水合」と表記しているものもあり、二つの大きな流れが出合い、まさに水の合わさるところが宮井である(「宮井《みやい》」は「水合《みずあい》」から出た地名と考えられるが、一般には「出合《であい》」という表現もよく使われている)。

(一九四〇年代から五〇年代に相当する)第二次大戦の戦中・戦後の少年期をここに育った私にとっては、この出合は楽しい遊び場であり、今も忘れることのできない思い出の場所となっている。

瀞峡観光の客を乗せて、大きな爆音を轟かせて走っていたプロペラ船は遠い思い出のかなたへと去り、とって代わったジェット船が往時と変わらず連日観光客を運んでいる。

新宮からの陸路はここで途絶え、奥地への交通手段は水運に任せられていた。団平船《だんべ》に積み込まれた貨物が本宮・十津川へと曳き上げられていく風景は、昭和三〇年代に国道一六八号が開通するまでの日常の風景であった。

流れてくる筏に飛び乗って遊んだ水遊びの夏。岸辺に流木を見つけると一本丸太を上手に操り乗って川岸の丸太を拾い、筏に乗せ木している筏師の姿は今も瞼に焼き付いている。子供心にも格好良い男の仕事姿と映った。時には、「出合」にさしかかった筏が、北山川から流れてきた筏とぶつかり合体したまま一つになって流れていた風景も思い出される。

熊野川町宮井付近

中学生の頃の夏休みには、天候さえ良ければ一日中「出合」の川原で鮎を追って泳いでいた。二メートル程の竹竿とワッパ（水中眼鏡）を使っての泳ぎながらのチョン掛け漁である。また、「ヨホ漁」もここでの大きな楽しみの一つであった。川幅が大きく太くなる大洪水がその時である。台風通過に怯えながら一夜明けると、堤防を乗り越えた濁流が大河となっている。流木の群れの中に筏そのままの姿や、水船となった団平船も混じることがあった。今の宮井大橋の北詰付近は、激流から逃れてくる川魚たちの格好の避難所でもあったようだ。父・祖父との三人で伝馬船の帆柱に吊るされた四本の竹竿に張ったヨホ網ですくい取る漁である。大量の鮎に混じって、大きな鯉や鰻が獲物となったこともある。なぜかウグイやハヤなどが獲れたことはない。

「出合」を見下ろす小高い山が二つある。このどちらかに宮井城（小さな砦と想像している）が存在したと伝えられている。しかし、確認には至っていないようだ。「城の花」「城の元」など、旅館名や地名にそれらしき名が残っている。また川底地下には、宮井炭鉱や松沢炭鉱から続く石炭層が深く潜り込み、薬師炭鉱ではこの地底深くから良質の無煙炭を掘り出していた。

姿を消した筏流しの風景は昔日の思い出となり、軽快に流れに乗るカヌーの姿が見られるのが今の「出合」の風景となっている。

仲　陽一

撞木山

【第六八景】

撞木山

九里峡奇勝の一

江戸時代は河合村《かわい》（川合村《かわい》）と呼ばれ、昭和初期まで「川合」と呼称されていたのが現在の熊野川町相須《あいす》である。

北山川と十津川（熊野川）の合流点から十津川沿いを約八〇〇メートル遡《さかのぼ》ったところの左岸に甲明《こうめい》神社がある。氏神さまとして、その昔本宮大社から本社五体、別社三体の神々を迎えて祀り、また音川《おとがわ》にて出生したと伝えられる薩摩守忠度《ただのり》もここに祀られている。境内には、数百年を経過していると思われる幹回り七メートルほどの大きな杉の樹があって、村を見守ってくれている。

この神社から旧道に入って切り立った山伝いを行くと、岸から川に向かって突き出していた大きな岩に、たまたま上流から流れてきた絹布が巻きついたことから、「絹巻き」という地名のつけられたところがある。しかしこの大岩は、明治二二年（一八八九年）の大洪水によって流されてしまったとのことで、今はその姿を見ることができない。

この「絹巻き」の上部が四木山《しもくざん》（撞木山《しゅもくざん》）と呼ばれるところ。川岸から四枚の屏風を立て連ねた様な見事な岩壁に、天然の松が生え、サツキ、ツツジ等が懸崖をなしている。かつては風致保安林に指定されていて、相須〜十津川間を行き交うプロペラ船からの眺めは全く素晴らしく、夏は岩に咲くサツキやツツジが、秋は黄昏《たそがれ》時に照り映える紅葉が観光客や本宮大社参拝者の目や心を楽しませた。

四木山の岩壁の間に、楯《たて》ヶ谷《たに》と呼ばれるきれいな谷川がある。その流れは小さな滝となって、音もほとんど立てずに十津川に流れ落ちている。その滝の落ち口の少し上流の谷川の中央部に直径二メートル位の壷があり、その周囲は固い岩石で出来ている。壷は今は土砂に埋もれてしまい、谷川の水がその上を流れていくに過ぎないが、昔はその壷に川舟の長い帆柱を突き立てても底まで届かないほどの深さがあったと伝えられている。

四木山

昔、川合村に美しい娘が住んでいた。ある時、娘の藁草履が水に濡れ、それが毎朝いつもそうであるのを不思議に思った家人が、夜中に密かに娘の後を付けていったところ、この楯ヶ谷に辿りついた。とうとう家人に見つかってしまった娘は、「私の住むところは本当はここなのです」と言い残して、そこのきれいな、深い壷の中に入ってしまった、という。ここから村人達はこの壷のことを「姫や壷」と呼ぶようになったとされる。

この谷の両側の山は、村の入会《いりあい》山である。川から山へは、大きな自然石を積み重ねた「五十石橋」という道を通っていった。急傾斜の、険しい山道を登って薪を伐って川まで運び、また舟の梶にするために大きな樫の木を伐り出したとかで、その山の地名は梶下峪《かじしたさこ》と付けられていた。村人達はそこに植林された樹木を成長させるために下草刈り作業などに出て働き、美しい森林を守ってきた。頂上は富士根山《ふじねやま》の頂きになっており、標高四七二・六メートルという、国土地理院の三角点の標柱が立てられている。

相須集落の家の前は畑地で、戦前は全部桑園であり、主に女性の仕事として養蚕が盛んに行われていた。春から秋までの間数回に亙って飼育、桑の葉を摘み取ってきては未明から夜更けまで給餌《きゅうじ》を繰り返す、文字通り不眠不休の作業だった。繭が良い成績で、またより高い品質で増収される様、飼育に力が入れられた。そうして出来上がった繭は米国に輸出されたが、一時期日本の外貨の七割は絹絲の輸出で稼がれるといわれるほど貴重な産業となっていた。

このように生産された繭と、薪や木炭などの林産物とは団平船《だんべ》で新宮へ運ばれ、帰りの船で米その他の商品を積んできた。船頭さん達は、冬は冷たい川に入って重い荷を積んだ船を曳き上げ、夏は照り返す川原の暑さにめげず黙々と船を曳いて荷物を運んでくれた。このように山林の仕事、畑の仕事、川の仕事それぞれに打ち込み、たゆまぬ努力を払ってこられた先人達の労苦に、心から感謝したいと思っている。

東　淳

筌川

【第六九景】

筌川

源を大塔山に發し請川村に至り熊野川に入る

請川橋（図・②）は、明治中期に架設された木製の橋で、当時としては近代的な大橋であった。明治三二年（一八九九年）九月一九日に、村民や有志によって盛大な完成祝賀式が行われたと聞かされた。昔より交通の要所であった請川三部落（上郷・下郷・柿）が徒歩で往来できるようになり、随分便利になったと言われる。

この橋がかかるまでは、上郷と柿地区は筌川《うけがわ》（現・大塔川）に隔てられ、渇水時は浅瀬を徒歩《かち》で渡り、増水時は渡し船を利用したとのことである。

百景の写真は、成石《なるいし》で大塔川と四村川が出合い、筌川と名前を変えて、大川（熊野川）と合流する地点、国道一六八号線上に昭和五〇年（一九七五年）三月竣工した「請川橋」（図・①）の下流の河原附近から上流に向かって撮ったものである。従って左手が上郷側で、右手が柿の橋本屋前附近である。出水毎に流れが変化するので定かではないが、真正面に見える山が川湯向かいの開墾地続きの稜線だと思われる。ただし橋は、昭和七年（一九三二年）以降、もとの木橋から鉄筋コンクリート製のモダンな橋に変わっている。

昭和初年まで上郷側の橋の下に川船が横付けされ、日用雑貨を積んで大塔川を溯り静川《しつかわ》まで運搬したという。時にはお客も乗せたらしい。大正時代の写真で、成石橋のすぐ下流を客を乗せた曳船が上る様子の写ったのを見たことがある。道路網未発達の時代、川が重要な交通路だったことを物語っている。

旧景写真の中央部分、木橋の左岸より四本目橋桁の左側欄干下に、白い屋根らしいものが見える。ここが成石（図・⑤）で、大塔川と四村《よむら》川の合流地点である。また左岸より二本目の橋桁の上方に見える屋根のところ（図・③）は、高等科時代の恩師、仲先生の住居跡（今はない）のように思われる。

前の川がセンド渕（図・④）の下流。センド渕は、大塔・四村両川が出合った

本宮町請川

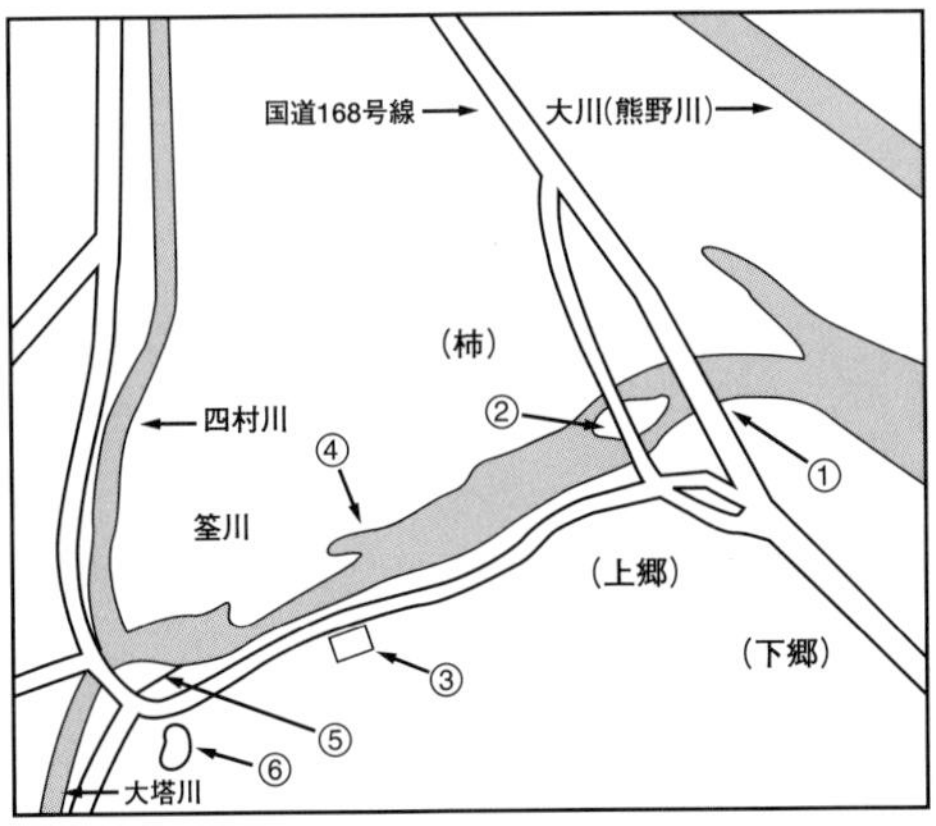

請川附近略図

成石からすぐ下《しも》の大きな渕で、昭和三〇年（一九五五年）位までは「下《しも》乗り」を待つ筏がいつもここに繋留されていたのを思い出す。

またここには、請川尋常高等小学校の水泳訓練場があり、夏休み前には練習した。筆者が高等科生徒だった昭和一五年当時、まだ水着類はなく、男子は越中《エッチ》フンドシ（クロネコと称した）、女子はシュミーズがけで泳いだ。

センド渕の上・下流域は紀州藩主許可の御朱印鵜飼船が行われたところで、江戸初期から明治初年まで、鵜匠による鮎漁が続けられ、格好の漁場であったと語り継がれていたのも、今はもう幻になってしまった。

成石橋の近くに、明治末の大逆事件に連座、無実の刑に服した成石勘三郎・平四郎兄弟が静かに眠る墓地（図・⑥）がある。最近は墓参の人も多くなった。終わりに、昭和四二年（一九六七年）、荒畑寒村が撰文した「蛙聖《あせい》成石兄弟之碑」の碑文を紹介して冤罪《えんざい》の証しとしたい。

「明治政府架空の大逆事件を虚構するや、平四郎・勘三郎の兄弟また連座して倶《とも》に冤罪の罪に死す、『行き先きを海と定めししずくかな』は平四郎の辞世なり、風霜ここに五十余年、いま兄弟のため碑を建て無告の幽魂を弔う」

坂本勲生

本宮村

【第七〇景】

本宮村

古の音無ノ里にして新宮の上流九里にあり

明治三三年のものという百景・本宮村の写真は、現在の本宮備崎《そなえざき》橋附近から、熊野川の流れを中心に本宮の町並み、それに遠く果無《はてなし》山脈を眺望できる最も良い場所を撮影したものと思われる。

中世、熊野御幸が盛んに行われていた時代、熊野坐大神《にますおおみかみ》は本宮・大斎原《おおゆのはら》の熊野坐神社に鎮座されていたが、百景の写真は、その大斎原のすぐそばの熊野川と音無《おとなし》川、岩田川が合流する地点を中心に据えている。ここは歴代の上皇たちが、本宮参詣を終えて熊野速玉大社へ向かうため川舟に乗った、歴史的に由緒ある場所である。

ずっと古いころから昭和の時代にかけて、三反帆《さんたんぼ》の舟が川面をのぼり下《お》りし、筏師《いかだし》の見事な手さばきによって筏が次々と川下《しも》へ流されていた情緒豊かな風景が、写真から連想させられる。

大正九年（一九二〇年）頃になると、プロペラ船が新宮～本宮間を往来し、大正一四年（一九二五年）には熊野川飛行艇(株)が創立され、熊野川を唯一の輸送路として本格的に人・物の搬送が行われるようになった。写真の場所は船の発着場として、文字どおり本宮の玄関口として発展してきたところである。

昭和三〇年代半ば（一九六〇年頃）、電源開発(株)によって風屋《かざや》ダム、二津野《ふたつの》ダムが築かれ、水力発電が行われるようになったが、それに併せて国道一六八号の道路開発が急速に進み、人々の生活に大きな変化をもたらすようになった。しかし、開発は人々の生活に利便性をもたらす一方で、自然を大きく破壊する役割も持っているものである。その象徴的な現象が、あの壮大な熊野川がダム開発によって大きく変貌したことであろう。私たちの子供の頃は、エッチ（男子のシンボルを隠すための下着で、三角の布切れに三本の細紐をつけただけの簡単なもの）一つで熊野川を駆け巡り、様々な漁法を用いて魚をとり、雄大な流れに身を委ね、

川下から川上の本宮町本宮を望む

思う存分遊びまわった思い出は、今も大きな心の財産として、自分の中に深く残っている。

こうした熊野川も、時として大暴れすることがあり、人々の暮らしに多大の被害をもたらすことがある。明治二二年（一八八九年）の大洪水は熊野本宮大社の大半を流失せしめ、本宮の歴史を大きく変えさせたが、昭和二八年（一九五三年）の大洪水でも本宮地区だけで四〇戸近くの家屋が流失、川筋の村々は大損害を受けた。この時は私自身も、家や家財が根こそぎ流され、大変な困難に見舞われた苦い経験を持っている。

しかし、流域の人々は熊野川とともに長い歴史を刻んで生きてきている。神代の時代から連綿と流れ続けてきた、たくましく、また清らかな熊野川。いまもし、百景写真のような、一〇〇年前の姿がそのまま残されているとしたら、多分日本中に誇れるような観光の大資源になっていただろう、といささか残念に思うことがある。

備崎附近は、古くは「備《そなえ》が崎明け烏」と言って本宮八景の一つになっていた。旧社地・大斎原の前方、備崎（奥駈道《おくがけみち》「備の宿」）の入口で、その上空を烏が大群をなして大きく舞う情景には、確かに熊野の神秘性を感じさせる何かが潜んでいる。

昭和三九年（一九六四年）、プロペラ船に代わってウォータージェット船が観光船となり、団平舟《だんべぶね》や筏の運行はなくなった。水の流れはやせ細り、熊野川の姿もそこに広がる光景も大きく様変わりしたと言えよう。しかしそれでも、熊野川は流域の人々にとって「こころの大動脈」であることは変わりない。

備崎橋附近から一望する本宮の風景は、熊野川とよく調和して、今もなおすばらしいものがあると思うのは私だけだろうか。

嶝　公夫

音無川より熊野坐神社を望む景

【第七一景】

音無川より熊野坐神社を望む景

本宮の社はもと熊野川の岸にありしが
明治二十二年八月の大洪水後
今の高地に移されしなり

明治三三年発刊の『熊野百景寫眞帖』中のこの写真。本宮の西方に広い高台、平野《ひらの》がある。この高台の北東部、上平野地区からの遠望と思われる。

古《いにしえ》より、大斎原《おおゆのはら》に鎮座していた熊野坐《くまのにいます》神社が、明治二二年（一八八九年）八月、未曾有の大洪水に襲われた。流失を免れた上《かみ》四社の三棟を、翌二三年（一八九〇年）に現在地・下祓戸《しもはらいど》に移築、桧皮葺《ひわだぶ》き熊野造りの社殿が完成、翌々二四年（一八九一年）三月二九日に正遷座されたものである。この三棟を見るにつけ、古代の建築技術、建築美、自然との調和による荘厳さ、そして当時の神官の心意気に感服させられる。神社名は、第二次世界大戦後、（それまでの官制の「官幣大社」なる肩書もとれ）親しみのある『熊野本宮大社』へと改称。三棟は、平成七年（一九九五年）一〇月、国の重要文化財の指定を受けている。写真手前の拝殿は、平成四年（一九九二年）同じ場所に新築、床暖房など近代設備の整った銅版葺きの新しい立派な建物（黎明殿《れいめいでん》）となる。その向う側に隣接している神門《しんもん》は、かつて大斎原にあった東門を、本殿建設時に移築したものである。現在の神社社務所、授与所、宮司社宅等は、昭和四〇年代、五〇年代に新増築されたものである。

今日、本殿三棟は木立によって見られないが、他の建造物がよく見えるのは、平成二年（一九九〇年）九月の台風一九号により杉の大木が被害に遭ったからである。

下方に小川がある。写真向って左方が上流。これが有名な音無川である。現在この川は、川床が埋まり、水量も少なく、雑草が生い茂って景観が損なわれているが、往古の音無川は水量も豊かで、清らかな水が音もなく流れ、風情のある川

本宮中学校付近より熊野本宮大社方面を望む

であっただろう。

江戸時代末期までは、少し下流で左方、東方向に大きく流れを変え、大斎原に至る御幸道《ごこうみち》あたりまで蛇行し、ガソリン・スタンド、役場駐車場、役場庁舎等を包み込むような形で光明寺橋附近に流れていたという。

熊野詣の人々は、本宮に辿り着いたその足で、この川を徒渉して宝前にぬかづき、夜になってあらためて参拝するのが作法であったらしい。それで、はじめの参拝を「ぬれわらじの入堂」といった。

熊野詣。それには出発前の御禊《みそぎ》、数多くの王子々々での御禊、更に道中要所々における御禊、潔斎《けっさい》、垢離《こり》は重要な熊野詣の儀礼であった。従ってこの「ぬれわらじの入堂」という音無川での徒渉は、最後の潔斎垢離場に当ったわけで、特に重視されたものであると思う。「音無川」の名称そのものを「忌籠《いごも》り、潔斎と慎《つつし》み」を意味すると説く者もいるという。

音無川の流れは、江戸時代末期、熊野坐神社社家の玉置縫《ぬい》殿氏により河川改修工事が行われ、今日に至っている。写真の少し下流左岸、中村地区には、観光客からホテルと間違えられる役場庁舎が、また右岸の滝本地区には広い庭付きの住宅、本宮町医療保健福祉総合センター「うらら館」が建設され、ともに昔日の田圃や畑の面影はなく、大きく変貌を遂げている。

この音無川。昭和二〇年代、流域から産出された木材は、《狩川《かりかわ》》によって下流に運ばれていた。又、「小鮎は足の踏み場がない程いた」ともいう。今日、細くなった川の流れではあるが、鮎漁の解禁ともなれば、掬網《すくいだま》を持った人が川を溯っている。上流では蛍の乱舞が見られるのが嬉しい。

本宮地区の人々は、音無川を「前川《まえがわ》」、熊野川を「大川《おおかわ》」と呼び継ぎ、親しんでいる。

百景のこの一枚の写真は、かけがえのない本宮の歴史、文化や人々の生活、それに人と自然との深いかかわりを、私達にとめどなく詳しく語りかけてくれる。私達を静かに呼び起こしてくれ、それぞれの心の中に《夢》を膨らませてくれる風景写真である。

今本規策

国幣中社　熊野坐神社

【第七二景】

国幣中社　熊野坐神社

本宮村にあり熊野三山の一にして古来著名の大社なり
祀神　家都御子大神
創建　崇神天皇六十五年

杉木立に囲まれた高台（本宮町祓所《はらいど》）に、熊野本宮大社が鎮座されている。明治二二年（一八八九年）の大洪水により、旧社地・大斎原《おおゆのはら》から遷座された社殿で、流失を免れた二世紀前の建物であるが、檜皮葺《ひわだぶき》で白木造りの重厚な姿は森厳として、流石に熊野信仰の本山としての貫録と歴史の奥深さを感じさせられる。

旧社地では祭神一二社あった社殿のうち、上四社だけ遷《うつ》されたとあるが、中央に主神の家津美御子大神《けつみみこのおおかみ》、向かって右に天照皇《あまてらすすめ》大神、左に伊邪那岐《いざなぎの》大神、速玉之《はやたまの》男《おの》大神と伊邪那美《いざなみの》大神（熊野牟須美《むすび》大神）が祀られている。

古代、熊野本宮大社の創建は、第一〇代崇神《すじん》天皇の六五年と神社縁起等に記されているが、その後、用明天皇の御代と元正《げんしょう》天皇の霊亀二年（七一六年）に造営された記録がある。然し中世に二回（寛正《かんしょう》、永禄の頃）、近世に一回（明和の頃）焼失し、光格天皇の享和《きょうわ》元～二年（一八〇一～二年）に上四社を、また文化四～七年（一八〇七～一〇年）に中四社、下四社が造営されている。それから約九〇年後に未曾有の大水害を蒙り、明治二四年（一八九一年）三月に現在地に遷座、完成している。詮ないこと乍ら、火災や水害により沢山あったであろう歴代の宝物や文化財等が大半失われていることは誠に残念である。

此の度明治三三年（一九〇〇年）に撮った一〇〇年前の写真を見ると、全景は殆ど変わっていない様であるが、題字の「国幣中社」の部分だけは大正四年（一九一五年）に「官幣大社」に昇格、又昭和二〇年（一九四五年）の終戦後は官制がとれて、現在の熊野本宮大社へと変遷している。なお、官幣大社の頃は、毎年四月の例大祭にはお上《かみ》より勅使が来臨し、学校からも三年生以上の生徒が式典に参列した。特に戦時中は、毎朝地区別に分団を組み、分団旗を先頭に参詣して神

熊野本宮大社

前に武運長久を祈り、後鳥羽上皇の御製「はるばるとさかしき峯を分け過ぎて音無川を今日見つるかな」を二回合唱したあと、当時一二五段あった石段を駆け下り、慌てて登校した思い出がある。

終戦後の混乱から低迷していた熊野信仰も、わが国の経済発展と共に次第に復興されて、近年、熊野本宮大社は中世の熊野詣を彷彿させるかの様に参詣者が頓《とみ》に増加してきている。平成七年（一九一五年）には三棟の社殿が国の文化財に指定され、境内の防火施設も完備されていて、本殿前には立派な証誠殿も再建されている。一昨年（平成一一年）は南紀熊野体験博で歴史の道・熊野古道が広くＰＲされ、又昨年（平成一二年）は日本一の大鳥居が大斎原の山門に建立されて話題を広げている。そして今また、熊野地方の霊場と参詣道が世界の文化遺産登録に向けて動き出しているが、更に最近はＮＨＫ朝のドラマ『ほんまもん』が熊野を舞台にロケ撮影され、今年（平成一三年）一〇月から放送されるなど、まさに太古の聖地《くまの》が甦ってきているのではないか、恰《あたか》も熊野の神々の威光が全国津々浦々に発信され、諸々《もろもろ》を招請しているのではないかと思う次第である。

敷地康弘

湯峰温泉

【第七三景】湯峰温泉

本宮の南半里許の山中にあり
古来世に知られし温泉なり

湯の峯温泉（湯峰温泉）は、第一三代天皇、成務天皇の御代（書紀では一三一～一九〇年在位と推定）、熊野国造《くにのみやつこ》に任ぜられた大阿刀足尼《おあとのすくね》によって発見されたと伝えられる日本最古の温泉で、薬湯の効著しく、古くから熊野の湯治場として知られ、又熊野詣の湯垢離《ゆごり》場として熊野権現に参拝する人々の心身を癒してきた安らぎの場でもある。熊野古道・赤木越え、大日越えの二本の道が温泉場に通じていること、権現山に湯の峯王子社が祀られていることは、湯の峯が歴史的に熊野信仰と深くかかわってきたことを物語っている。又『小栗判官物語』にまつわる史跡が数多くあり、中でも判官が湯治したという「つぼ湯」は名高く、近年は小栗判官蘇生の地として湯の峯温泉への人々の関心が高まってきているようである。

明治三三年（一九〇〇年）撮影のこの写真は、現在のあづま屋旅館の裏山から撮ったものと思われる。しかし、その三年後の明治三六年（一九〇三年）五月、大火があって湯の峯温泉の大半が焼失してしまった。従って現存の人は誰もこの百景写真のような光景を目にしておらず、当然のことながら写真の中身を具体的に説明してくれる古老もいない。今は『紀伊国牟婁郡名所図絵』を参考にして、当時を探るしか、方法はない。写真手前の屋根は当時のあづまや旅館、谷向いの建物は伊せや旅館、橋を渡った先の縦長の建物は共同浴場と思われる。向かって左側の大きな建物は薬師堂で、その前に観音堂が見える。右奥は東光寺で、薬師堂と東光寺の間の少し奥まった所に湯の峯王子社が写っている。

火災に遭遇して百年の歳月が過ぎ、当時と現在との建物の位置関係は随分変わっていることに気づく。再建後は、薬師堂・観音堂・東光寺は一つになり旧薬師堂跡に建立されている。王子社は権現山に移されて現在の位置に湯の峯王子社と

湯峰温泉

して祀られ、旧東光寺敷地に当たる所に今は公衆浴場が建つ。公衆浴場は形を変えながら六回建て替えられたと聞く。又薬師堂前には、現在山本玄峰老師の頌徳碑が建立されている。

昭和二一年（一九四六年）一二月の南海大地震の際、温泉が止まり、湯煙も消え、村中大騒ぎになったことを記憶している。幸い、六四日後に谷川沿いから湯が出始め、その後全ての泉源が旧に復し、ことなきを得た。（記録によれば安政二年〈一八五五年〉の大地震の時も同様のことがあり、七五日間、温泉が止まったという。）

昭和に入って、湯の谷川のほとりもすっかり変わった。私達が子供の頃、谷川には各所に自噴泉があって湯煙がもうもうと立ち昇り、湯の町の情緒に満ちていた。昭和三〇年代以降、ホテル、民宿が増えて湯の利用が増加、湯煙も少なくなった。薬師堂下の谷川には湧出する温泉を木枠に組んで高く上げた名物の「龍の湯」があり、溢れる湯と湯煙は見事なものだったが、今はもう見られず、少し淋しさを覚える。湯筒より下流は河床整備で整然たる姿となったが、ここにも一つ自然の趣が失われてしまった感がある。

伊せや旅館の先々代経営者・伊奈輝一郎氏は、大正初期、私財を投げ出して本宮～湯の峯間に幅四メートル程の車道を造り、T型フォードを購入、営業許可を得て客の送迎を行ったばかりか地元の交通機関として利用させたというが、当時にあっては実にハイカラな試みで、すごいことをしたものだと感心させられる。

昭和三年（一九二八年）、湯の峯～下湯川間に車道が開通、又昭和一六年（一九四一年）には本宮～湯の峯間の車道完成。この頃から田辺より自動車が定期的に来るようになったという。湯の峯地内の車道はその後何度か改修され、現在の国道三一一号の完成時には道幅を広めるために谷川沿いの家は立ち退き、その後歩道も出来て平成一一年（一九九九年）の南紀熊野体験博を機に悲願であった大駐車場も完成した。

戸数三〇戸余りのこの山里にも百年の時の経過の内に数え切れぬ程の変遷があったことに改めて驚くとともに、長い歴史があり、しかもきわめて情緒豊かなこの湯の里に、近年、《ほたる》が戻って来つつあることに少し安堵の念を抱いている昨今である。

安井理夫

九重村

【第七四景】

九重村

北山川の口にあり薩摩守平忠度此の地にて生る

私の生まれ育った九重《くじゅう》の里は、小学校・中学校・役場・登記所・郵便局等、主要な公的施設、公共機関がほぼ揃い、旧村当時は村の中心地であった。特に九重茶の生産地として知られ、明治、大正から昭和の初め頃までは生産量も多く、四月上旬から五月下旬にかけて、茶摘みのために海岸筋から相当数の女性達が集まってきたと言われている。お茶は、静岡や神戸等の方面に売り出されていた。私も子供の頃には、もう操業は止めてしまっていたものの、茶工場があったことを記憶している。九重で生産されたお茶は、熊野川沿いの生活物資を運搬する団平《だんべ》船（三反帆《さんだんぼ》）で新宮まで下っていった、と先輩達に聞かされている。

旧九重村の写真に見られるように、当時は田・畑（茶畑）・草刈場が多く、峯から下の方を眺めると、北山川の筏、プロペラ船、団平船が見られ、また家々の並び建っているのが見られた。逆に浦地《うらじ》から上の方を眺めても、やはり家々が見えるのが九重の里の特色であったようだ。戦後は、田・畑は荒れて杉や桧が植林され、もう昔の面影はない。

北山村からの筏師や、玉置山越えで十津川村に帰る筏師が泊まるための宿屋もあったが、宮井大橋の開通（昭和三四年）、ダムの建設や林道の開設等により、木材の運搬は筏からトラックに代わり、それに伴い姿を消した。

プロペラ船は、当地にとって新宮への唯一の交通手段であったが、瀞八丁へ向かう観光客が年々増加するとともに爆音が問題となってきた。和歌山・三重・奈良三県（熊野川町九重・紀和町花井・十津川村竹筒《たけとう》）の子供たちが通学している九重小学校では、昭和三六年（一九六一年）、防音設備の整った新校舎が建設された。が、今は休校中で子供の声も聞かれず、淋しい里となっている。騒がしかったかつてのプロペラ船も、現在は静かなウォータージェット船に代わり、九重の里をめぐって流れる北山川は、瀞峡を訪れる観光客で相変わらず賑わっている。

熊野川町九重

私の子供の頃には、春になれば「たかな寿司」（めはり）を持って野山へわらび等の山菜を採りに行き、田植え時期には木で舟を作って大溝で流したり、夏になれば流木三～四本を集めて筏を組んで乗ったり、岩から飛び込んだり、一日中泳ぎ、遊んでいた。北山川が増水すれば谷に魚が入り、それを捕りにいった思い出がある。

しかし現在、里にはもう子供は住んでいない。過疎化、高齢化の中で、「カヌーの町」熊野川町では、道路の整備、地域の開発が進んでいる。九重の里も、夏場を中心にして、北山川でカヌーを漕いで楽しむ人達で賑わうことだろう。

石垣　陞

九重

北山川に沿ふ一邑にして宮井の北三十町許りにあり。瀞を探ぐるもの水陸共に此地を過ぎざるべからず。宮井よりは山水愈々幽邃に入り水極めて清冽にして河底望む限り人工もて小石を並べたらん如く舟の進むに從ひ游魚の忽ち棹に驚きて避散するあり、清流を掠め來る溪風は夏尚寒きを覺ゆ殊に拂曉山霜降りて河面を蓋ふに至りては其風趣名状すべからず。

九重は川の西に沿て村役場、學校、郵便局等あり。村の南北に溪を控へ南を九重谷、北を大宿谷といふ。對岸を花井と呼び御氣津神を祀る稲成社あり、又浄樂寺長訓の屋敷跡あり、其長訓は慶長年中北山一揆のとき勲功ありて浅野家より二百石を與へられたりといふ。

（大正八年、久保嘉弘編集・久保昌雄撮影兼発行『熊野百景』解説文より）

九重
くれたれは君を習はん花の朝　素雄

小野芳彦

瀞峡　入口

【第七五景】

瀞峡　入口

北山川の上流紀和の界にあり
山水の奇天下罕に見るところといふ

往時の瀞探勝

《瀞峡と時代々々の景物》

巨大な滝が少しずつ岩をえぐり滝壷を後退させていく。この浸食活動の繰り返しによって延長三一キロにおよぶ瀞峡が形作られたといわれている。いずれにしても遠い太古の話であり、人が熊野に住み着くようになるはるか以前から、すでに今のような渓谷になっていたと考えられる。ここを訪れる手段や人々の服装はかわっても、目にうつる景色は同じだったはずだ。

瀞峡がいつ頃から景勝地として知られるようになったかははっきりしないが、紀伊國名所圖會（図会）には、「勝景地としての発見は九州の耶馬渓と同じく、さして古きものにあらざるべく、物に見えたるは今より凡百余年の昔、天保四年熊野の人宇井菊珠、澤錦浦等の人々ここに遊びて、八丁瀞てふ題のもとに七絶を詠ぜしに起こり……」とある。天保四年（一八三三年）というのは日本全国で多数の餓死者を出した天保大飢饉の最初の年だから、ずいぶん呑気な話だが、とにかくその頃には渓谷に舟を浮かべて漢詩などを詠んでいた粋人がいたのである。もっとも、その人たちにしてもやみくもに遊びに来るわけはないから、それ以前

瀞峡　入口

からも知る人は知るという存在だったのだろう。

明治時代になると訪れる人の数は格段に多くなり、とりわけ明治一九年（一八八六年）に大阪から訪れた藤沢南岳が書いた『探奇小録』は抜群の宣伝効果を発揮したらしい。名所圖會にも「大阪の碩儒藤沢南岳翁またここに遊び其奇境を世に紹介せしによりて漸次世間に知らるるに至り、遂に今日のごとく天下に冠たるに至れり」と記されている。『探奇小録』に刺激されて瀞にやってきた文人墨客も多かったようだ。

洞天門から始まる瀞峡は、奈良・和歌山・三重の三県境が交わる田戸までの一二キロを下瀞、その上流二キロを上瀞、さらにその上流一八キロを奥瀞と呼ぶ。現在のジェット船が行くのは上瀞までで、川舟による昔の探訪範囲もほぼ同じである。しかし、文人墨客の残した作品から読みとれる昔の人の瀞での過ごし方、楽しみ方はかなり違う。のんびり進む川舟とジェット船というスピードの差はもちろんあるのだが、自然への寄り添い方というか、とけこみ方というか、心の開き方のようなものが違うのである。

俳人・荻原井泉水が昭和初期に書いた『どろ峡行』のつぎの一節などはその好例だ。

「……鋭く青白い、すべての物の奥深く秘めたる感情を引き出すような月光、うす黒く鈍く、永遠に解けない思想を包んでいるような陰影……その月光と陰影とが山と迫り水をたたえ、樹と茂り岩とそびえ、織りなされ、あやなされてここに不思議な階調を作っている。……」

月明かりだけの墨絵のような夜の渓谷に舟を浮かべる。その気になりさえすれば、昔よりずっと簡単に手に入れられる時間ではあるのだが……。

飛地北山村とその筏流しの変遷

谷　敏朗

紀伊半島南部の山間地として、熊野川の支流・北山川の渓谷に沿い、山の麓に集落をなす自然に恵まれた北山村は、総面積四七・二九平方キロメートルで、曾ては筏流しを主な仕事として生計を営んでいた。その後、エネルギー資源として水力発電の開発が進められるようになって、昭和四〇年（一九六五年）、北山川

【第七六景】瀞峡　銭函巌

瀞峡　銭函巌

水系に七色《なないろ》ダム、小森ダムが完成され、その前年に四～五百年も続いたと言われる筏流しの歴史を閉じるに至ったのである。

　それ以来、筏流しによる生計の道が断たれ、零細な農業や山林業や建設業に従事する者もいるが、若者の多くは村を離れて行くようになり、過疎化への兆しが見られ、村の衰退が憂慮されるようになった。

　そこで村興《おこ》し対策の一環として、村人たちが先祖からずっと受け継ぎ、守り培ってきた伝統の技術を活かしながら、多くの人々に北山川の清流及びその渓谷の絶景との出会いの機会を提供、自然との共生への回帰によって人々に癒し・再生の感覚を体験してもらおうと、村営の「観光筏下り」を始めてすでに二二年を経過した。そして年を逐《お》う毎に筏下りを楽しむ観光客が増加、事業として定着し、現在は和歌山県の飛地としても北山村への関心が寄せられてきているようである。

　なぜ飛地かというと、北山村は地形的に三重県または奈良県に位置する所にあり、本来はその何れかに入るのが自然であるが、和歌山県に属した特異性を有しているからで、これは林業を介しての経済基盤が新宮市との関わりを持ったことによるものと言われている。

　今から五〇年程前に遡《さかのぼ》って筏流しを回顧し、生活環境の変遷を振り返り、原点に還《かえ》って現在を思うのも、温故知新の教えに従うのではないかと思う。

　川には季節を問わず、幅約二メートル、長さ約三〇メートルの筏が一〇乗り程繋留されている。早朝には、見習いの者も含めて二～三名が組になって、三～五乗りの筏を巧みに操縦して行く威勢の良い男の姿が見られた。

　まず瀞八丁まで行き、そこからは一人で、途中一～二泊がかりで新宮までの約六〇キロの川の旅をす

瀞峡　銭函岩

るが、筏師にとっての一番の難所は、小森地区にある神護《じご》、音乗《おとのり》、上滝等の落差二メートル余りある激流であり、これらを乗り越えるまでには三～四年の修行が必要であると言われていた。

夏になると、子供達にも大人にとっても筏と川との関わりが一層深く、楽しいものとなり、川は終日おそくまで賑やかであった。

雨による増水時には筏からの釣り（鮎、鯉、鰻等）を楽しみ、平時には子供達が全巾が凡そ二〇メートル以上もある筏の下を潜ったり、筏の上からの競泳を楽しんだりしたものである。また時には、筏の組み立てに用いる「かん」を水中より拾い、小遣い銭にしたもので、今で言うリサイクルである。

飛地の村は山の幸にも恵まれ、人々は自然への篤い想いを抱いていたものであり、時として郷愁に駆られ、村の当時の良さを懐かしく思うのである。

更に九五年程前に遡るが、北山村近隣の筏流しの技術が高く評価され、明治三九年（一九〇六年）に、雪解け時の流水を利用しての厳しい鴨緑江《おうりょくこう》の筏流しに、北山村から七〇名が初めて海外へ出稼ぎに行ったほどであった。（鴨緑江は全長約八〇〇キロの朝鮮第一の長流で、朝鮮と中国東北区〈旧満州〉との境をなしている。）

振り返ってみるに、北山川水系にダム建設計画が浮上した当初、村民は川の恵みからの暮らしを護るためダム建設反対の立場だったが、将来のエネルギー資源を考えるとき、ダム建設を容認しなければとの思いに至ったのである。

北山村の高齢人口比率は四二%と最も高く、その殆どが筏流しで生計を立て、その歴史を継承し、村を支えてきた先人である。

現在は他府県で観光筏下りの後継者を募集し、応募・合格した九州、埼玉、大

瀞峡　天柱巌

【第七七景】

瀞峡　天柱巌

〔飛地北山村とその筏流しの変遷　続き〕

阪等の出身者八名も訓練を受け、献身的に村を支えて呉れている。

　近未来さえも予測しがたい時代であるが、先人の足跡に報いられるよう、故郷への篤い想いを抱き、後世への遺産に、新しい村づくりに取り組んでいくのが我々の務めであろう。

福住弘治

プロペラ船とウォータージェット船

〔団平船〕

　平安の昔、約千年前には、熊野詣の上皇や貴族は、本宮から新宮まで舟で下っていたようである。明治の頃、熊野川を上下する舟を団平《だんべ》船と云った。全長一二メートル、巾二メートル、人なら一五人位、米なら二〇俵位を乗せた。ところが川床が浅く急流のため、舟を漕いで上るわけにはいかない。人間が川原を歩いて引っ張ったものである。早朝に新宮を出て、本宮までの四〇キロを一二～一三時間かけてたどり着いたのである。このつらい仕事に就いていた脇川幸治さんが、何とか機械化できないかとスクリュー船を作ってみたが、瀬を上ることができず、少し時間を短縮できただけであった。

瀞峡　天柱岩

［プロペラ船の発明］

大正六年（一九一七年）夏、米人飛行士スミスが新宮川原で見世物飛行をした。その時、船夫の鳥居丈之助さんが消防団員として二〇人程の人と飛行機が発進するまで機体を押さえていたが、プロペラの回転が上がるとズルズルと引っ張られた。鳥居さんは、この強い力を舟に利用できないかと考えた。色々とやってみたがうまくいかず、脇川さんが協力してやっとプロペラ船（当時「飛行艇」と呼称）ができた。三二馬力のエンジンで船長は鳥居さん、機関士は脇川さん、助手が一人であった。大正九年（一九二〇年）一〇月のことである。一二時間余かかった本宮へ四時間足らずで到着した。飛ぶ鳥のように速かったので「飛鳥号」と名付けられた。料金は団平の一円五〇銭に対して二円五〇銭、それでも客は殺到した。プロペラ船は儲かるとあって業者が乱立し、五社一八隻にもなって競争が激しく、夜間ダイナマイトで爆破すると云う事件まで起きた。そして昭和二年（一九二七年）、熊野川飛行艇（株）ができた。

天下の名勝瀞八丁は道がなく、川舟でも困難で、訪ねる人は何人もいなかった。プロペラ船が瀞まで就航したのは大正一三年（一九二四年）四月であったが、当時は新宮川原から発着していた。川原には団平船の時代から二〇〇戸近い家が並ぶ川原町ができていて賑わっていた。

順調だったプロペラ船も、戦時中は瀞八丁航路は中止され、ガソリン不足のため木炭ガスで本宮、十津川まで運行した。戦後は再びガソリンとなったが、昭和二四年（一九四九年）、ガソリンに税が課せられるようになり、ディーゼルエンジンに切り替えることとなった。入社後間もない私が取り組んで何とか成功し、燃料費が大幅に安くなった。一方、騒音も高くなって一一五ホン、プロペラ船より更に高くなったが、その対策は困難であった。

［ウォータージェット船の開発］

熊野川上流のダム建設が進むにつれ、瀞峡がなくなると云う噂が流れ、観光客が減り出した。《瀞峡は生きている》とポスターを作って宣伝して回ったが、効果がなかった。そこで、プロペラ船では時間がかかり過ぎてもう観光客を呼べないと考え、ハイドロジェット推進の研究をしていた私は開発室課長となり、開

【第七八景】

瀞峡　烏帽子巌

瀞峡　烏帽子巌

〔プロペラ船とウォータージェット船　続き〕

に没頭することになった。当時、東京の東栄マリンと云う会社が、米国からレジャー用のビューラー式ジェットボートを輸入、販売し始めた。このボートは全長五メートル余、八人乗りで時速六〇キロ近く出ると云う。これをプロペラ船に利用できないかと考えそのカタログデータとプロペラ船推力を比較したが、推力が足りない。色々と考え二基並列に使い増速することにより、計算上の速度はプロペラが二二キロに対し三〇キロとなった。自信を持った私は会社に提案し、プロペラ船第三三号を改造することとなった。改造のためには先ず増速ギヤーを製作しなければならない。プロペラ船には三菱自動車のバスのエンジンを使っていたから、同社に増速機の製作を依頼したが、一・九倍の増速機など作ったことがないと一旦は断られた。それを強引に頼みやっと引き受けて貰った。これで成功すると思った。改造のための設計や図面は私が担当し、船体は岩本造船所が着工、装置などの製作は熊野交通の整備工場で行った。形ができるにつれて「こんな小さなもので走るものか」という批判が出たが、プロペラ船との比較テストをしていたので自信はあった。忘れもしない。昭和四〇年（一九六五年）六月一九日午後四時、宮井社長、辻本専務、三宅常務らを乗せて爆音も軽く走り出した。速い！　プロペラ船とまるで違う。すぐに速度測定をしたところ、時速三〇・一キロ、計算通りであった。私にとってこれ程の喜びはかつてなかった。一生決して忘れないだろう。

七月一日には加藤専務ら三一人で瀞峡へ試運転に出たが、上り二時間、下り一時間一五分で、一時間半の短縮であった。騒音もプロペラ船の一一〇ホーンに対して八三ホーン、船内での会話が可能となった。初就航は昭和四〇年一〇月一日で、三隻のウォ

瀞峡　烏帽子岩

ータージェット船が一〇〇人の客を乗せて静かに出航した。特別運賃二百円を加算して千二百円だったが、毎日二往復するほど人気があった。ハイドロジェット推進の旅客船としては熊野交通のこのジェット船が世界で最初の船であると思う。

プロペラ船二九隻のジェット化が終わる頃、法規が改正され、五トン未満の旅客船が認められなくなった。止むなくFRP船の建造に踏み切ったが、当時は漁船にやっと使われ始めたばかりで、五トン以上のFRP旅客船の建造など到底不可能と思われていた。運輸省に出掛けメーカーと共に粘り強く交渉、やっと建造を認めてもらった。これはジェット船を開発してから六〇隻に及ぶ改造や新造を、すべて自社でやり遂げた実績が評価されたからと思われる。昭和五五年（一九八〇年）末、計画の二一隻が完成、八隻の減船となった。（丁度その頃、昭和五五年一一月四日、現・皇后の美智子様が皇太子妃として清宮様とともに瀞峡探勝された。この時、私も同乗を許されたことは、私のもう一つの大事な思い出となっている。）

今年（平成一三年）四月から六月にかけ行われたドイツのフランクフルト芸術祭に、熊野交通のジェット船が、ベニスのゴンドラやイスタンブールの船とともに、世界の三隻として招かれたそうである。

藤社宇三郎

瀞峡　屏風巌

【第七九景】

瀞峡　屏風巌

《瀞峡に関する諸家の文》

一　瀞峡

小野芳彦

瀞峡は和歌山、三重、奈良、三縣の間に介し熊野川の支流なる北山川の上流にあり。四面翠巒にかこまれ斷崖近く迫りて屈曲相對し鳥ならでは翔り難く翼なくて渡り難し、故に舟を傚ひて玉置口より田戸に到る、此路程十三町其中八丁を瀞八丁といふ。水洋々と紺碧を湛へて時に細鱗の躍るを見るのみ、さながら碧瑠璃の上に遊ぶが如し。滑岩屏風巖烏帽子岩天柱巖伏虎岩龜島など岸に沿ふあり河中に轉ぶあり。瀑布四五左右に懸り躑躅花檜杉の間に點綴し砂石に屈む河鹿ひろひろと啼く。稍河身廣くならんとする所、田戸の瓦屋空中に顯れ点々として碁布し高架の釣橋天の網かと疑はる。都て幽逸閑雅にしていつしか我を忘れ陶然として一瓢を傾け謠へばうたひ手をうつ山彦に興を添へ歸るを忘る。土人只瀞八丁とのみ誇稱すれ共更につゞきて上瀞峡あり、見る所、聞く所ともに明さば凡一里の餘皆稀世の絶境といふべし。此の奇勝を知らずして天下の勝景をかたる勿れ。

（後略）

［県立〈旧制〉新宮中学教諭・小野芳彦は、〈大正九年〉久保嘉弘編纂、久保昌雄撮影兼発行のハンドブック『熊野百景寫眞帖』各景の解説、紹介に当たっているが、これは「瀞峡」冒頭で全体的に説明したものである。］

瀞峡　屏風岩

二　天下の絶勝　瀞峡

佐藤春夫

他郷の人々南紀の地を指して奇山と異水に富めりと言ふ。或は然らむ。しかも三嘆すべきものは蓋し瀞峡か。千尋の碧潭と万仞の懸崖と。異水にして自ら奇山を兼ぬ。浄として實に賞するは堪えたる哉。山意は仰ぐに従ひて展け水情は探るに任せて更に加ふ。山禽聴く可し、魚鰕窺ふ可し。勝區の廣と風致の饒と、疑ふらくは神仙自ら手を下して名園を築くならむ。宜なり、清雅の士の好んで來遊し競ふて名を傳稱するや。（後略）

［大正一四年〈一九二五年〉、中学時代の同級生で友人の久保写真館主・久保嘉弘が、四つ切・五枚の写真集『瀞峡』を作成、発売したとき、佐藤春夫は久保の求めに応じてこのような宣伝文を書いた。］

三　瀞峡

濱畑榮造

（前略）私は大正二年に瀞を観てから今日まで十数回の見物で、郷人としては誇るに足らぬ回数ではあるが、見る度毎に感情は変る。初めは人は見るから見に行く、次は見る度毎に景色の変化に気付き、雨奇晴好、瀞は何時見てもよいから見に行く。戦後（昭和二〇年〈一九四五〉年以後）は見る度毎に汚くなり、気にかかるから見に行く。そして見る度毎に詩興の湧かぬでもないが、それを表現するには、余りに詞藻は貧弱で、此の天下の奇勝に対して自己の小ささを知るのである。戸川秋骨氏も

「その趣とは、この風光の主調であるが、それは恐らく容易に人間の技巧を以てでは云い尽くせない。私は鬼が城でも、那智でも、自分の叙述の力のないのに弱ってしまったが、この瀞を見ては、何とも仕方なく、全く露骨に感得した」

と、瀞の幽婉端麗さに圧倒されての告白である。

勿論私もその一人であるが、集めた文献の中から、適当な詩文を塩梅して、拙文に換え管見を述べて世に問う事にした。

瀞峡　中央

【第八〇景】

瀞峡　中央

〔三　瀞峡　続き〕

瀞は蓋し天下の絶景である。しかし此の絶景が天下に知られたのは極最近の事で、永い間、徒らに三千六百峰の中に眠らせて居たのである。これを天下に出したのは、明治の初年、三重県知事の石井氏の巡視による。そして石井氏の勧めで、野村雨荘が明治一九年（一八八六年）、「鬼通路《キツロ》渓」として世に紹介したのがそもそもであるようだ。

いくら熊野の猿でも、いいものはいい位の事は判るので瀞の絶景を新宮に下って来ては人にも語ったであろうが、何分交通不便で郷党の文人墨客もおいそれと行くわけには参らず、徒らに指を食えて耳を傾けるだけであった。

新宮に欝翠園と云う私塾があった。塾生の宇井掬珠先生は当時の熊野の文化を牛耳って居た漢学の大家である。此の先生の主唱で、主なる門下生を連れて瀞見物に出かけた。それが今日遺る大石貞和の北游記（原漢文）である。

「天保四年（一八三三年）四月既望、欝翠金先生（祖先は秀吉の朝鮮出兵時連れ来られた金氏である）、錦浦隰《シツ》（沢氏、若山の詩人）ト相与《トモ》ニ偕《トモ》ニ北游ス。門弟子従ヘリ。蓋シ八町瀞ト曳布瀑《ヌノビキノタキ》トノ勝ヲ探ラントスルナリ東シテ道ヲ井田ニ取リ、折レテ北シ、西原ニ及ビ、一農家ニ入リ、携フル所ノ瓢ヲ開キ相酌ンデ出ズ。上野村ニ到リ毅《キケン》軒東氏ニ入ル。毅軒導キテ屋後ノ山ニ登リ、讃人正木寛斎書スル所ノ一石碑ヲ観《シメ》ス。正楷賞スベシ還リ飲ンデ寝ヌ。

十七日、日出デテ発ス。西行スルコト二里余、新堤ヲ観ル。上ハ風顛《フウテン》ナル者《トコロ》、或ハ云フ、風伝或ハ云フ、風殿ト。山上常ニ風爽々トシテ四時絶エズ。故ヲ以テ名ヅクト云フ。下ルコト三里許リニシテ幽渓ヲ得タリ、水尤モ清冽ニシテ掬スベシ。又西スルコト数里ニシテ板屋村ニ至リ、鹿亭西村氏ニ過《ヨ》ギル。鹿亭自ラ酒肴ヲ調ヘ家僮ヲシテ担ヒ以テ従ハシム。山ヲ越エ水ヲ渡リ玉井口ニ至リ、村長ノ家

瀞峡　中央

へ入リ、将ニ舟ヲ借ラントス。可《キ》カズシテ曰ク、方今麦秋、誰カ余閑アルヲ得ンヤト。錦浦之ニ瓢ヲ示ス。乃チ舟ヲ艤シテ来ル。然ル後、衆ノ喜ビ知ルベキナリ。北ノカタ峻湍《シュンタン》ヲ泝《サカノボ》ルコト里許リ、乃チ所謂瀞ナリ。碧湍千尺《セキ》、其底ヲ知ラズ。両岸ノ奇壁、屏ノ如ク、洞ノ如ク、鼈《スッポン》ノ如ク、螺《ニシガヒ》ノ如ク、刃《ヤイバ》ヲ摧《クダ》クガ如ク、戟《ホコ》ヲ列スルガ如ク、具ニハ状スベカラズ是ニ於テ瓢ヲ開イテ交々酌ム。欝翠笙ヲ吹キ、和（貞和）ニ命ジ横笛ヲ将《モツ》テ之ニ和セシム。声壑《タニ》ニ震フ錦浦、田崎生（藍崖）ト毫《フデ》ヲ操《ト》リテ景状ヲ模写ス。村長茫然トシテ気ヲ出スコト能ハズ。是ニ於テ舟ヲ廻シテ還リ、厚ク村長ニ謝シ、因ッテ復《マタ》舟ヲ借リテ遂ニ下ル……」

とある。ここで初めてドロに瀞の字を宛てたのは嬉しい。（中略）

明治以降、交通の発達につれ、瀞は急に脚光を帯びて来たが、天保四年、観光客一人としてないこの静寂の真っ只中で、笙や横笛を吹き、詩を作り、絵を画き、放歌酣酔して、東道の主を茫然自失せしめるような遊びを誰がしたか空前絶後の清遊である。（後略）

［濱畑榮造著『熊野よいとこ』〈昭和五五　年発行〉より］

［濱畑榮造は長く県立新宮高校などの国語、漢文の教員を勤め、新宮市立図書館長も勤めた。郷土史研究家として活躍、『熊野郷土読本』巻一～巻三、『熊野の史料と異聞』『続熊野の史料』『大石誠之助小伝』などの著作を遺している。］

《大正時代中・後期の瀞観光》

今からおよそ八〇年前の大正時代中・後期（一九二〇年前後）、佐藤春夫が雑誌「中外」に『田園の憂鬱』を発表（大正七年）、新進作家として大活躍し始め、西村伊作が東京神田駿河台に「文化学院」を創設（大正一〇年）、日本の中等教育界に新鮮な空気を送り込み、また（すでに大正始め以来、新宮～勝浦間に軽便鉄道・新宮鉄道が開通していた）熊野では飛行艇（プロペラ船）が開発されて、川舟なら通常約十二時間かかる新宮～本宮間を三時間で結んで（大正九年一〇月）、河川を使った交通・運輸に一大変革をもたらしつつあったころ、本宮、瀞への旅はどんな風であったか。大正一〇年（一九二一年）五月、紀州藩主・徳川家の子孫である徳川頼倫侯爵夫妻が（明治二二年、大正四年につづき三回目）来熊、本宮、瀞方面へ遡行した折の様子から覗いてみたい。（編集部）

瀞峡　滑巌

【第八一景】
瀞峡　滑巌

徳川侯の瀞見物　一部機械船も利用

（大正一〇年五月）一三日午前八時、（徳川頼倫侯爵夫妻ら一行は）新宮川原を出発。騒音の心配からモーター船は使わず、杉舟で遡行、午後五時半、本宮に到着。その夜は鈴木旅館で一泊、翌一四日朝、熊野坐神社参拝。旧社地を巡覧して川原からモーター機械船（プロペラ船）に乗った。周囲の者たちは、この生まれ立てのモーター船の振動と騒音に夫妻が果たして耐えられるかどうかを懸念し、一応昨日の杉舟も曳航しつつ下ることとなったが、二人はそうした皆の心配を他所にこの新鋭船をすっかり気に入り、お付きの三浦男爵や佐々木家扶、それに田村東牟婁郡長らとともに、次のような歌を詠んでは笑い転げていたという（「小野芳彦日記」五・一四付）。

波立てて音なし川に飛びきつつ
　早瀬を下る気快船かな　　侯爵

飛行機に乗る心地する機械船
　つゐ落せずに下る新宮　　侯爵

名も高き音無川に音立てて
　流を急ぎ下る早船　　奥方

奇怪にも機械で走る気快船

瀞峡　滑岩

機会を得れば新宮一飛　　男爵
食はず嫌い御損でござる
乗って見やんせ機械船　　侯爵

乗らずに居られよかこの機械船
殿の召された船じゃもの　　家扶

機械船より何よりかより
御供の機会がありがたい　　郡長

本宮から瀞、新宮に至る一行の行程を示すと、次の通り。
[本宮]………プロペラ船………[木津呂]………徒歩………[玉置口]………
団平船………[田戸]………[下瀞・上瀞遡行]………プロペラ船………[新宮]

誕生間もないプロペラ船は、まだ馬力も小さく、木津呂、玉置口間の浅瀬を大勢乗せてのぼり切るのは無理があったのであろう。頼倫侯を含め、男性は皆、一旦プロペラ船を降りて玉置口まで山越えに歩いている。
（〈昭和五七年〉県立新宮高等学校同窓会発行『新高八十年史』上巻《明治大正編》より）

《電源開発に反対し瀞峡保全を訴える》

瀞八丁の失はれるを惜しみて

佐藤春夫

われらが熊野の地は、南国の情趣とともにまた海に山に川に自然の景観の瞠目すべきもの尠からずと雖、その冠たるものを實に瀞八丁となす。吉野熊野國立公園の心臓部にして、十和田湖とともに特別地区として保護尊重さるるは偶然にあらざるなり。わが少年時、先師與謝野寛先生の生田長江、石井柏亭の両先生を帯同して熊野遊覧の事あるや、郷土の人士は伊勢路より木の本町（現熊野市）より新

瀞峡　奥

【第八二景】瀞峡　奥

瀞峡を泝ること八町田戸に至る
峡は此に盡くるも上流なほ奇景少可らずといふ

〔瀞八丁の失はれるを惜しみて　続き〕

宮に入らんとする三先生を、市木よりの山越えを瀞八丁に案内して川を下り、迂路によつて新宮に迎へしは實にわが熊野の誇たる瀞八丁を先づ先生方に紹介せんがために外ならざりしなり。先生らは歡聲を擧げて山精水伯に敬禮せりと傳へらるるも就中、詩人は、

翠色《みずいろ》の衣《きぬ》着し母のふところに在りし日おもふ瀞の一日は

と詠じたり。蓋しこの原始的風景の俗塵に汚れず、人をして太古の民の純眞に歸らしむるものあるに感じたるを言ふもの、まことにかの幽谷の美を精神的に捉へ得たる一首として珍重すべく、瀞の地は單なる風景にとどまらず、すべての至美の如く一種の宗教的意義を以て風教に益あるを知らしむるものに非ずや。これを失はんとするが如きは天下無比の暴擧にして、文化國家の名に恥づ可きを知るべし。

亡友　人も知る樂に天才を謳はれし宮城道雄は、一日僕に瀞八丁の遊を語りて、「あんな瀞かに清浄なところは見た事もない。是非もう一度行つて見たい。幸に君かの地を歌つて我に與へよ。一曲を作りたい」と。僕喜んでこれを諾し、「然らばそのうち相伴つてかの地に遊びませう。僕、久しくこれを見ぬを憾む」と。周遊をも、また作詞作曲の事をも果さずに、彼の不慮の死に永眠したのは僕の最も憾とするところなり。君は盲人なりしかも「見たこともない」「もう一度見たい」といふのは、明かに心眼をもつて見たのである。心に深く感銘したといふのである。まことに天才者にふさはしい見方をしたと言ふべきで亦、瀞八丁の知己といふべきであらう。

瀞八丁を失ふことは、ひとり郷人たる我らの悲しみのみならず、前記、近代日

瀞峡　奥

本を代表する詩人、文人、畫伯、樂人ら志に非ざる事を、茲に聲を大にして天下に告げんとする者である。

昭和壬寅十一月二十五日

［これは、北山川水系の電源開発反対運動、瀞八丁保全運動のために書かれたもので、昭和三十七年十一月の保全運動ビラに掲載されたと言われる。佐藤春夫は翌々年三九年に七二歳で他界。晩年、故郷に寄せる思いが強かった人だけに、瀞八丁と電発の問題は黙って見過ごすことが出来なかったのだろう。］

天然の景勝を破壊しないように

畑中武夫

奥瀞峡が発電用ダムの建設で滅亡の危機に直面しているという。一大事である。終戦後のわが国を立ち上がらせた一つの有力な原因が、電源の開発であったことは確かであろう。そして今もなおより多くの電力を必要とすることも確かであろう。しかし、今はもうすこし落ち着いて、国家百年の立場に戻って考えなおすべき時ではないか。

　われわれは将来ますます多くのエネルギーを必要とするであろう。それは、いま実際に使われているエネルギーの量にくらべて、すくなくとも一桁は上であろう。そういう莫大なエネルギーの量は、おそらく原子力発電に求められるべきである。あと、十年とか二十年とかのうちに、原子力発電はかなり実用に供されるようになると思う。しかしそのあとには核融合反応の実用が待っている。

　私は中学生のころ奥瀞峡に遊んだが、そのすさまじい経験はいまだに忘れられない。この天然の景勝を破壊して微々たるエネルギーをかき集めようとするのは、やめていただきたい。

　郷土を愛するものの一人として強く訴える。

（東大教授、理博）

［わが国電波天文学の開拓者であり、昭和三八年、四八歳で急逝するまで世界的な天文学者として活躍していた畑中武夫もまた、北山川水系の電源開発に反対、瀞峡保全を強く訴えた。この文章は、前掲の佐藤春夫のと同じころに、保全運動ビラ用に書かれたものと思われる。（原文には表題は書かれていない。この表題は内容を勘案して仮に付けたものである。）］

鵜殿貯木場

【第八三景】

鵜殿貯木場

鵜殿村は熊野川の河口にありて
上熊野地と相對せり

熊野川河口の新宮・鵜殿では廻船業が発達し、一七世紀には新宮廻船および鵜殿廻船と呼ばれる仲間を形成していた。

もともと熊野地方は木材や薪炭など山産物の生産量が多く、熊野川の舟運を利用して河口の新宮、鵜殿まで運ばれていた。そして新宮、鵜殿に集積された荷物は、新宮廻船や鵜殿廻船などによって、江戸・上方・全国各地の市場へ送られていた。

新宮とともに古くからの木材の集散地である鵜殿村に水面貯木場が必要とされたのは当然であるが、それは木材生産地の十津川郷産業者や北山郷産業者の念願でもあった。

鵜殿村の江崎と中松原の地には、天然の水たまり状の入江になった池沼《ちしょう》地帯が出来ていたが、ここは大水が出る度に外海に流失する木材を繋ぎとめておく貯木場に活用するには格好の場所であった。

この池沼部の官有河川敷と隣接する民有の田畑や沼地を掘削して貯木場を造る計画が、明治二二年（一八八九年）七月許可され、即刻工事に着手した。竣工は明治二四年（一八九一年）四月。総面積三町二反（約三一、〇〇〇平方メートル）で、総工費は四、八六五円四〇銭二厘だった。

貯木場の周囲には製材工場が多数建設され、集荷された木材は製材されて、全国各地へ機帆船で運ばれた。

貯木場は子供達の格好の遊び場であった。水泳や魚釣り、鬼ごっこ、筏潜り等に興じた。水浴びで体が冷えて寒くなってくると、筏の上に寝そべって甲羅干しをしたものである。ワッパをつけて潜ると水中がよく見えた。筏を繋ぐ時に使用したカンも拾うこともできた。カンを売って小遣い銭にしたりした。しかし浮上

鵜殿港付近

の時、筏の下であったりすると筏に吸い付けられて極めて危険であった。筏潜りも同様である。そんな時、筏を扱っていた大人達が素早く救いの手を差し伸べてくれ、難をのがれることができた。子供たちは決して一人では水浴びに行かないようにしていた。しかしそれでも、命を落とした子供もいた。

時代は下って、道路の整備とトラック輸送の増加に伴って筏流しの姿は見られなくなり、木材輸送は水上から陸上へと移っていった。

昭和二五年（一九五〇年）に紀州パルプ工場が建設された。四国方面からの原料の木材チップは、佐野港に陸揚げされ、トラックで鵜殿工場まで運ばれていた。

もともと鵜殿港は熊野川河口左岸に位置する河口港である。台風や大洪水の度に河口が異変し、船舶の出入りは困難をきわめ、多くの海難事故が発生していた。そうした事情もあって、昭和四四年（一九六九年）、未だ熊野川を利用している港口に代えて、新たに海岸を掘り割って新規に港口を造り、沖に防波堤を突き出した掘込港とする計画が出され、実施に移された。さらに昭和四六年（一九七一年）には、既に使用されていない水面貯木場を埋め立て、都市再開発用地として整備することとなり、港湾の有効利用が図られた。その後新しい鵜殿港は、産業関連港から公共港へと性格を変え、改修が進められていった。こうした数次の港湾整備計画等の立案、決定、施行を経ながら現在に至っている。

かくして明治二四年（一八九一年）以来、昭和中期（一九五〇年頃）に至るまで、熊野木材界の繁栄に相当程度貢献してきた鵜殿水面貯木場は、時代の流れに従って、現在の鵜殿駅前商店街・製材工場群・鵜殿港へと全面的に変身したのである。

寺本秀夫

市木川緑橋

【第八四景】

市木川緑橋

七里御濱勝景の一

市木川《いちぎ》は志原《しはら》川とともに、熊野街道（浜街道）を通る旅人たちの難所とされていた。

伊勢から尾鷲の八鬼山《やきやま》を越え、木ノ本の松本峠にいたるまでの嶮《けわ》しい道を歩いた旅人たちは、松本峠から七里御浜《みはま》を見渡し「あ、熊野三山が見える」と感激したものと思われる。

木ノ本の街並みを過ぎ、有馬に至って素晴らしい風景に目を奪われながら、海岸沿いに浜街道を進めば、程なく志原川に行きあたる。ここが第一の難所である。

熊野街道（伊勢路）には大きな河川がなく、しかも（川と海との接合部である）川口渡河《とが》の経験のない旅人は、太平洋の荒波に打ち寄せられて積もった砂浜を、波と波との合間に急ぎ走り渡ろうとするが、熊野灘特有の突然襲う大波に足をとられて遭難することが多かった。志原川にはその遭難碑が今も残っているし、第二の難所であった市木川の河口には水神塔《すいじんとう》が祀られている。市木川口付近には、遭難したと思われる巡礼の碑もあったと古老は語っているが、現在はどこかに移転されているのか、見当たらない。

これらの事については、『西国三十三所名所図会』に「往来の人、汐《しお》の引隙《ひきひま》をかんがへ歩《かち》にて渡るなり、若涛《もしなみ》うちよする時渡りかかれば波涛《はとう》にのまれて一命をおとす。」とあり、また江戸後期の戯作者《げさくしゃ》・十返舎一九の『金草鞋《きんのわらじ》』に「松原をすぎ、しはら川市木川あり、是より荒海の端を行く。退潮《ひきしお》を見合せて馳《か》け通る。」とあるが、川口の砂浜を駈け抜け、渡河した事実を物語っている。

志原川、市木川にはその後、渡し船が出るようになったが、それでも路銀《ろぎん》に乏しい巡礼たちは、一文《もん》の渡し賃が勿体ないと川口を歩いて渡ろうとして遭難した者もいた。

市木川に初めての橋、木橋《きばし》が架かったのは明治三〇年代の初めの頃で、現在の

石造の旧緑橋

国道四二号線にかかる新緑橋と殆ど同じ位置に架設されたが、現在の架橋工法と比べると極めて粗末なもので、少し大雨に襲われると流失し、再三にわたり架け替えねばならなかった。

市木川の川口近くには、明治の末期にいたるまで、広範囲にわたる荒れ地があった。大雨や高潮になると、川口が砂利で閉鎖されて水の捌《は》け場がなくなり、付近の農地が広大な湖と化して稲が幾日も水に浸かってしまい、甚大な被害を受けるので、やむなく荒れ地として放置されていたものであった。

大正期に入って地元民が決起し、県営による防潮対策事業実施に向け乗り出した。そして大正六年（一九一七年）、市木川を横切る大堤防の工事と、緑橋・緑小橋の工事に着工。大正七年（一九一八年）、（新しい石造の）緑橋は、（もとの木造の）緑橋の位置から約一〇〇メートル上流のところに完成した。この橋には水門が完備していて、海水が入りはじめると自動的に扉が閉まって、農地を守るようになっている。

緑橋、緑小橋はともに完全な切石づくりで、コンクリートは一切使用されていない、全国でも珍しい石造橋で、新緑橋ができた現在でも、農村地帯としての町に残る貴重な文化財として大切に保存されている。

芝崎格尚

志原川

【第八五景】

志原川

七里御濱勝景の一

長閑な志原《しわら》川尻の景勝地である。葦原《あしはら》の向こうに久生屋《くしや》の山を望み、右岸は志原尻、左岸は志原・久生屋である。

幅二町四〇間（約二八〇メートル）にも及ぶ所があったという有馬街道の松原は、鬱蒼と茂って天を覆いトンネルのようであった。新宮城主・水野重仲公らが遠州から黒松を運ばせて元和五年（一六一九年）植林したもので、その名残りを昭和初期まで残していた。当時神志山《こうしやま》駅付近は、今の線路の両側が松林で、家など建っていなかった。川には沢山の魚や蜆《しじみ》が生息していた。志原尻には飲料水が無く、水桶を積んだ川舟で対岸の湧水を汲みに行っていた。女、子供も川舟を操ってこの仕事をしていた。川舟は必要不可欠の物で、その歴史も遠い昔に溯《さかのぼ》ることができる。この地に人が住み着いたのは一七〇〇年頃で、安右衛門という人らが川舟（渡し舟）を用い、渡し守をしたとも言われている。この川は志原奥や産田川《うぶたがわ》奥から流れ、川尻では水の氾濫・潮入りの被害等何度も被っている。交通上も難儀な場所であった。藩政中期、農作物を護ることや交通安全祈願で建立した竜神さまが、今も松林の中に祀られている。巡礼や旅人の墓も多くあり、延宝二年（一六七四年）・天和三亥（一六八三年）六月・文化九申（一八一二年）三月のものなど、行き倒れや溺死者の墓である。当時の交通難所であったことがわかる。橋が架かる前の昔、川口は広く水は東へ西へと蛇行して流れていた。渡し舟を使わない旅人や巡礼たちはそこを渡っていた。地形や浜の様子のわからない人達は、突如大波を被ったり、砂に足をとられては動けなくなったりして、更に波に襲われては逃げ惑い、中には不幸にも溺死する人さえいた。子は親を見失い、親は子を見失って逃げ迷ったところから「親知らず子知らずの難所」とも言われている。一人は助かり一人は溺死したという巡礼の墓もある。

砂浜の様子も堤防ができたり道が造られたりしたことで随分変わってきてい

志原川

る。変わっていないのは広い流域から流れてくる水であろう。昔も今も同じこの川尻へ流れて来ている。

川舟は一七〇〇年初頭に造られ、一五〇〜一六〇年程活用された。その後、明治二〇年頃、丸太の上に竹を並べて造った竹橋が最初の橋で、仲田橋とも呼ばれていた。この橋は再三流失したので、その後改良して浮き橋のようにした。当時、橋を架けることは驚きの事業で、この人は中々の事業家であったと言われている。明治三〇年代から人力車が走り、自転車が走るようになった。明治四二年（一九〇九年）三月、志原川にも立派な欄干橋が架かった。仲田橋の跡に新しく架設されたのである。その後乗合馬車も乗合自動車も走るようになった。水害、塩害から農作物を守る水門橋を造ろうということで、昭和九年（一九三四年）六月、石造りの永代橋とも言われた水門橋が完成した。文化の発展と技術の進歩により、昭和一五年（一九四〇年）には神志山駅が建ち、鉄橋も架けられた。更に昭和四七年（一九七二年）一月、国道「新志原橋」が竣工している。

旅人や巡礼たちがザブザブと渡った志原川川尻も、時代の移り変わりと共に川舟ができ、板橋、浮き橋、欄干橋と移り、永代橋といわれた石造りの水門橋・鉄橋が架設され、今日の国道「新志原橋」へと移ってきた。それに連れて駕籠から馬・人力車・自転車・そして乗合馬車に乗合自動車・バス・汽車・観光バスと移り変わり、交通上も安全で便利で快適な旅ができるようになったのである。

須崎行雄

有馬松原

【第八六景】

有馬松原

七里御濱大方松原續きの濱傳ひなるも
有馬松原特にその名を知られ長さ一里餘に及べり

七里御浜防風林のクロマツは、紀州徳川藩主の初代徳川頼宣公が入国した当時、新宮水野家初代城主、水野重仲公が、はるばる遠州（静岡県西部）の浜松からクロマツの苗木を運ばせて植樹したものである。その後も、代々新宮城主がこまめに補植をしたようだ。

江戸初期の歌人で、紀州徳川藩に仕えた加納諸平（一八〇六～五七年）は、

「急げ早よ漕げ成河（成川）のわたし（渡し）、有馬松原日がくれる」

と詠んでいる。

岡本実先生は著書『志原川尻古譚《こたん》』の中で、《怖い御浜街道》と題して、

「日が落ちると、七里御浜街道は急に暗くなります。旅人は日の暮れが迫ると、みな小走りに、逃げるようにして急ぎました。」

と母の言葉を語っている。

今は廃刊になったが、「郷土有馬の会」会報に投稿された、久原良吉氏は、

「大正年間とだけで、月日は忘れたが、新宮在住の若い頃、木本《きのもと》を知っているという、内海さんと、一泊どまりで歩いて、鬼ケ城見物往復の旅をしたことがあった。熊野大橋も国鉄もない頃だから、熊野川を渡り、南牟婁領に足を入れるには成川・池田・鮒田の三つの渡し船のいずれかを選ばなければならなかった。……成川の里に一歩足を入れると、これはまた、成川～木本間に客を乗せる馬車があった。……この便利な乗り合い馬車のラッパを聞きながら、内海くんと私は七里御浜を木本を目ざして歩いたものだ。……街道筋の茶屋で一個二銭のモチを食うのが楽しみ……。

有馬松原の長いこと、現今のように道幅は広くなく、両側の樹木が道をおお

熊野市有馬の浜より新宮方面を望む

い、むしろ暗いような感じ、ポタリ、ポタリと露が落ちてくる。『有馬松原、日が暮れたなら井土《いっち》（現井戸町）田んぼは星月夜』……どうやら木本に着いた。」

と記されている。

先年亡くなられた山本祇夫氏は、

「……小学生のころ市木や成川の親戚の家へよく遊びに行ったのだが、この御浜街道をてくてく歩いたものである。……夕暮れ迫る中ノ茶屋（有馬）で、木本への道遠く途方にくれたことが忘れられない。道の両側のうっそうとした、長い有馬松原の淋しさに、泣きそうだった事を覚えている。……」

と中ノ茶屋今昔に書かれている。

この怖い有馬松原はどのくらい広かったのだろう。今から数えて約二三〇年前の、明和の『熊野見聞記』には、東西（松林の幅）二町四〇間（約三〇〇メートル）とある。

しかし、第二次世界大戦中、飛行機の燃料（松根油《しょうこんゆ》）をとるために開墾したので、現在の国道四二号線近くまでどんどん切り倒されてしまった。

平成四年（一九九二年）一二月には一万本の松がマツクイムシの被害で枯れた。江戸時代の植樹当時には、小枝一本でも損傷することが許されなかったと言われている。

今日、熊野古道ブームで、七里御浜街道（浜街道）へ県内外から多くの人々が訪れて、古道歩きを楽しんでいる。時代の流れを痛感する次第である。

花尻　薫

花窟神陵

【第八七景】

花窟神陵

有馬の北端にあり日本神代巻一書に伊弉冊尊生火神（軻遇突智）時被灼而神退去矣故葬於紀伊國熊野之有馬村焉とある霊域なり

花の窟《いわや》神陵は、熊野灘の黒潮打ち寄せる七里御浜《みはま》に面し、聳《そび》え立つ巌壁《がんぺき》は高さ四五メートル、幅八〇メートルの巨巖（御神体・イザナミノ尊《みこと》）で、千古の原生林におおわれ（境内地積二四、〇六二平方メートル）、神苑の霊気自ら身を引き締める古蹟である。巨巖の根方には、五・五平方メートルほどの祭壇を設け、白石を敷きつめ、玉垣をめぐらした拝所がある。また、南に一三メートルほど隔てたところに王子の窟（御神体・カグツチノ命《みこと》）の拝所があり、ともに献花が絶えることはない。花の窟には神殿はなく、巨巖そのものを御神体とする古代人の自然崇拝の遺風をそのままに伝えている。

奈良時代、養老四年（七二〇年）の勅撰正史『日本書紀』神代の巻一書に、「イザナミノ尊火の神を生む時に灼《や》かれて神さしましぬ。紀伊の国の熊野の有馬村に葬りまつる。土俗この神の魂を祭るに花の時には花をもって祭る。また鼓《こ》、吹《すい》、幡旗《ばんき》を用いて歌い舞いて祭る。」と記され（ここにいう有馬村は現在の熊野市有馬町上地一三〇のところである）、太古から人々は「おつなさま」「おはなさま」と呼んで日常生活の信仰の指針としてきた。

一　お綱かけ神事

花の窟の祭りは毎年二月二日と一〇月二日で、年毎に参詣者が増え、賑々しく行われている。土地の人々が祭りに幡旗を掲げ、時の花を供え、笛を吹き、鼓を打ち、舞って祭ると『日本書紀』にある。昔は幡旗が毎年納められていたが、ある年に船が難破して幡旗が納められなかった（『紀伊続風土記』寛文記）。それ以来、朝廷からの奉納が絶えたので、藁《わら》縄を左綯《な》いにして幡旗を作って掲げるよう

花の窟

になった。

祭りが近づくと、その年神田で収穫した餅米の藁（現在は個人に委託）五〇〇束を、氏子総代と当番地区の氏子五〇余名の奉仕団によって、藁選《すぐ》り、藁叩きをして一〇〇尋《ひろ》（約一八〇メートル）の縄綱を編み上げる。祭典の前に窟の広場に縄旗三流が広げておかれ、その先端に季節の花を結び、両側の縄綱に日の丸を描いた白扇を吊るし、一一〇尋（約二〇〇メートル）の縄綱七本を一尋ごとに束ねて縄旗を結び、白砂の上に置く。

祭典では最初にこの縄旗がお祓いされる。続いて神官のお祓いを受けた氏子総代、氏子の六名が重い錘《おもり》のついた長いロープを持って窟の上に登り、ロープを降ろすと、下で神職が地上に用意されている縄綱を結びつける。氏子とお綱を引こうとして待っている大勢の参詣者達が、波打ち際までお綱を引っ張っていく途中にある塔上にもうまく載せて、お綱がピンと張られ、縄旗や白扇が中央にひらめいているのを窟の上の氏子が認めると、神社境内の南隅にある円柱（以前は老松）にお綱がゆるまないよう円柱を半回りしてぐんと引っ張り、そして七回巻き付けて結び、固定する。これでお綱かけの神事は終わる。

それから国家の平和、家内安全、五穀豊穣が神官によって奏上され、来賓の玉串奉奠のあと、『日本書紀』にある鼓、吹、歌舞いに替わり、今は四人の舞姫が音曲に合わせて「浦安の舞」を舞っている。終わりの餅投げで和気あいあいのうちに祭りは終了する。人々は一本の綱によって大神から総ての幸福が授けられるとして、お綱かけの日を待望している。

二　お白州引き行事

秋の祭りの奉賛行事として、有馬を創造する会、婦人会、各町内会がお白州引き実行委員会を作り、当日は花で飾った山車に奉納する白石を積んで、神社に向かって一キロほどの道中を二時間かけて練り歩く。婦人会の花の窟音頭の手踊りや、会員による伊勢音頭や囃子《はやし》が、沿道の多くの見物人を喜ばせる。幼稚園児、保育園児も元気いっぱい山車の引きを手伝って、無事花の窟に到着すると、全員で白石を奉納する。

熊野古道の整備につれて、花の窟の参詣も絶えることがなくなってきたのは、喜ばしい限りである。

和田　生

中ノ岩

【第八八景】

中ノ岩

七里御濱勝景の一

中ノ岩・獅子巌

少なくとも昭和一一年以前、つまり紀伊半島全住民待望の国鉄紀勢線の工事が着工する以前には、私達の生活の場である（熊野市井戸町の）松原附近はまだ自然がいっぱい残っていた。往時を想い、幼少の頃（昭和初期の頃）の記憶を辿り、当時の方言を交えながら、童心に返って素朴な気持ちのままに書き綴ってみたい。

一　餓鬼大将と弟子達

抑《そもそも》そのガキ大将になり得るのは、高学年の頭脳明晰にして隆々たる腕力にも恵まれた者で、低学年の者はその指示に従い、秩序を保ち、春夏秋冬山野を闊歩、跋渉し、度々先輩の拳骨も頂戴しながら社会の仕組みを身体で修得していったものである。

とくに春の日曜日ともなれば、松原青年倶楽部に悪童達が三三五五集まり、

熊野市羽市木付近より木本方面を望む

「今日はネヤ（ね）、龍宮さんの上の山へ山桃を取りに行くぞ」という大将の言葉に、一行は對洋閣の前の石段を登り、目的地へ。大将はまず弟子の私達に一言、落ちるなよ、と言いながら自分はまるで猿のようにするすると木の上に揚がる。一方、私達は銘々木の中程まで登って山桃を取って盛んに口に運ぶ。真っ赤に熟した実。リーダーは誠によく食べ頃を知っているネヤ、と感心するとともに、美味しいネヤという声があちらでもこちらでもする。腹一杯食べて、その上ポケットが赤く染まる程詰め込んで家に帰れば、どこの家でも母親にドン叱られる始末。

二　草競馬

現在の獅子岩附近、国道四二号線より山側と旧市街地との間は広々とした芝生で、昭和七年（一九三二年）、競馬が行われ、松原からは三宅の爲《ため》さんが乗馬ズボンの凛々しい姿で出場。遠くは新宮をはじめ各方面から数十頭が集まった。競馬が始まり、騎手の見事な手綱捌きで威勢よく疾走する姿に、子供達は、お馬に乗ってハイドウドウ、と童謡を歌って盛んに応援した。それにしても明治青年は凄いなあ、と生まれて初めて観る競馬で強く感動したことは忘れられない。

三　中の岩（別名　タンタンガマ）

蒸し暑い夏の夜、涼み台で蚊に悩まされながら古老から色々な怪談を聞かされた。そうして、背筋の凍る思いで耳を欹《そばだ》て聴き入った話の一つにタンタカガマにまつわる話がある。

昔、ビキ石から下ったところに神仙洞に連なる中の岩があり、そこに縦割りの洞穴があってもしそこに落ち込めば自力では絶対脱出不可能と言われていた。かつてはそこに罪人を放り込み、生殺しの状態にしておいたというのである。軈《やが》て飢えに苦しみ悶《もだ》える罪人は断末魔の悲しい呻き声を発し、それが四方に響き渡って、正しくこの世の生地獄の様相を呈しながら絶え果てたという。そのためその怨霊は未だ成仏できずにその辺りをさ迷っているとのこと。やれ、恐ろしい話聞いてしもうた、困ったと思ったが、もう後の祭り、どうにもならない。（中の岩は、昭和三〇年代までその一部が存在していたが、その後国道の拡幅等に伴い削岩され、今はもう跡形もなくなっている。）

ある時、有馬に行って遊び過ぎて夕暮れになってしまった。二歳年上の従兄弟

獅子巌

【第八九景】
獅子巌
七里御濱勝景の一

〔中ノ岩・獅子巌　続き〕
（昭和一九年〈一九四四年〉一〇月のフィリッピン・レイテ沖海戦で戦死）が私の小心を知り抜いてわざと、松原まで送ったろか、と誘いをかける。こちらは本当は送って欲しいが、ここは虚勢を張って一人で帰ると言い切って、羽市木《はいちぎ》まで来た。辺りは暗い。家々は雨戸を締めてもう誰も歩いていない。寂しい。後悔するがすでに遅い。さあ、神仙洞の上り坂だ。満身の力を込めて懸命にペダルを踏むが、坂は長く続き、スピードが次第に落ちてくる。とうとう中の岩まで来た。古老の話が頭を過《よぎ》る。全身鳥肌が立ち、産毛も総立ちになった感じがする。そしてまるで金縛りに合ったような、誰かが後ろの荷台に乗っかったような気配さえ感じる。重たい。心臓が割れ鐘のように激しく打つ。獅子岩のカーブを早く曲がりたい。南無妙法蓮華経、仏様、何とかお助け下さい、と一心に念じつつ、脂《あぶら》汗をたらたら垂らしながらやっと我が家にたどり着き、まだ顔面蒼白のまま早速親父に話をすると、
「何だ、このオジクソタレ（臆病者）め」

獅子岩

と一喝された。しかし、後期高齢者になった今でも、私にとってはあそこの場所はやはり一種薄気味悪いところである。

四　獅子岩

井戸川の河口近くの七里御浜海岸付近に立つ獅子岩は高さ約二五メートルの巨岩で、昭和一〇年（一九三五年）、国の天然記念物・名勝に指定された。国道沿いの目に付きやすい場所にあって、現在は観光客が好んで記念写真の撮影をする場の一つになっている。

かつて伊勢路からの熊野詣が盛んだった頃、井戸川河口から獅子岩にかけては「浜街道」における難所の一つで、旅人は波の引き際に急いで走り渡るが、思わぬ高波に親から離れた子供が攫《さら》われたりするので、「親知らず子知らず」などと言われたという。

ハンドブック『熊野百景』（大正一二年刊。久保昌雄・撮影、小野芳彦・解説）獅子岩の項では次のように記述している。

「○獅子巌（阿吽《あうん》巌）　咆哮一聲百獸震黙す、偉なる哉、雄なる哉、獣王の勇姿を巌に依て彷彿す、奇巌中の奇として其名遠近に聞ゆ。花窟を經て木本に入らんとする路傍にあり、旅客の看過すべからざる奇巌なり。もとこの岩を阿の岩と呼び地方にあるを吽といへり。」

まことにその通りであろうが、我々の子供時代、つまり昭和初期には、この獅子岩に観光で訪れる人も少なく、付近は閑散としていて昼間は子供達が縦横に遊び回っているに過ぎなかった。

そんな時代だったから（子供の身の安全ばかりはかって、子供本来の旺盛な冒険心を満たすとともに、危険を乗り切る技能を自ら体得させようとする正しい教育観に立とうとしない昨今では考えられないことだが）、子供の中には獅子岩の天辺まで上って得意になったりする者も相当程度いたことは確かである。

和田太郎

木本町

【第九〇景】
木本町

七里御濱の北端にありて
南牟婁郡の首邑なり

《主《ぬし》は鬼ヶ城／雄々しき姿／私しゃ焦《こが》れて散る女波《めなみ》》

木本《きのもと》節にこう詠われるここ熊野市木本町の海岸は、豪快かつ絢爛たる「熊野大花火大会」の舞台でもある。

生前、度々熊野を訪れた文豪・井上靖は、朝日を浴びて金色に輝くさざ波が、サラサラと玉砂利に寄せては返す美しい光景に我を忘れ、燦々と降りそそぐ南海の太陽に、短剣のようにキラキラときらめく秋刀魚の天日干しに熊野灘の豊かな海の恵みを覚え、感動したという。

そうした「美しさ」と「豊かさ」を湛《たた》え、誇ってきた木本の浜は、僅か半世紀足らずで、その両方とも失った。時を同じくして、かつて県南の商業の町として栄えてきた木本は衰退していった。

石英粗面岩が太古からの荒波にえぐられて形づくられた大小の洞窟からなる鬼ヶ城の奇岩にコンクリートの磯（突堤）が築かれ、砂利に代ってテトラポットが並んだ。宝石を敷きつめたような大小の御浜《みはま》小石は姿を消し、泥まじりの砂肌が顔をのぞかせている。井上靖が手にして愛でた小石やさざ波はもう何処にも見当たらない。

氏は青年期の木本の浜を知っている。脇の浜の船溜まりには、大漁旗をなびかせた漁船がひしめき合い、魚市場はマグロやサンマが所狭しと水揚げされ、まだ口をぱくつかせていた。漁師の妻たちが頭に桶《おけ》を担いで、腰を左右に揺らせながら列をなして歩いた。桶からは魚の頭と尾がはみ出ていた。「いただき」という独特の運搬方法である。浜の《風物詩》だった。氏は友人の竹本辰夫氏（故人・元毎日新聞記者）宅で、刺し身に舌鼓を打ちながら熊野の海を絶賛した。

熊野市　市街

彼は浜の光景を沢山目に刻んだ。屈強な漁師たちが一仕事を終えて網の手入れをしていると、そのそばで「エンヤトット」と地引き網のロクロを回す声がする。渚に帯状に流れついたトコロテンの海藻を女たちが拾って歩いているかと思えば、材木を積み込む木造貨物船や白と青のスマートな巡航船が海上で揺らいでいる。大波乗りに挑んでさかんに喚声を挙げる子供たちもいれば、三々五々集まって夕涼みを愉しむ町の人々もいる。浜は生活感に溢れると同時に、安らぎにも満ちた場所であった。井上氏は、こうした浜辺に働き、憩う大勢の市民の姿に接し、また人々の素朴な人情に親しみながら、大都会の喧噪の中における文筆活動で疲れ切った心身を癒していったことであろう。

氏は後年、この浜の変わりようを見て我が目を疑った。船影はなく、マグロは一匹も見当たらず、浜の玉砂利は激減し、すっかり痩《や》せ衰えていたのである。そして、人の姿が浜から消えていた。「危険地域」に指定され、誰も寄りつかなくなったのだ。

広大無辺の青い大海原、ゆったりと流れる白い雲、弧を描くトビ、潮の香。氏は「熊野人の悠々たる気質は浜で育まれた」と竹本氏に述懐していたという。

浜は一顧だにされなくなった。もう花火大会の会場でしかなくなったのである。「俺の命も、あと五〇年か……」、浜はそう云っているような気がする。木本も同じ運命をたどらねばよいが……。

谷川醇太郎

水谷

【第九一景】

水谷

木本町の磯邊にありて
鬼城に連れり

水谷・鬼が城

八世紀末から九世紀初めにかけての征夷大将軍、坂上田村麻呂がそこに巣くって付近の人々を苦しめていたという海賊、多蛾丸《たがまる》を征伐したとの伝説のある鬼ヶ城（鬼が城）。多蛾丸が住んでいたとも、田村麻呂に討たれて最後に隠れ込んだともされる千畳敷（又は鬼の岩屋）は、数多くの洞窟の中でも最大のもので、広さ一、四〇〇平方メートル余りの（二段の）岩の台地に高さ約一五メートルの天井が迫《せ》り出している。石英粗面岩の岸壁が間断なく押し寄せる太平洋の大波などに削り取られたり、また度々の大地震で崩落したりして出来た大洞窟だそうだ。今はバスやマイカーで鬼ヶ城東口に降りた観光客の多くは、少し歩いて千畳敷に達し、このスケールの大きい自然の造作物に目を瞠って賛嘆の声を挙げ、まずは満足してそそくさと帰ってしまうが、さらに先まで遊歩道を進み、雄大な眺めと自然の巧みな技とをもっとよく味わって欲しいものである。

　鬼ヶ城の中心、千畳敷に行くのは、昔は今ほど簡単ではなかったらしい。通常、脇の浜の東端、鬼ヶ城西口の弁天神社前から入り、岩壁沿いに路を見つけながら、〝飛渡り〟〝鬼の見張り場〟〝汐吹〟〝木喰岩〟〝猿戻り〟〝犬戻り〟などと名付けられた奇勝のあたりを辿り辿りしつつ千畳敷に至った様子である。ハンドブック『熊野百景』（久保昌雄撮影・小野芳彦解説。大正一二年刊）の《水谷》《鬼ケ城》の解説文で、当時の状況を見ておきたい。

「〇木本《きのもと》《水谷》市街の東、嶙峋突兀《りんじゅんとっこつ》、巨嵒《きょがん》海を呑み潮沫を吐く處即ち水谷の奇勝なり。之より鬼ケ城

水谷

に連る十数町の荒磯悉く蜂巣の如き巌石より成り或は龍口の如く象顔の如く紫雲の如く千態万状、激浪は高く断崖　を迸《ほとばし》り鞺々《とうとう》として響あり。實に豪絶壮絶、熊野沿岸中の巨観なり。」

「〇木本《鬼ケ城》水谷より起伏せる巉崖《ざんがい》を辿りゆけば岩路盡きて一大巌窟の天を蔽《おお》へるもの即ち是れ鬼城なり、窟廣うして俗に千畳敷と云ふ。即ち入りて洞内に立たば頭上の大磐《おおいわ》将に墜落せんことを怖れ自ら戦慄を禁ずる能はず。窟の北方は断崖削れるが如く眩惑して瞰下《かんか》し得べからず。蓋し天下稀有の険所といふべし。（後略）」

木本隧道《ずいどう》がまだ通り抜けておらず、町筋と西口との往来がままならなかった大正時代までは、鬼ヶ城見物も結構大変だったのではないかと思われる。

それはさておき、昭和の初め、木本の町で、鬼ヶ城といえば三原善一郎、三原といえば鬼ヶ城と言われるほど、常に対句で語られる人がいた。

祖父の家で見る古いアルバムに、必ず鬼ヶ城と共に写っているダンディーな人がいた。その人が「三原のおじさま」、或いは「糀屋《こうじや》のおじさま」と呼ばれる三原善一郎であった。昭和一一年（一九三六年）頃の地方紙には、鬼ヶ城氏こと三原氏とか、（鬼ヶ城を愛するあまりか）三原氏の顔が近頃だんだん鬼ヶ城に似てきたようだとか書かれていたりもする。

鬼ヶ城が観光名所として、地元の人たちに注目され出したのは、大正時代の終り頃であった。大正九年（一九二〇年）から始まった経済恐慌の影響で、商業活動が停滞したままのこの地方で、木材以外これといった産業の無い木本町も、不況のさなかの打開策を懸命に模索していた。この頃、政府が国立公園設置の計画を

鬼が城

【第九二景】

鬼が城

木本町の東の出崎にある大巖窟にして昔
坂上田村麻呂夷賊を討ち滅せしところなりといふ

〔水谷・鬼が城　続き〕

たてており、木本町も県当局から観光立町という町の方針を打ち出すよう示唆され、鬼ヶ城を観光地として売り出し、町を回生させる起爆剤にしようとしていた。観光事業推進のために「南紀保勝会」を設立し、花の窟や鬼ヶ城などで木本の売れっ妓を配して撮影会を催し、昭和二年（一九二七年）には、周辺の八景（鬼ヶ城、七里御浜、文字岩、笛吹橋、獅子岩、松崎、華城山《かじょうざん》、花の窟）を詠み込んだ「木本節」の発表を賑々しく行う。

折しもその年の四月、この地方の人々がこぞって熱狂する出来事が始まった。大阪毎日新聞が主催して、読者に葉書で全国各地自慢の景勝地を投票させ、その得票数に応じて審査、「日本新八景」を選ぶという企画がそれである。部門は八つで、《瀑布（滝）》《河川》《山岳》《渓谷》《海岸（湖沼）》《平原》などに分かれ、それぞれの第一位を選ぶというものであった。そこで木本は、《海岸》の部に「鬼ヶ城」を投票、この機会に観光地として売り出そうと、町を挙げて二〇日間

鬼ヶ城

にわたって葉書戦争を繰り広げることになる。

有志だけで始まった小さな動きが、町長が町民に呼びかけたり、委員会を組織して、近隣の町村に委員を派遣、瀞峡と接する町村との票の振り分けや調整を行い、協力を要請したりと次第に範囲を広げて行く。大阪在住の木本人会などの大量得票や、個人で一〇万票、一五万票などの大口もあり、得票数に一喜一憂するなか、景気づけに提灯行列をするなどして、それはもう大変な騒ぎになったそうである。本部の役場では、職員も学校の先生も、手の空いている人すべてが、山のような葉書を前に、夜通し「海岸、鬼ヶ城」のスタンプ押しに追われ、当時郵便局長だった祖父は、その葉書の調達に文字通り東奔西走したそうである。とくに締切の間際には、委員が一軒一軒訪問し、町内を一周して一万六、〇〇〇票を獲得したりしたりもしている。

かくして、木本町の戸数が漸く一、〇〇〇戸のこの時代に、最終的に《一一五万一、一一五票》を得て、海岸部門で全国得票第八位になった。審査の結果、惜しくも「日本新八景」には洩れたが、新たに設けられた「日本新百景」には入選することが出来た。

発表から三日後には、東口回遊路（約六〇〇メートル）の整備に延べ一、〇〇〇人の町民が労力奉仕をして、わずか三日半でこれを完成させてしまったという。

その後、保勝会が、鬼ヶ城の宣伝、広報に尽力し、また今に続く熊野花火大会の基礎を創って行くのである。

この保勝会のメンバーのひとりが三原善一郎で、鬼ヶ城を熊野の名所にして売り出すために奔走し、観光客のために「みはらし茶屋」を造り、また昭和一一年（一九三六年）二月、吉野熊野国立公園に指定されて以来増えてきた来訪者に対し、町の故実家として自慢の鬼ヶ城を案内して回ったと言われる。

本町通りから、笛吹橋を渡り、ひんやりと冷たい木本隧道を抜け、毎日のように鬼ヶ城に通ったという。妻も子も残さずに「糀屋のおじさま」が逝って今年で六〇年目。

NPO活動に携わり、有形、無形の地域資源の見直しと可能性を探っている私には、ひょっとしたら「糀屋のおじさま」の遺伝子が紛れ込んでいるのかも知れない。

中村伸子

【第九三景】
大泊浦清瀧

大泊浦清瀧

熊野は明るく青い海の広がる海岸部と、古来から神の住まうとされた深い山の山間部とに別れる。

熊野市大泊《おおどまり》は、その海と山との境目である。鬼ヶ城の入口を右に見ながら紺青に輝く大海原に別れをつげ、国道四二号線を山間部に上っていくとやがて右手に、緑の山肌を切り裂くように落ちている滝が見えてくる。道路からほんの数メートル草の中を歩いただけで、澄んだ滝壺に白い飛沫を上げている滝が見えるのだ。国道から見える滝は全国でも珍しく、流れ落ちる水の音で国道の喧噪はたちまち消えて、冷気と水の匂いに包まれた別の世界に入り込む。その名も清滝《きよたき》（清瀧）という。水量によって滝の表情は微妙に変わるが、雨の多い熊野にあっていつも流れは豊かで美しい。

この清滝の流れてくる源に観音様と呼ばれてきた聖地の跡がある。ゆえにこの滝を観音滝ともいう。

滝より僅か下に、観音様まで十丁（約一・一キロ）と書かれた石標が立っていて、杉木立の中に石畳が分け入っていくのが見える。西国三十三ヶ所を模した巡礼道で、道中あちこちに立っている石仏をたどって上っていくと、清らかな水流のわき出ているのに出会う。清滝の源流である。なお険しい坂道を登り詰めると、苔むした石垣の積まれた神寂びたたたずまいの場所に出る。比音山清水寺《ひおんさんせいすいじ》の跡である。

その昔、熊野の鬼退治に京より派遣されてきた坂上《さかのうえ》田村麻呂将軍が、鬼ヶ城にこもる鬼を退治したあと、天女に導かれてこの地にいたり、感ずるところあって幼少の頃より身につけていた一寸八分（約五・五センチ）の千手観音を奉じて建立したと伝えられ、たたずまいが京の音羽山清水寺《おとはさんきよみずでら》に似ているところから、比音山清水寺《せいすいじ》と名付けられた。

耳を澄ますと、さわさわと杉木立を伝っていく風

清滝

の中に、凛々たる田村麻呂将軍の声が聞こえるような気がする。

比音山清水寺はやがて廃されるが、泊の観音様と呼ばれ、滝とともに人々の信仰を集めていく。

この清滝からなお六キロほど国道を上っていくと、飛鳥町小阪の集落に出る。村の中央を流れる大又川《おおまたがわ》のほとりの里、本郷《ほんごう》の共同墓地の頂上に、自然石で作られた二メートル近い異形の墓がある。周りの切石の人工的な墓とは違う風格のただよう墓だが、表には、「無盡意観法慈音大姉」とあり、裏には、「泊観音再中興開基・鈴原古登《こと》」と刻まれている。

彼女は、この墓地の対岸の小さな集落、畑ヶ田の生まれで、泊観音を再興せんとして修行に励み、霊力を身につけて、人々の尊崇を集めたという。大正一二年（一九二三年）六月とあるこの巨大な自然石の墓はだれが建てたのであろう。もう彼女を知る人もいない。

しかし、白袴をはいた鈴原古登さんの水垢離《みずごり》をとっている神々しい姿の話はかすかに伝わっている。

清滝の激しく落ちる飛沫の音を聞いていると、泊観音再興をはかり、あの寂しく険しい山中の観音様に一人でこもって守り、清滝でも厳しい修行を積んだであろう、鈴原古登さんの白い袴が見え隠れするような思いがしてくる。滝にはまぎれもなく神霊がこもっているのだ。

「……寺の南三町（約三二七メートル）許り、山の中腹に滝あり、観音滝とも清滝ともいう。高さ三十間（約五五メートル）許りあり、水少なし……」

（『南牟婁郡誌』より）

中田重顕

波田須徐福の祠

【第九四景】

波田須徐福の祠

一五段程の石段を登ると、そこに二〇坪（約六六平方メートル）程の屋敷がある。その中央に二本の大きな楠の木がそびえる。その幹廻りは三メートルをはるかに越え、根っこは隆々として絡《から》まり、重なり合って屋敷一杯に憚《はばか》る。太い枝を悠々と広げて小さな丘をすっぽりと覆い包み、一帯を神秘な空気が支配する。

その静寂の中に徐福の霊は鎮座する。

眼前には洋々と熊野灘が広がり、幾つもの半島が深い入江を作る。振り向けば三方より山々が迫る。その擂鉢状の地形を、波打ち際まで棚田が迫る。その中央に徐福の祠が位置する。一〇〇年前に『熊野百景写真帖』の作者を惹き付けたであろうその光景は、現在に至っても大きな変化は見られない。

一〇〇年の歴史の中での変化と言えば、昭和二四年（一九四九年）、となりの小泊《こどまり》より波田須《はだす》まで道路が開通し、熊野古道の石畳に取って変ったこと位である。

昭和二九年（一九五四年）一一月三日、八ヶ町村の合併により熊野市が誕生。昭和三一年（一九五六年）四月一日、徐福の足元を黒い煙を出しながら汽車が走って行った。そして今は徐福の祠まで車道が伸びてきた。が、それらの出来事にも、その風景は大きく変る事はなかった。

徐福の周辺に点在する民家も、先人達がもくもくと歩み続けた石段も、一〇〇年前の写真そのままに残って変りはない。

ただ、この写真に見る大木は現在の楠の木ではなく、先代の杉と桜の大木である。その大きさは現在の楠の木をしのぐ大木であった。昭和一〇年頃には老木となり、その懐で現在の楠の木はまだ小さかった。

夏ともなれば涼を求めて人々が集い、又、子供達の遊び声で一日中賑わっていた。

そんな里の人達の風景も、過疎化が進み、子供達の声も消え、美しい棚田も一枚一枚雑草に被われ半減している。

時々、遠方より徐福を訪ね来る人達の賑わいに出合うが、普段は波の音と、小鳥のさえずりだけが聞こえる静かな静かな里の風景である。

熊野市波田須　徐福の祠

二〇世紀、日本は激動の時代であったが、この地はその変化にも流転する事なく、一〇〇年前、写真の作者を魅了した風景をそのままに今にとどめている。一〇〇年前にタイムスリップするのは容易である。
徐福渡来より幾世紀、栄枯盛衰をくり返しながら、徐福と里の光景は延々と続いて来た。これから後の世も、訪れる人々の心をいやすそんな光景を、いつまでもここにとどめている事を願うばかりである。

矢賀久廣

徐福の里

徐福渡来の伝説は中国前漢の史書『史記』に由来するが）滝沢馬琴の『椿（ちん）説弓張月』にも波田須の徐福伝説は登場する。また新井白石の『国文通考』には「熊野の付近に秦住という地あり、相伝えて徐福の旧地となす。旧跡が今尚（なお）伝わり、また秦姓の諸氏があって、則（すなわ）ち秦人の来往したことは必然である」と記述されている。波田須が徐福上陸の有力な地であったことは江戸時代の書物からも伺われる。
「蓬莱山」に徐福の宮と墓をまつり、地元のあつい信仰のもと、毎年供養が行われ、今も中国からもたらされたというすり鉢を御神宝として受け継いでいる。昭和三十年代には宮近くから道路工事中に秦の時代の貨幣である半両銭も出土している。波田須は近年まで、秦栖あるいは秦住と書かれていた。少林寺に伝わる江戸文化四（一八〇七）年の火鉢には「紀州室郡秦栖村」と刻まれている。

三石　学

（平成一二年五月二一日・中日新聞三紀版「みえ随想」より）

新鹿浦

【第九五景】

新鹿浦

薄れ、消えそうになっていた記憶、それが次々想い起こされていく。映像が、幼い日々の想い出を蘇らせる。写真は素晴らしい記憶再生、そして確認のスイッチである。昭和二〇年代の日常生活、父の言葉、そして昔話が。また沢山のお会いした方々を……荷物を肩に背に頭に、ここは大勢の働く人々で賑わっていた。

この白砂の海岸（単に「浜」と呼んだ）には、カグラサンが据え付けられ、船を引っ張りあげたり、地引き網を引くのに使っていた。そこは紛れも無く当時の新鹿《あたしか》の表玄関であった。遥か後年であるが、私の少年時代には、巡航船に乗り、木の本や尾鷲に行ったものだ。始めの内は、確か砂浜から、伝馬船がソロバンのうえをするするとすべり降り櫓と櫂《かい》で漕いで渡したものだが、その後ブンブ（荷役《にやく》用すえつけの木造の簡単なクレーンのことで、その据付場所であるホモトの磯とその付近をそう呼んでいた）からやはり伝馬船を使って巡航船へ乗り継いだ。出発の時は砂浜が見えなくなると、よその土地に入ったと感じ、帰りはそれが見えると、到着したとほっとしたものだ。

大正二年生まれの父が子供の頃には、里川の高森付近は竹薮で覆われ、その中に川獺《かわうそ》の家族が住み着いていたそうだ。川獺たちはその後もしばらく生息をし、食べ痕《あと》である川魚の残骸を見かけたそうである。その最後の姿を見せたのは昭和五〇年（一九七五年）頃、線香車の水車にひっかかっていた、との話を聞いたことがある。

新鹿には湊川と里川との二つの流れがある。毎年沢山の材木が川流しにより海へ運ばれ、若い衆が鮮やかにトビを使って仕事をしていた。また陸路はきんま道を引っ張ったり、中には遥々《はるばる》八丁坂（標高四九九メートル。明治二八（一八九七年）年頃改修、牛車が漸く通れるようになった）を越えて牛車等で運ばれてきた材木は、ブンブにある幾つかの修羅《しゅら》に掘り込まれた。海にざぶんとしぶきを挙げて落下するさまは、中々勇壮なものであった。明治三〇年頃より、石材採取が盛んになり、船積みがここで行われるようになった。

帆船の時代には、湊川に船が入ったとのこと。風向きによっては、白帆が見え

熊野市　新鹿

てから随分時間を費やして到着したらしい。そのデコ石と呼ばれた大きな岩が丁度門柱のようにあり、夏になればその上から川に飛び込んだものである。幼い頃から川遊びには夢中だった。おおうなぎを筆頭に、すずき、あめのうお、うなぎ、ごと、のめ、そはぜ、きんとき、いんねぶ、だなご、せえだなご、および、どじょう、じゅうがに、まかどうじん、みやがに、松阪では《ささずぼ》と呼んでいた魚、せいご、はや、あい、あいなご、ふぐ等々、まだ沢山の生き物があったはずだ。川はいろんな生命に満ち満ちていた。里川の河口付近には「しっぱっこ」と呼んだ広場があり、初夏には、夕方になると山トンボをかけるため、大勢の人が集まった。また、《ちょんぎいす》を飼うことが流行し、らっきょでおびき寄せつかまえた。いなごとりも遊びと実益を兼ねてよく行われた。

昔は二つの流れが一つの流れになり海に注いでいたとの話を聞き、違和感を覚えたものであるが、この写真ではそのように見える。話は余談になるが、「高森」(丁度今の長野石油と砂浜の間にある水田のあたり）はこの写真撮影の頃に開墾されたのではなかろうか。ここに一通の開墾届がある。場所は湊川のほとり、「津恵」。明治三八年（一九〇五年）六月二二日、木本税務署長中井氏宛のもので、南牟婁郡新鹿村大字新鹿八九番地鈴木徳之助（私の曾祖父）が提出しており、「地目、原野を田に開墾反別三〇〇　明治三八年六月着手　原野四〇三　残地」と書かれている。これより少し以前に高森の開墾は成されたと聞いている。湊川はその後今の流れに落ち着いたのだろうか。ホモトには川と呼ぶには小さすぎる流れがある。その川口では「ぎんずな」と呼んでいた砂鉄がとれた。子供たちは水を流しては沈殿した「ぎんずな」を集めて他愛も無く遊んだものだ。

あれほどの賑わいだった海岸……その後バスが走るようになり、鉄道が開通した。そして現在、夏の海水浴の時期を除き、ひっそりと静かな姿を見せている。人通りは全く無い。

鈴木祥嗣

遊木浦

【第九六景】

遊木浦

遊木《ゆき》港は、太平洋外海からL字形に入った周囲一・四キロメートルの小さな港である。入江の先端には、村の守り神、遊木神社が位置する。えびす神社、沖島神社、若宮八幡宮などの神々が祭られ、それぞれの神事が執り行われてきた。「ボンデン松」「縄取り松」「タスキ取り松」観音講などの氏子の祭礼に取り組む姿は、老若男女を問わず一途であったと思われる。境内には、黒松や椎の木など、数多くの大木が生い茂り、夏の暑い盛りには漁網で作ったハンモックを木と木の間に吊るし、しばし体を休め、朝早い漁の仕事の疲れを癒していた。

大木の間には、漁業で使う孟宗竹が何十本も立て掛けてあり、子供達のかくれんぼの恰好の遊び場になっていた。初冬には椎の実拾いに興じる子供達の賑やかな声が、昭和三〇年代まで続いていた。

その大木も、昭和三四年（一九五九年）の伊勢湾台風、平成二年（一九九〇年）の台風六号等により見る影もなくなり、現在は小さな木々が生息するのみである。

百景写真では、入江の中央に長旅の疲れを癒すかのように機帆船が静かに泊まっている。海岸線の岩石を取り出し、船積みするのである。当時は人力が主で（中にはトロッコを使うこともあったが）、船と船との間を幅一尺（約三〇センチ）程度の細長い《あゆび》板を架けて、荷を肩に担いで渡るのである。

紀州の山々で切り出された丸太棒を海に浮かべ、筏にして港まで運び、一本ずつ捲上《まきあ》げ機（ウィンチ）で船積みをする。満船にするまでに三～七日間を要した。当時の人々の多くは、今の人々に比べてある程度強靭な体をしていたけれども、それでも命を削るような重労働が続いていたと思われる。

入江の六五戸の人々は、漁業を中心に生活しており、四ツ手網、（平敷網）、大敷網、さんま漁網など、季節に応じて使い分け、漁を楽しんでいたと思われる。さんま（秋刀魚）漁などは現在も続いており、昭和六〇年代には最多の船数を有し、漁獲量も三重県下一で、文字通りの《さんま基地》として賑わいを見せていた。しかし平成七年度（一九九五年度）以後、漁獲量も下火となり、船数も一時の半数にまで減ってしまっている。今一度、かっての賑わいの復活を念願してや

熊野市　遊木の港

まない。

　磯根漁業の大事な業種の一つに海老差し網漁があるが、これも年々漁獲量が減ってきている。原因として、海洋汚染や地球温暖化による海水温の上昇などが考えられるが、若者の第一次産業離れも一つの要因ではないかと思われる。

　漁業という、自然を相手にする仕事に携わっているせいか、百景写真に見るような静かなたたずまいにどこか惹《ひ》かれるような気がする。どうかして再びこのような状態を取り戻せないものか、ゆっくり止まって考えてみたいものである。

畑中　伉

狼煙場跡

平成一二年二月、熊野市の文化財に指定されている遊木の狼煙場跡。

　遊木町丹羽の平にあって、北西から東南の方向に、高さ一メートル程の石積が直線上に三基並んでいる。戦闘開始時などの緊急通報用の施設であるが、緊急性の度合により一基、二基、三基と使い分けたのであろう。現在全部石で埋もれているが、もとは井戸状に積んでいたものである。

　設置された場所は広い平地となっていて、南に猪鼻城跡があり、北は須野町と尾鷲市との境界の尾根の地切山に対している。保存状態はきわめてよく、他に例がない。『紀伊続風土記』には「遊木城跡の上にあり」としているが、この狼煙場が位置するのはその遊木城跡から南東の方向約一、〇〇〇メートルの地点である。この地点からは楯ヶ崎遠見番所も、地切山も見えない。楯ケ崎の狼煙場跡は番所の東南下標高一八〇メートルのピーク付近にあったのではないかと見られる。

　しかし、その（楯ケ崎）遠見番所の跡も、（この丹羽の平の狼煙場とは別にあったと考えられる）遊木城跡の狼煙場の跡も現在まで確認されていない。

（平成一三年三月発行『熊野市の文化財』より）

二木島港　其一

【第九七景】二木島港　其一

昔の丹敷浦にして日本書紀に進至熊野荒阪津
(亦名丹敷浦)因誅丹敷戸畔者とあるは此地なりといふ
然れどもまた東牟婁郡濱宮なりとの異説あり

私の幼年期、昭和二〇年代の二木島《にぎしま》湾の風景は、熊野百景のこの写真とほぼ同じだった。湾の最奥部の逢川《あいかわ》沿いに育った私にとって前の海は、四季を通じて格好の遊び場だった。

当時の二木島湾は、至る所に海草が茂り、夏は馬尾藻《ほんだわら》が浅瀬を一面に覆い、その林の中を素潜りで魚を追い、干潮時には海底の砂地の貝を採るのを友達と競ったものだった。獲物入れにはその頃の各家庭の洗濯用品、盥《たらい》がよく使われ、母親の目を盗んで持ち出すのはいいのだが、海岸の石垣に打ち付け、傷をつけてはよく叱られた。採れる貝は、当時「ろうそく貝」と呼んでいたものが主だった。採れ立てのを殻を取り、海岸の石にこすりつけて滑《ぬめ》りをとって食べたが、《ぬめり》の取り方が足りないと程なくものすごい腹痛に襲われ苦しんだことも今は楽しい想い出である。

二木島湾は古くから漁港として栄えてきた。全国各地から四季を通じて鰯、鯖、鰹、鮪《まぐろ》等の魚群を追って沢山の船団がやって来た。それに伴い水揚げされた魚を商うための問屋が出来、魚は問屋によって全国に配送されたようで、現在も曾《かつ》ての屋号、大石屋、浜彦、中善、利吉屋等の名前で呼ばれる家がある。

訪れる船団には各々決まった問屋があり、そこが漁師の中の主立った人達の宿泊場所になっていたようで、そのためにも受け入れ側の問屋としても大きな家が必要だったようだ。今も大石屋の屋号で呼ばれる萬浪垣さん宅は、築後百数十年を経てなお立派な姿で残っている。そこから私達は、江戸時代から明治期にかけての二木島の繁栄や人々の生活振りの一端を窺《うかが》うことが出来るが、この建物を二木島の長い歴史を物語る貴重な遺産として後世に伝え、大切に守っていって欲し

熊野市　二木島港（一）

いと希《こいねが》わずにいられない。

昭和一九年（一九四四年）一二月七日午後一時頃発生した東南海地震に伴う津浪は、当地にも大被害をもたらした。

当時五歳だった私は、郵便局員で休暇だった父を含め家族全員が家業の温州みかん収穫のため裏山の熊野古道沿いの畑に出掛けていて、三歳年下の妹の面倒を見ながら家で留守番役をしていた。その日は、私が妹の子守を途中で投げ出して自分だけ遊びに抜け出すのを防ぐために、出入口を外から閉めていたそうで、私達の無事を確認するまで生きた心地がしなかった、と後に父母はよく話していた。

私達兄妹は幼すぎて何が起こったのかさえ理解出来なかった筈だが、地震の揺れが収まった後、幸いにも屋外に逃れることが出来た二人は、「津浪が来るぞう！　高い所へ逃げよ！」と叫ぶ大人達の声に促され、懸命に走った。逃げる際、側の海底から無数の泡が出ているのを見て、何故海の中から泡が、と不思議に思ったことを今も鮮明に記憶している。

高台から観た津浪は、まず静けさのうちにみるみる内に海面が膨れ上がり、海岸沿いの家々を浸していった。海面の盛り上がりが止んだと思っていると、物凄い音とともに一気に引き潮に変わった。海水がぐんぐん引いて今まで見たこともない海底が次々に姿を表してきた。この写真の手前半分位まで完全に海底が見え、海岸線に立ち並ぶ家々は崖にぶら下がった状態で今にも崩れ落ちそうに見えた。程なく水嵩《かさ》が再びぐんぐん増して、湾が物凄く大きくなった。

そんな満ち引きが七回繰り替えされた。その間、人家や納屋、大小の舟、材木等が引き潮と共に矢の様に湾の外に向かって流れ、満ち潮ともなれば海岸線へと打ち寄せられた。人々はなす術もなくただ茫然とそれに見入っていたのを思い出す。

隣接地等に比べ死者数が少なかったのは、平野部が少ない土地で直ぐに高台に逃げることが出来る地形が幸いしたのであろう。

数十年周期で訪れるだろうこの招かざる客に対応した地域の先人達の知恵を後世にきちんと伝え、いざという時に正しく行動できるようにすることが今私達に求められていると思われる。

竹内捷二

二木島港　其二

【第九八景】

二木島港　其二

二木島湾には、帆舟時代から沢山の舟の出入りがあったことと思われる。

通称「二木島口」として知られ、恐れられている湾入口の瀬を越えれば、水深があり、外洋の波浪が全く感じられない湾内は、舟人達にはさぞ有り難い場所だったろう。

奥山の原生林を源とする逢川《あいかわ》は、昔も今も年中水が途切れることはない。また、ここは熊野古道の曾根次郎・太郎坂と二木島峠・逢神坂《おうかみざか》峠へ通じる街道筋に当たっている。二木島は古い歴史を持つばかりでなく、このように海・山・川それぞれの道（路）が交わるようになっているために人々の交流が盛んなところで、由緒ある伝統行事や豊かな食文化などが伝えられてきている。

紀州の一漁村でありながら、地理的条件の恩恵も受け、私達の祖先はすばらしい文化を後世に残してくれた。過疎化や高齢化が進む現在、もう何の値打ちもない土地のように考える傾向が強いが、それは間違いで、これからは地域の人々が今一度地域を見直し、地域のすばらしさを知る努力をすることが大切ではないかと思われる。

全国的にも希少価値が高いと評価される和舟の八丁櫓の船漕ぎ競争が行われる「二木島祭」の舞台もこの湾である。

二木島祭、つまり湾口岬に対峙している室古《むろこ》神社、阿古師《あこし》神社の祭礼は例年一一月三日に行われるが、この祭は古い当屋《とうや》制を伝え、厳しい潔斎《けっさい》を守り、数々の役どころが決められているものである。当日は五色の幔幕《まんまく》に吹流しを飾った二隻の関舟に、素裸に白木綿の胴巻きをした四〇人近い男達が乗り込み、八丁櫓を漕いで競争する。神武天皇東征の際、遭難した人々を助けるために働いた速舟に由来すると伝えられ、白波を蹴立てて走る舟の様子は勇壮の一言に尽きると言っても決して過言ではない。時代の流れの中で継続実施は難しい面もあろうが、地域の文化遺産として後世に何とか是非伝えていって欲しい行事ではないかと思う。

秋の台風シーズンになると、写真左手前の小向《こむかい》地区の海岸は、浪や風を逃れて二木島湾に入ってきた船で一杯になった。「団平《だんべ》」と呼ばれる木造船が多く、二

熊野市　二木島港（二）

～三〇隻が舫《もやい》を取り合いひしめく様は、いつもは静かな海面の波立つ様子とともに、子供心にも大自然の脅威がひしひしと感じられた。子供達にも、大人の態度や行動に現れる緊張が自然に伝わり、いつものはしゃぎ廻る姿は消えて皆無口となり、大人達の会話に一生懸命聞き耳を立てたものであった。

　時代の移り変わりの中で、往時の賑わいが見られなくなったことは淋しい限りで、何とかして再びもとの姿が取り戻せないものか、人々とともによく考えていきたいものだと思っている。

竹内捷二

鯨供養塔など

二木島には県指定文化財（昭和五四年指定）の鯨供養塔がある。これはＪＲ駅近くの浅間神社登山口にあって、花崗岩の、台石を含めて高さ約一メートル三〇センチの剱先型の塔で、中央には「鯨三十三本供養塔」の文字が、また左右には「寛文十二」（つまり一六七一年）の年号と木下彦兵衛という建立者の名前が刻まれている。当地方では、ブリ、マグロなど三十三本を得る毎に「万の祝い」を行い、餅投げなどをする風習があるので、この塔も鯨について同じ趣旨から記念物として建立したものだろう。施主・木下彦兵衛は、木本（きのもと、木下、鬼本）から移住してきた鯨船の親方（資本主）と考えられている。かつて熊野沿岸九十九浦にはみな鯨方があったといわれるほど捕鯨が盛んであったが、二木島の鯨供養塔は往時の盛況ぶりを偲ばせるものがある。

　また、ＪＲ駅の裏から国道三一一号に至る熊野古道脇の庚申堂内に、庚申塔と並んで（高さ九〇センチ程の花崗岩製の）キリシタン灯籠が立っている。江戸初期のもので、隠れキリシタンが密かに礼拝したものではないかと見られる。

（平成一三年三月発行『熊野市の文化財』より）

【第九九景】

笹ノ島

笹ノ島

楯崎と相對ひて二木島灣の口を扼せり

笹ノ島・楯崎

◇楯ヶ崎（楯崎）

久保昌雄氏のひ孫に当たる久保広晃君が三日間周辺をさまよい歩いても撮影ポイントが分からなかったのが『熊野百景写真帖』の最後を飾る楯《たて》ヶ崎《ざき》である。それも無理からぬことで、今は誰も行く人のない遊木《ゆき》半島の隔絶された磯辺にある集落跡がそうである。私も以前からこの集落のことが気になっていた。

室古《むろこ》神社から牟婁崎《むろざき》を回った先の連続した柱状節理の岩壁がとぎれる辺りに、丸い石が積み重なった磯辺がある。この奥の谷に集落があった。大浜と呼ばれている。かつてあった集落はこの遊木と二木島《にぎしま》の町の発祥地ともいわれている。玉置家と宮上（玉置）家の二軒の家が建っており八幡神社が鎮座していたという。平家の落人といわれる玉置家が祭る神社は「タマキの八幡様」と呼ばれていた。

『紀伊南牟婁郡誌』（大正一四年刊）にはこう記述されている。

「玉置氏は十津川の人。何時の頃よりか荒坂《あらさか》村二木島に移住し、大濱を開墾して永住す。その祖に寛文一三年（一六七三年）丑年六月一四日亡の戒名あり。往年二木島浦飢饉の際自家所有の丸山山林を区に提供して貧民を救恤《きゅうじゅつ》せり。この山林今尚村有たり。住宅の近くに八幡神社あり。玉置氏の鎮守神と云ふ。」

一〇〇年前の写真を見るときれいに植えられた早苗が潮風を受けている場所から対岸の楯ヶ崎半島を撮影している。帆を張った船がのどかに浮かんでいる。千畳敷にある灯台もこの頃、もちろん姿はない。棚田が一気に海に落ちるあたりの海岸沿いには大きな松が写っているが、棚田と共にいまは面影がない。松に変わって山桜の大木が凛とした花を咲かせている。ここから眺める楯ヶ崎は熊野灘を大亀か恐竜が沖に向って泳いでいるようだ。頭の部分は楯ヶ崎を代表する柱状節理の大岩壁である。

笹の島

今春三月、久保広晃君が父親の拓男氏と共に私の勤務先の熊野市役所観光交流課を訪れた。三日間探したがどうしても楯ヶ崎の撮影ポイントが分からないという。写真を見せてもらうと見覚えのある景観が飛び込んでくる。偶然にもつい最近遊木半島の林道に立ち入る機会を得て、ほぼこの写真と同じ方向から写真を撮っていたからだ。私は迷うことなくこの場所に、後日連れて行くことを約束して、久保氏親子とその日は別れた。

四月三日、約束通り久保氏親子を遊木の林道に案内した。NHK和歌山放送の矢崎ディレクター、カメラマンほか二名も同行した。「百年前の熊野」をドキュメント番組として追っている。これは後にNHK・BS1列島スペシャル『ふるさとの記憶～熊野の百年・定点撮影』というタイトルで平成一三年七月七日と八日に五〇分番組として放映された。（八月二五日にも再々放映された。）後に矢崎ディレクターは「今回の撮影で最も厳しかったのが楯ヶ崎の取材の時でした」と述懐している。

林道から久保昌雄氏が撮影した場所まで、距離にすれば二キロほどであったが、かつての大浜への道は、行く手を破竹の藪に阻まれて前に進むことが出来なかった。以前、漁師が釣り竿に好んで利用した破竹の育つ竹林だが、利用されずにいる現在は荒れ放題になっている。幸いなことに、この周辺の山と林道を環境に配慮しながら見事に管理している新鹿《あたしか》町の鈴木祥嗣さんの助けを借りることが出来た。運良く林道作業をしていた二名が通りかかり、加勢してくれた。片手に山刈り刀を持って竹を切り倒しながら徐々に前に進んでいく。山道に入る頃はまだ太陽が見えていたが、にわかに黒い雲の塊が押し寄せたかと思うとスコールのような雨が降り始めた。一行はずぶぬれになりながら二時間を要してようやく集落跡までたどり着いた。雨でカメラのレンズも曇っている。

集落の上には未だ立派に八幡神社が鎮座しており、一筋の谷が流れていた。谷が清流をもって人家跡に迫る場所に地蔵様が祀られている。人家跡には驚いたことに立派な瓦や風呂の跡もそれとわかるほどに残されている。作業員の中に大浜に詳しい方がいて、話を聞いた。聞けば、私の伯母が嫁いだ先の父親の在所だったという。私は伯母に逢ったことはないが、今回の取材がなければ、大浜に来ることはなかったかもしれない。ここに来たことへの必然性と不思議な縁を感じる。

当時はこの僻地にどのようにして瓦や材木などの資材を運んだのだろう。舟で

【第一〇〇景】楯崎

楯崎

荒阪村の東北にある岬角にして昔は此の岬を以て紀伊と志摩の國界となせりといふ

〔楯ヶ崎（楯崎）　続き〕

運んだのであろうか。それとも遠く山道を通ったのだろうか。久保昌雄氏が一〇〇年前に来た時はたして海路か陸路かということにまで考えが及ぶ。

人家跡を過ぎ、さらに棚田に向う時、それまでのスコールが止み、西日が差し込んできた。それから暫く藪を切り払いながら進むと、楯ヶ崎の撮影ポイントを見つけることが出来た。感動の瞬間である。

楯ヶ崎は神武天皇東征の上陸した場所の一つとして知られる。『日本書紀』には次のような内容の記述が見られる。

《……熊野の神邑《かんのむら》に着き、天磐盾《あまのいわたて》に登った。そこで軍を率いだんだんに進んだ。海の中でにわかに突風にあい、皇舟《すめらぶね》は漂流した。この時、稲飯命《いないのみこと》が嘆いて云った。「ああ、わが祖は天神で、母は海神なのにどうして私を陸で苦しめ、また海で苦しめるのか。」そう云い終わると、すぐ剣を抜き海に入って、鋤持神《さいもちのかみ》となった。三毛入野命《みけいりぬのみこと》もまた恨んで、「わが母と叔母は二人とも海神である。どうして波を起こして溺れさせるのか」と云い、すぐに波の穂を踏んで常世《とこよ》の郷《くに》に行った。四人兄弟の中で天皇一人、皇子手研耳命《たぎしみみのみこと》と軍を率いて進み熊野の荒坂の港に到着した。そして丹敷戸畔《にしきとべ》という者を殺した。……》

今もこの故事に因んで、地元の二木島《にぎしま》、二木島里、甫母《ほぼ》の旧荒坂村・三地区の人々は一一月三日に執り行われる「二木島祭り」でその様子を再現している。二艘の関舟に屈強の若者が大勢乗り込んで、勇ましく八丁櫓を操り、猛烈な勢いで舟をこぐ「舟漕ぎ競争」が行われる。関舟が向う所は、海中に沈んで死んでしまった稲飯命を祀る室古神社と三毛入野命を祀る阿古師《あこし》神社で、この二人を救助に向う村人の当時の姿が祭りの中で再現されている。古代より、いろんなしきたりが守り続けられている厳格で勇壮な海の祭りである。

『百景写真帖』の説明では「荒坂村の東北にある岬。角にして昔はこの岬を以て紀伊と志摩の国境となせりといふ」としているが、大化元年（六四五年）の大

楯ヶ崎

化の改新で荒坂の湾の真ん中を境に、北を伊勢志摩の国、南を熊野の国とした。北の楯ヶ崎に鎮座する阿古師神社は伊勢志摩の国に属し、南の室古神社は熊野の国に属した。

持統天皇紀に天皇が伊勢志摩を行幸し、阿古の宮に滞在された時に阿古師の海《あま》部《べ》が御膳用魚介類を大贄《おおにえ》として奉った事が書かれている。また楯ヶ崎の先端部分は千畳敷といわれ、その名のとおり、広い石舞台となっているが、ここで熊野権現と伊勢大神宮の神様が酒宴を催したといわれている。岩盤にはその時にこぼれた酒の流れた跡が残されているという。こうした物語も大昔、この場所を以て国境とした故事があるからだろう。吉野熊野国立公園の特別保護地域の楯ヶ崎は自然も歴史も豊かである。

◇笹ノ島

感動に浸る間もなく、次は『百景写真帖』九九番目の「笹ノ島」の撮影ポイント探しに向う。荒れ果て、猪のヌタバのような棚田を泥だらけになりながら進み、写真と目の前の風景と照らし合わせてみる。微妙なズレがある。目も眩むような断崖絶壁の狭い道を進んだ。落ちたらお終いだ。久保昌雄氏はこんな険しい道を通ったのだろうかと思いながら更に進むと、笹ノ島の写真とぴったり一致する風景が目の前にあった。足場が悪い中、暫くそこに佇んで遠くを眺めた。

写真の説明文は「楯ヶ崎と相対して二木島湾の口を扼《やく》せり」と書かれている。笹の島は二木島湾の入り口に位置し、周囲約六〇〇メートルの大きな岩の島である。この辺りの海は東海地方初の海中公園に指定されている。

東南の風（地元ではマゼの風と呼んでいる）を遮る場所にあるこの島の周辺は潮の流れが良く、海面近くを住処としている「うわものの魚」が昔からよく捕れる漁場であった。一〇〇年前の写真を見ても島の周囲には沢山の漁船が漁をしているのがよく分かる。今も一本釣りや夜釣りの船が多く出漁している。

島の頭には帽子をかぶったかのようにいろいろな樹木が岩にへばりつくように育っている。この樹木も伊勢湾台風では壊滅的打撃を受けたが、今は一〇〇年前の島の姿よりも樹木が大きく育って、島全体が膨らんで見える。魚付き保安林として有効である。いずれにしても一〇〇年前よりも樹木が豊かになっていることは我々にとっても魚にとっても喜ばしいことである。

三石　学

現代版『熊野百景』の撮影を終えて

久保広晃　写真家

百年前、私の曾祖父・久保昌雄が撮影し、発行した『熊野百景写真帖』。百年後のいま、そのそれぞれを同じ場所に立って同じ角度で写すという務めを任された時、正直言って私はこれなら簡単にやれそうだと多少気楽に考えていた。もとの百景写真には地名や景勝名がきちんと書かれていて、この地に住む私たちにとってこれほどの手掛かりになるものはないように思われたからである。そして私は、平成一〇年、大学二年の頃から曾祖父の足跡をたどり始めたのである。

私は行く先々で百年の変化を目の当たりにしたり、ほとんど変わらない景色に接したりしながら、色々と考えるところがあった。いまなぜ私は、曾祖父が写したのと同じ風景を百年たってまた撮影しているのであろうか。自分の故郷・熊野の風物の原型がまだ大きく崩れ去っていないことを確認しようとしているのであろうか。それとも、いまなお残っている美しい熊野の光景が、将来にわたってもなるべく長く続くことを願っているからであろうか。そんなことを様々に自分に問いかけながら、対象の光景に向かい、撮影を繰り返してきた。

場所によっては簡単に撮影できるところもあれば、撮影ポイントがつかみにくかったり、撮影不可能の状態になっていたりするところもあった。中には撮影の季節を選ばなければならないケースもあった。

大学卒業後、東京に就職していた関係で、いつでも自由に熊野を撮影できる状況ではなかった。撮影のスケジュールを前もって十分調整しておく必要があった。月一回か二回、帰郷できる時に確実に撮れるように、桜の季節にはどこを、祭りの時期にはどこをという風に、マンションの一室でいつも考えていた。しかしそれでも、天候の加減などでしばしば予定を大幅に狂わされることがあった。

この撮影全体の中で曾祖父の立った場所を最もよく実感できたのは、瀞峡の銭函岩でだった。ここで撮影できるところは、一平方メートルの平らな岩場だけだった。この場に三脚を立て、暗箱を構え、一生懸命撮影している姿が目に浮かんだ。光が変化していくのに合わせて、私は無数のシャッターを切った。曾祖父もきっとこのように撮影したに違いないと思うと、胸にこみあげてくるものがあった。

今回、どれだけ多くの人々に助けていただいたことか。熊野市の楯ケ崎や笹の島は、あらかじめ三〜四回下調べしたものの撮影場所がどうしてもわからなかった。幸い熊野市役所・観光交流課の人や地元の方々が協力してくれ、雨の中、山中を木を伐り払いながらその場所まで案内してくれた。そこはかつて集落があり、人々が日々生活を営んでいた様が歴然としていたが、いまは人気《ひとけ》もなくなってしまい、百年の歴史の流れが感じられるところだった。また串本町の二色浦でも、よく見渡せる山腹まで木を伐って路を切り拓いてもらった。その他、撮影ポイントを探し当てるまで、随分多くの人々の協力を得た。百カ所全部無事撮影し終えたのは、こちらの求めに応じて大勢の方々が快く手を差し伸べて下さったお陰であることは間違いなく、私は心から感謝申し上げたいと思っている。

撮影の時には父がいつもそばにいて、手伝ってくれた。父は、自然や風景を撮影する時、カメラマンはいつ何時足を滑らせ、怪我をするかも知れない、その時、一人で様々な機材を担いでいたのではどうにもならない、と自分の経験から割り出し、私をサポートするために付いてきてくれたものだが、私には自分の好きなようにやりにくい気がして少々煩しく、時に意見の食い違いから私が文句を言ったり、仲が悪くなったりもしたこともあった。しかし父がそばにいてくれたお陰で撮影ポイント探しも撮影活動そのものもスムーズにいったことの方が遥かに多かった。いまにして思えば撮影終了まで三年間、よくぞそばに居続け、相談に乗ったり、慰めたり、励ましたりしてくれたものだと思うばかりである。

熊野百景の全シーンを撮り続ける中で、私は曾祖父・昌雄から本当の熊野の素晴らしさを初めて教えてもらった気がした。私が撮影して回った二一世紀初頭の熊野百景の写真は、百年後の私の孫、ひ孫にまた熊野の素晴らしさを伝え、彼らに三たび同じ場所を撮影させる意欲をかき立てるようになるであろうか。

私は、百年過ぎても熊野はいまと同じ美しい姿であり続けてくれるだろうと期待している。

【編集後記】

私達は同じ熊野地域に住みながら自分の居住する町のことはある程度知っていても、他の町の環境や人々の生活、歴史、文化についてはあまりよく知らないことがある。いや、他の町のことどころか、同じ市町村内であっても山一つ越えたところ、川一つ隔てたところとなるともうよく判らないことさえある。

熊野全体の名所、旧跡を詳しく説明したり、熊野の自然や歴史や文化、信仰などの問題を大所高所から論じたり、熊野出身の著名な文化人の活動を多角的に紹介したりする書物にはよくお目にかかり、色々教えられることも多いが、熊野各地域の具体的情報を収集してそれを一冊に纏めた書物は意外にないものである。(郡市制がまだしっかり生きていて、郡長や郡議会などに権限のあった大正時代までは『〜郡誌』なるものがよく作成され、郡内各地域のことを人々にある程度伝える役割を果たしていたが、昭和に入るとそれもなくなり、人々は各市町村史などを通じて自分の町のことしか判らなくなってしまった。)

私達は、これからもずっと熊野に住み続けるであろうが、自分の居住地以外の熊野各地域のことを少しでも詳しく知りたい。私達がお互いにそれぞれの町の歴史、文化などを知り合えば知り合うほど人々の関係は緊密になり、生活は快適になるに違いない。そうして熊野に住む良さ、有り難さをさらによく実感できるようになる筈である。

とりあえず、今できる範囲で熊野内部の各地域を少しずつでも取り扱う書物を作ってみてはどうだろう。それにはそれぞれの地元の人に自由に語ってもらいそれを一定量にまとめるか、あるいは様々な項目を設けて執筆してもらうかするのがよいと思われるが、何かいいきっかけがないものだろうか。

そんなことを漠然と思案しているうち、明治三三年の『熊野百景寫眞帖』とそれを今同じ場所で新たに撮影した写真を対比させて出版しては、という話が出てきた。

この『熊野百景』には西牟婁(串本町を除く)や北牟婁が入っておらず、熊野全域を網羅したものでないが、それでも和歌山・三重両県の一三市町村にまたがっている。これは又とない絶好の機会。それぞれの写真の説明やら思い出話やらをなるべく多くの方々に書いていただこう。そうすれば自然に熊野内部各地域に関する情報が集まることになる。

それで各写真について地元の八〇余人の方々にお願いしてご執筆いただくことにした。スペースの関係から一景につき原稿用紙三枚前後にさせてもらったので纏めるのに大変だったと思われるが、ご協力いただき、何とか各ページ内に収めることができて感謝している。

勿論、撮影に当たってくれた久保広晃氏とそれを支えて下さったご両親の理解と熱意ある協力がなければ、この本はできなかった筈である。東京から仕事の合間を縫って何度も帰郷、撮影ポイントを探し回ってはあちこち彷徨したり、山中の道なき道を数時間かけて上り下りしたり、時には危険を冒して懸崖を攀じ登り撮影したりもした。一枚の撮影のために四度、五度と通いつめたところもある。その撮影活動の様子はＮＨＫ衛星第一テレビ・列島スペシャルの番組で「ふるさとの記憶　定点撮影」として紹介されたが、自分が父祖の業績を引き継ぎ発展させるという気概があればこそ、最後まできっちりと成し遂げえたと言えよう。ただ、黙々と努力して一枚々々丁寧に仕上げていってくれた久保広晃氏の誠実さ、粘り強さに私達は心から敬意を表するばかりである。

この本は、写真と文章とによって熊野各地域の景観だけでなく、その歴史、文化、生活等を含めて人々にできるだけよく知っていただくために作成したものである。

ここではたまたま久保昌雄氏が撮影した『百景』という限定された空間だけを対象に扱ってきたが、熊野には素晴らしい景観のところ、様々な豊かな歴史、文化等を持ったところがまだまだ沢山あり、素材には事欠かない地域であることも付記しておきたい。

平成一三年十二月一四日

編集委員代表　疋田眞臣

写真撮影者・執筆者・編集委員紹介

【写真撮影】久保広晃
新宮市新町出身、在住。平成一二年、大阪芸術大学写真学科卒業。在学中、永坂嘉光助教授に師事、国際写真家集団マグナムの熊野撮影活動に協力参加。

【第一景】南茂二郎
串本町二色出身、在住。前串本町教育委員会教育長。
【第二景】後藤洋一
串本町串本出身、在住。書店経営。
【第三景】稲生淳
串本町串本出身。和歌山市西高松在住。和歌山県教育研修センター指導主事。
【第四景】濱万亀雄
大島村大島（現串本町大島）出身、在住。元串本町議会議員。
【第五景】尾崎達男
串本町鬮野川出身、在住。元串本町立出雲小学校校長。
【第六～七景】桝田義昭
古座町古座出身、在住。古座町文化財委員。
【第六～七景】【第九景】方森一夫
古座町古座出身、在住。古座組伝統文化研究会会長。
【第八景】和田覓
高池町高池（現古座川町高池）出身、在住。古座川木材協同組合専務理事。
【第九景】金澤洋
高池町高池（現古座川町高池）出身。古座町西向在住。前和歌山県立みくまの養護学校校長。
【第一〇景】後地勝
高池町月野瀬（現古座川町月野瀬）出身、在住。古座川町町史編纂室。

【第一一～一二景】河口祐三
明神村鶴川（現古座川町鶴川）出身、在住。古座川町文化財保護委員。
【第一三景】高尾正司
明神村相瀬（現古座川町相瀬）出身。古座川町高池在住。元古座古座川学校組合立古座中学校校長。
【第一四～一五景】西健造
浦神村浦神（現那智勝浦町浦神）出身、在住。理容店経営。
【第一六景】小谷博信
下里町粉白（現那智勝浦町粉白）出身、在住。那智勝浦町下里公民館分館長。
【第一七景】玉置泰作
下里町下里（現那智勝浦町下里）出身。那智勝浦町朝日町在住。林業。
【第一八景】古川慶次
下里町下里（現那智勝浦町下里）出身、在住。那智勝浦町文化財審議委員会委員長。
【第一九景】小瀬野玲一
太田村大字長井（現那智勝浦町大字長井）出身、在住。元那智勝浦町役場太田出張所長。
【第二〇景】奥地睦二
太地町森浦出身、在住。元古座川町立小川中学校校長。
【第二一景】世古一郎
太地町太地出身、在住。太地町教育委員会教育長。
【第二二景】堀端平
太地町太地出身、在住。元太地町立太地中学校校長。
【第二三景】榎本幹男
太地町太地出身、在住。太地町教育委員会教育次長。
【第二四景】宮本周三
那智町天満（現那智勝浦町天満）出身、在住。宮本医院院長。

【第二五景】井本武雄
新宮市旭町（現新宮市池田三丁目）出身。勝浦町大字築地（現那智勝浦町築地）在住。元勝浦漁業協同組合参事。
【第二六景】新谷杲
勝浦町字仲之町（現那智勝浦町勝浦）出身、在住。元那智勝浦町文化財保護委員、元那智勝浦町町史編纂委員。
【第二七景】藤社宇三郎
那智町浜ノ宮（現那智勝浦町浜ノ宮）出身、在住。元熊野交通株式会社取締役。
【第二八景】野田三月男
那智町市野々（現那智勝浦町大字市野々）出身。那智勝浦町大字那智山在住。熊野那智大社総代。
【第二九景】米良殖人
新宮町神倉山麓（現新宮市神倉一丁目）出身。新宮市池田三丁目在住。元新宮市医師会会長。
【第三〇～三三景】中嶋市郎
勝浦町字神明（現那智勝浦町勝浦）出身、在住。元テレビ映像制作。
【第三四景】泉久太郎
宇久井村大字宇久井小字出見世（現那智勝浦町宇久井）出身、在住。元宇久井区総区長。
【第三五景】尾屋勲
新宮市佐野出身、在住。木材加工品製作販売。
【第三六景】海野猪一郎
三輪崎町字寺町（現新宮市三輪崎）出身、在住。新宮市文化財審議委員。
【第三七景】須花正好
三輪崎町大字三輪崎（現新宮市三輪崎）出身、在住。孔島鈴島保護委員会委員長。
【第三八景】中西洋
新宮市三輪崎出身、在住。前新宮市消防長。
【第三九景】田阪一郎
新宮町字広角（現新宮市広角）出身、在住。和歌山県アマチュア天文界語り部。

【第四〇景】山﨑正利
新宮町池田（現新宮市池田一丁目）出身。新宮市王子町在住。元熊野商　工新聞社社主。
【第四一～四三景】山本国男
新宮町市田（現新宮市蓬莱三丁目）出身。新宮市磐盾在住。前熊野歴史研究会会長。
【第四一～四三景】中村祐三
新宮町下本町（現新宮市下本町）出身。新宮市橋本二丁目在住。元社会福祉法人「黒潮園」園長。
【第四四景】中川治平
新宮町船町（現新宮市船町）出身。紀宝町鮒田在住。レンズデザイン研究所経営。
【第四五景】中川駿平
新宮市船町出身、在住。和菓子店経営。
【第四六景】植松豊久
新宮町下地（現新宮市神倉四丁目）出身、在住。新宮山彦ぐるーぷ会員。
【第四七景】小林眞人
新宮市堀地出身、那智勝浦町宇久井在住。新宮市立緑丘中学校教諭。
【第四八景】庄司雄行
新宮町上本町（現新宮市上本町）出身。新宮市千穂一丁目在住。元（社）新中会（旧制新宮中学同窓会）会長。
【第四九景】奥村隼郎
那智町天満（現那智勝浦町天満）出身。新宮市下田在住。新宮市立歴史民俗資料館館長。
【第五〇景】山本殖生
高田村高田（現新宮市高田）出身。新宮市緑ヶ丘在住。新宮市教育委員会文化振興室長。
【第五一景】辻本雄一
新宮市全龍寺町（現新宮市千穂一丁目）出身。田辺市神子浜在住。和歌山県立田辺高校教頭。

【第五二景】**奥野利雄**
那智町天満（現那智勝浦町天満）出身。新宮市阿須賀在住。（財）新宮徐福協会理事。
【第五三景】**疋田眞臣**
新宮市久堀町（現新宮市熊野地二丁目）出身。新宮市蓬莱三丁目在住。元和歌山県立新宮高校校長。
【第五四景】**小野俊二**
新宮町上本町（現新宮市上本町）出身、在住。新宮市文化協会会長。
【第五五〜五六景】**山﨑泰**
新宮市池田町（現新宮市池田一丁目）出身。鵜殿村鵜殿在住。新宮市立図書館係長。
【第五七〜五八景】**福田學**
神志山村大字神木（現御浜町大字神木）出身。紀宝町鮒田在住。紀宝町教育委員会教育委員長。
【第五九景〜第六〇景】**草加浅一**
新宮町上本町（現新宮市上本町）出身、在住。（財）佐藤春夫記念会理事長。
【第六一景】**尾崎新一郎**
御船村大字浅里（現紀宝町浅里）出身、在住。元三重県南ブロック選挙管理委員会連合会長。
【第六二景】**奥村寛味**
高田村高田（現新宮市高田）出身、在住。元新宮市教育委員会教育長。
【第六三景】**矢濱士朗**
尾鷲町中井浦（現尾鷲市中井浦）出身。新宮市別当屋敷町在住。料理店経営。
【第六四景】**木村靖**
小口村小口（現熊野川町小口）出身、在住。元熊野川町教育委員会教育長。
【第六五景】**岡本堅**
三津野村志古（現熊野川町志古）出身、在住。元熊野川町教育委員会教育委員長。
【第六六景】**本間恒郎**
那智町浜ノ宮（現那智勝浦町浜ノ宮）出身、在住。元那智勝浦町立勝浦小学校校長。
【第六七景】**仲陽一**
九重村大字宮井（現熊野川町宮井）出身。新宮市阿須賀在住。元新宮市立城南中学校校長。
【第六八景】**東淳**
九重村大字相須（現熊野川町相須）出身、在住。熊野川町教育委員会教育委員。
【第六九景】**坂本勲生**
請川村上大野（現本宮町上大野）出身。本宮町本宮在住。元本宮町立三里中学校校長。
【第七〇景】**嵖公夫**
本宮村本宮（現本宮町本宮）出身、在住。元本宮町役場産業観光課課長。
【第七一景】**今本規策**
本宮村本宮（現本宮町本宮）出身、在住。元本宮郵便局局長。
【第七二景】**敷地康弘**
本宮村本宮（現本宮町本宮）出身、在住。元本宮郵便局局長代理。
【第七三景】**安井理夫**
四村字湯峰（現本宮町湯峰）出身、在住。元本宮町立本宮中学校校長。
【第七四景】**石垣陞**
九重村九重（現熊野川町九重）出身、在住。元九重郵便局局長。
【第七五〜八二景】**福住弘治**
北山村大沼出身。新宮市王子一丁目在住。前近畿大学工業高等専門学校校長。
【第七五〜八二景】**谷敏朗**
新宮市東矢倉町（現新宮市千穂二丁目）出身、在住。熊野フィールドミュージアム委員。
【第七五〜八二景】**藤社宇三郎**
【第二七景】に同じ。
【第八三景】**寺本秀夫**
鵜殿村鵜殿出身、在住。鵜殿村教育委員会教育委員長。
【第八四景】**芝崎格尚**
尾呂志村字上野（現御浜町尾呂志）出身、在住。三重県史資料調査委員。

【第八五景】須崎行雄
神志山村字金山（現熊野市金山）出身。御浜町志原在住。御浜町文化協会会長。

【第八六景】花尻薫
飛鳥村字神山（現熊野市飛鳥町）出身。熊野市有馬町在住。元熊野市立木本小学校校長。

【第八七景】和田生
有井村字口有馬（現熊野市有馬町口有馬）出身、在住。元熊野市立有馬中学校校長。

【第八八〜八九景】和田太郎
有井村大字井戸松原（現熊野市井戸町松原）出身。熊野市井戸町丸山在住。元熊野市観光協会理事。

【第九〇景】谷川醇太郎
木本町切立（現熊野市木本町切立）出身。熊野市記念通り在住。吉野熊野新聞社取締役社長。

【第九一〜九二景】中村伸子
木本町本町（現熊野市木本）出身。熊野市木本在住。特定非営利活動法人まちづくりセンター「Ｔｈｅくまの」理事長。

【第九三景】中田重顕
飛鳥村大字小阪（現熊野市飛鳥町小阪）出身。熊野市久生屋町在住。熊野市立有馬中学校調整監。

【第九四景】矢賀久廣
新鹿村波田須（現熊野市波田須町）出身、在住。鉄工業。

【第九五景】鈴木祥嗣
新鹿村新鹿（現熊野市新鹿町）出身、在住。林業。

【第九六景】畑中伉
新鹿村遊木（現熊野市遊木町）出身、在住。漁業。

【第九七〜九八景】竹内捷二
荒坂村二木島（現熊野市二木島町）出身、在住。二木島郵便局局長。

【第九九〜一〇〇景】三石学
熊野市新鹿町出身。熊野市久生屋町在住。みえ熊野学研究会

【編集委員】

疋田眞臣（編集代表）
【第五三景】に同じ。

矢倉甚兵衛
串本町串本出身、在住。林業。臨済宗東福寺派無量寺責任役員。

栗須詳三
本宮町四村川下湯川（現本宮町下湯川）出身、在住。本宮町夢づくり会議会長。

中嶋市郎
【第三〇〜三三景】に同じ。

福田學
【第五七〜五八景】に同じ。

三石学
【第九九〜一〇〇景】に同じ。

[撮影]
和歌山県新宮市(株)久保写真館
久保昌雄　明治三三年[1900]
久保広晃　平成十三年[2001]

[編集]
熊野文化企画
[編集代表]
疋田　眞臣　　和歌山県新宮市
[編集委員]
矢倉甚兵衛　　和歌山県串本町
中嶋　市郎　和歌山県那智勝浦町
栗須　詳三　　和歌山県本宮町
福 田　學　　三 重 県紀宝町
三 石　学　　三 重 県熊野市

今昔《いまむかし》・熊野の百景
カメラとペンで描く紀州熊野の百年

2001年12月25日　初版第1刷発行

編者　熊野文化企画
〒647-0023 和歌山県新宮市蓬莱3-7-25 疋田方
Tel. 0735-22-9379

発行所　株式会社はる書房
〒101-0065　東京都千代田区西神田1-3-14　根木ビル
Tel. 03-3293-8549　Fax. 03-3293-8558
振替00110-6-33327

印刷・製本—中央精版印刷
デザイン—鈴木堯+佐々木由美[タウハウス]

ISBN4-89984-025-X C0072